항일독립투사
박 열

항일독립투사
박 열

김 일 면 지음
김 종 화 편역

국학자료원

들어가면서

1945년 8월 15일 정오, 일본 천황의 항복 선언이 알려지면서 괴롭고 고생스러운 예속의 관계로 매인 조선인은 해방민족이 되었다. 당시 일본 각지에는 300만 명이 넘는 조선인이 있었다. 그들은 조국의 민족해방과 그리던 고국으로의 귀환 등으로 다양한 기쁨에 열광했다. 그러했던 10월 25일 정오쯤 재일조선인 연맹 아키타현(秋田縣, 동북지방 서부의 동해에 접한 현) 본부의 준비위원회로 한 통의 전화가 걸려왔다. 그 전화의 주인이 실로 의외였으므로 수화기를 든 자는 두 번, 세 번 되물었다.

전화는 아키다 형무소의 오다테(大館) 지소장이었다. "이번에 조선인의 모 거물급이 출옥하게 되었습니다. 가능하다면 당신 쪽에서 잘 영접해 주시기를 바랍니다."

의논 결과, 당장 섭외부장인 정원진(丁遠鎭)을 오다테 지소에 보내어 우선 당사자를 확인하기로 했다. 정원진이 형무소에 급히 달려가 보니, 소장은 낡고 헐어 구겨진 죄수복을 입은 몸집이 작은 모습의 야윈 남자를 소개했다. 그 사람은 박열(朴烈)이었다.

한편, 10월 상순에 일본 각 지구에서 조선인 연맹의 준비위원회 체재가 갖추어지고, 10월 15일은 도쿄의 히비야(日比谷) 공회당에서 전국대표 약 5,000명이 모여 《재일조선인 연맹》 결성대회가 개최되었다. 이날은 조선연맹(朝連)의 4대 강령 등을 정한 뒤, 일본 점령군 총사령부(GHQ, 미군) 앞으로 일본제국의 반역자로서 옥중생활 22년이나 된 조선인 항일투사 박열의 석방탄원서를 제출했다. 게다가 대회 참가자에 의한 《박열 씨 석방 촉구 데모》가 행해지고 있었다.

천황 체제 아래 유폐된 도쿠다(德田球一), 시가(志賀義雄), 김천해(金天海), 이강훈(李康勳) 등의 투사들은 이미 감옥에서 해방되어 연일 팔을 걷어붙이고 조직결성의 지도진영에 가담해 있었다.

그런데 박열은 이제 출옥한 것이다. 10월 27일 오후 2시 반, 박열 출옥 환영대회가 오다테 역전 광장에서 개최되었다. 그 군중은 1만 명에서 1만 7천 명 정도였다. 전시 중, 아키다현의 광산에서 일한 조선인은 약 4만 명이라고 알려져 있다. 그로 미루어보면 그날의 환영 정도를 판단할 수 있을 것이다. 군중 속에는 일본인도 꽤 포함되어 있었다.

그날, 먼저 섭외부장인 정원진이 형무소에 가서 거기서 박열을 맞이하여 오다테 역전 광장으로 인도했다. 그곳에서 마주한 대군중이 일제히 태극기를 흔들고 "박열 만세!"를 외치며 환영했다.

　그 정경(情景)은 군국주의 일본의 출전 병사 환영날 일장기에 비할 바가 아니다. 오히려 그 모습은 매우 대조적인 풍경이었다. 일장기와 함께 '천황폐하 만세!'의 소리를 높였던 광장에서 그 천황폐하를 죽이고자 모의한 조선인 투사의 출옥 환영 깃발이 나부끼고 있었기 때문이다.

　오다테 역전 광장에서 시내 중심부에 있는 조선연맹 아키다현 지부를 향하여 대행진이 시작되었다. 시내 중심부까지는 약 2km나 되었지만, 그 행진은 장관 그대로였다. 당사자인 박열을 자동차에 태우고 그 전후에는 삼엄하게 경비대가 에워싸고 그 뒤에 군중들이 작은 깃발을 흔들면서 이어져갔다…….

목 차

제4장 간토 대지진의 희생양

제5장 《사형 재판》중의 박열과 후미코

제6장 해방 이후

부록

제1장

반역자의 탄생

소년 시대

박열은 1902년 경상북도 문경군 마성면 오천리에서 태어났다. 경부선 김천역에서 60km 정도 떨어진 산골이다. 그의 형 박정식에 의하면, "17대조 박종린이 판서를 지냈고, 직계 20대조의 형제 5명이 과거에 급제하여 근처의 사람들은 그 집안을 지금도 삼난가[1](三難家)라고 불러 명예로운 칭호가 붙여져 있다."라고 하니, 양반의 가문이다.

그의 유년 시절 이름은 혁식(爀植)이었지만, 7세 때 신호적법이 시행될 때 준식(準植)이란 이름으로 변경하여 기록되었다. 그것이 그의 본명이 되었다. 그는 유년 시절부터 각별하게 감정이 예민하고 성질이 급했다고 한다. 한 에피소드가 있다.

4세 때, 경부철도가 부설되어 60km 정도 떨어진 김천(金泉)에 정거장이 만들어졌다. 당시, 러일전쟁이 시작되어 경부선은 일본제국이 러시아 전쟁을 위해 집중적으로 공사를 강행하여 개통한 것이다. 처음 개통된 철로 위에 연기를 뿜어대며 달리는 기차를 보기 위해 원거리에 있는 사람들까지 도시락을 싸서 기차를 구경하러 갔다.

---

1 어려운 일 세 가지를 모두 달성한 집. 즉 세상에 아들 다섯 낳기도 어렵고, 다섯 아들이 급제하기도 어렵고, 다섯 아들이 문과에 급제하기도 어렵다는 의미.

박준식 가족도 기차를 구경하러 갔다. 어린 준식은 누나의 등에 업혀 있었다. 기차는 일본군대를 태우고, 거만스럽게 흔들리며 뒤뚱거리고 있었다. 이것을 본 준식은 누나의 등에서 "섬에서 온 올챙이!"라고 하며, 주먹을 치면서 외쳤다고 한다. 그래자 누나는 "준식아, 입 다물고 있어, 그렇게 말하면 왜놈이 너를 때려죽인다니까."하고 황급히 타일렀다고 한다(에구치칸江口渙 「박열·후미코 대역사건」『문예춘추』 1955년 8월 임시증간호). 나중에 일본 천황에게 폭탄을 던지려고 한 박열이지만, 겨우 4세에 일본군대에 저항의 자세를 나타낸 것이다.

박준식은 7세 때부터 서당에서 천자문을 배우기 시작하였으며, 머리가 좋았고 글자를 잘 깨우쳤다고 전해진다. 그는 한자의 뜻을 알고 나서 자신의 이름을 《박열(朴烈)》이라고 이름 지었다. 자신과 잘 맞는 한자인 '열' 자를 보고 깜짝 놀랐다고 한다. 소년 시절부터 한번 마음먹고 다짐한 것은 반드시 해내고 마는 기질이 있었다는 것이다.

서당에서는 정규수업으로 천자문과 동몽선습[2]을 배워서 한문의 기초를 몸에 익혔다. 그리고 2년 후 9세 때(1910년), 막 신설된 함창 공립보통학교에 입학했다. 그해 1910년이야말로 일본제국이 조선을 식민지화한 경술국치의 해였다.

19세기 중반쯤부터 조선반도를 삼키려고 한 일본제국은 청일전쟁, 러일전쟁에 승리하여 날뛰고 있었다. 청일전쟁 이후 조선왕국은 일본의 압력으로 국호를 《대한제국》으로 개칭했다. 유구한 관계를 맺고 있는 중국과의 유지를 제거하기 위해서였다.

러일전쟁에서 승리한 일본제국의 원수 이토 히로부미(伊藤博文)가 조

항일독립투사 **박열**

2 동몽선습(童蒙先習), 조선 시대 서당에서 교재로 사용한 책.

14

선에 진입하여 잇따라 조선의 수족을 잡아 묶는 조약을 강요했다. 1904년, 한일 협약에 따라서 "고문정치"를 체결하고 다음 해 을사늑약을 체결하여 외교권과 내정간섭권을 쥐고 통감부를 설치하여, 이토 자신이 초대 통감에 취임했다.

1907년에는 정부 내에 일본인 차관의 배치, 경찰권의 탈취, 군대해산 등을 몰아붙여서 사실상 대한제국은 식민지로 전락하였다. 이때부터 침략의 원흉으로 이토 히로부미의 목숨을 저격하는 자가 속출하여, 이토는 1909년 하얼빈역 앞에서 안중근에 의해 제거되었다.

이것을 호기로 삼아 일본의 카츠라(桂) 내각은 최후의 일격을 가하기 위해 다음 해인 1910년 육군장관 데라우치 마사타케(寺內正毅)를 조선 통감에 임명했다.

그해 8월의 한여름, 데라우치는 합병안을 조선 측에 내밀고 서울 시내를 약 30m의 간격으로 일본 헌병을 배치하여, 경복궁을 포위하고 강제로 합병 조인서에 날인하게 했다(1910년 8월 29일). 이것으로 조선은 명실상부하게 일본제국의 식민지가 된 것이다. 그리고 통감부를 총독부로 개칭하여 데라우치가 초대 총독이 되었다.

일본 측은 조선과의 합병을 계속 추진시키기 위한 회유책으로서 조선 귀족 74명에게 작위를 내리고, 조선침탈의 일등 공신에게는 하사금을 주기도 하였으며 조선 왕족에게는 일본 황족 대우를 해 주었다.

그러나 날이 가면서 합병이란 용어는 병합으로 바뀌어 귀족에 대한 서작(敍爵)이나 하사금의 증서는 공수표로 끝났다. 그중 한 사람인 송병준(서작은 백작)은 다음 해에 "감쪽같이 완전히 당했다. 이미 작위가 어디에도 쓸데가 없으니 나라를 통째로 갖다 바친 기분이다."라고 개탄했다고 한다. 말하자면 합병이란 한마디로 여우같이 간사한 자의 속임수라고 하는 표현이 맞을 것이다.

박열이 입학한 보통학교는 조선총독부에 의해서 창설된 초등교육기관이다. 결국, 일본 헌병에 의한 무단 통치 하에 합병한 민족을 황민화한다는 구실로, 처음에는 반강제적으로 아동을 모집했다.

보통학교에서 일본인 교사는 헌병과 같이 칼을 차고 교단에 서서 천황폐하의 은혜라는 신민교육을 가르치고 있었다. 교육제도 자체는 신식이지만, 교육방침은 조선 민족의 정혼(精魂)을 빼앗는 교육을 시행한 것이라서 조선 민중에서는 의식적으로 자녀를 학교에 보내지 않는 경향이 있었다.

학교에서는 조선어 사용을 금지시켰고, 조선의 역사는 일절 가르치지 못하게 하며 일본의 역사를 가르치고 있었다. 졸업 직전에 조선인의 한 교사는 "우리 소학교 학생들은 지금까지 거짓된 교육을 받고 있다. 조선인은 조선의 역사를 배워야 한다. 일본 교사는 일제의 경찰이다."라고 말하며 학생들 앞에서 울었다고 후에 박열은 말하고 있다.

일제의 위선과 기만으로 가득찬 교육은 소년 박열에게 분노를 일으키게 했다고 한다. 그의 사고의 기반과 반역 정신은 보통학교 때에 길러진 것이다.

당시의 조선은 일제에 의해 토지 탈취의 바람이 불고 있었다. 박열은 후에 법정에서 다음과 같이 항변하고 있다.

일본 정부는 '동양척식회사'와 결탁해서 조선의 경제적 실권을 장악하는 일에 몰두하고 있다. 일본인이나 일본 정부는 정치, 경제 및 사회에서도 조선인의 손에서 실권을 탈취하여 조선 민족의 멸망을 계획하고 학대를 계속하고 있다. 착취당한 조선인이야말로 실로 불쌍하다. 나는 학창시절부터 그런 사회를 실제로 바라보고, 일본민족에 대한 증오와 조선 민족 독립의 생각을 일으키지 않을 수 없었다. 이것은 1918년 말경, 내 나이 18~9세 때의 일이었다.

(박열의 법정 발언 중에서)

조선의 토지를 탈취하는 곳은 《동양척식회사》지만, 조선인의 소유 토지를 일본인이 마음대로 자신의 이름으로 바꿔 동양척식회사에 팔아 넘겨버리므로, 오래전부터 토지소유자였던 조선인은 자신도 모르게 토지를 빼앗겨버린다고 한다. 그 수법과 조작은 다음과 같은 순서로 진행한 것이다.

합병 당시, 카츠라 수상의 의도대로 설치된 동양척식회사에서는, 고의로 악질적인 일본인 토지 브로커를 조선으로 데리고 가서 조선인의 토지 명의를 제멋대로 그들 브로커의 이름으로 바꿔 버린다. 제멋대로라고 하는 것은 그 브로커들이 조선인의 도장을 위조하기도 하고, 이름을 위조하기도 해서 자신의 토지 소유로 기입해 넣는 것을 의미한다.

그렇게 동양척식회사에서는 명의자로부터 정당하게 토지를 매입하였다고 주장한다. 조선인들은 그런 브로커들에게 토지를 판 적이 없다고 하며 그 명의자를 조사해 달라고 하면, 그 당사자는 자취를 감추고 이미 일본으로 돌아가 버린 상태였다. 또 문서위조나 토지 사기로 형사고소를 하면, 일본인으로 구성된 재판소의 검사국에서는 "상대가 없으므로 받아들일 수 없다."라며 흐지부지하게 만드는 한편, 동양척식회사는 등기한 명의자로부터 정당하게 토지를 매입했기 때문에 회사는 어떠한 잘못도 없다고 주장한다.

　이렇게 해서 조선인의 토지를 약탈한다. 그 실례는 무수히 많았다. 말하자면, 사전에 팀워크로 구성하여 조직적이고 합법적으로 가장해서 협박하다시피 토지를 약탈하는 것이다.

　한편 일본인은 고리대금업을 활발하게 운영하고, 조선인의 무지함을 틈타서 소유하는 토지 또는 가옥을 저당하여 빼앗고 조선인이 변제기일에 돈을 갚으려고 해도 고리대금은 받지 않고 저당물을 몰수했다. 그 말다툼 끝에 고리대금업자로부터 흉기에 찔려서 피를 많이 흘리기도 했다. 그래서 조선인이 헌병대(경찰서)에 신고하면, 헌병은 고리대금업자를 옹호하고 저당물은 몰수되었다(박열의 진술에서).

　한일병합 이전의 통감부 시대부터 메가타 다네타로(目賀田種太郎) 재정고문이란 사람은 조선인 원성의 표적이었다. 말하자면 메가타의 〈화폐개혁〉에 의해서, 조선은 일시에 대혼란에 몰리고 화폐 기근의 지옥으로 변했다. 게다가 세금을 중과하여 모두 어려움을 당했다.

　조선인은 빈궁하다. 거기에 비교하여 일본인은 관변세력과 결탁해서 돈을 받아 고리대금업을 한다. 일본인의 직업 대부분은 고리대금업자라 말해도 좋다. 조선인으로부터 토지담보 놀이로 '세계 제일의 고리(高利)'를 취하였다. 그러나 화폐 기근에 빠진 조선에서는 일본인 고리대의 집이 있다 해도 은행 창구로 몰리고 있었다.

　그것은 협박과 사기 몰이에서 토지를 가차 없이 수탈하는 구조였기 때문이다. 다툼이 발생하면 헌병대가 옳고 그름은 불문하고 일본인을 옹호해 토지를 처분했다. 그래서 '일본인의 토지도둑'이라는 말이 원한을 사며 떠돌아다녔다.

　입을 열면 '일시동인(一視同仁)[3]'을 말하면서, 그 일상은 강도와 같았다. 일본인은 항상 권총을 휴대하고 걸어 다녔다. 총독부에서는 일본인 거류민에 대해서 자위용이라 하여 매월 총탄을 배급하고 있었다. 조선인에 대해서 폭력을 하지 말라고 항의하면, 엽총을 발사하기도 했다.

　일본인에게 법률을 적용하지 않는다는 것은 조선에 법률 자체가 없다는 의미이다. 일장 깃발을 가진 산사(山師, 광산업자)들은 길에 다니는 민중을 붙잡아 따라오게 하여 광산을 캐러 다니고, 고가의 인삼밭을 망치고 다니며, 왕릉을 파헤쳐 보물을 추적하였다.

　일본인 관리는 보이는 대로 만난 조선인을 잡아서 무거운 짐을 지게 해 목적지에 도착하고 나면 어떠한 사례나 보수도 주지 않는 것이 일반적이었다. 이러한 포학을 보고 들은 소년 박열은 일본인에 대한 원한이 점점 깊어져, 일본제국을 향한 반항심이 점점 커졌던 것이다.

　박열은 15세에 보통학교를 우수한 성적으로 졸업했지만, 자기의 장래에 대해 잠시 망설임이 있었다. 가정이 부유하지 않았기 때문이다. 그러나 그는 어떻게 해서든 상급학교로 진학하여 학문을 배우고 싶었다. 그래서 도지사의 추천을 받아서 관비로 공부하는 경성고등보통학교 사범과의 입학을 결심했다. 그리고 아무도 모르게 은밀히 대구로 나가 도지사의 추천 입학시험을 보아 급제했다.

　박열이 민족주의에 본격적으로 눈을 뜬 것은 경성고등보통학교에 들어간 후부터였다. 경성고등보통학교에 입학해서 한 학기를 보내고 나서,

---

3 모든 사람을 평등하게 보아 똑같이 사랑한다.

학교의 교육 정도가 일본인 중학교보다도 훨씬 떨어진다는 것을 깨달았다. 우선 조선인 학생에 대해서 영어를 가르치지 않았다. 박열은 영어자습서를 사서 읽으려 했지만, 그것도 할 수 없게 금지되어 있었다.

그는 상업 방면의 공부를 하겠다는 마음으로 와세다 대학의 정치·경제·상업 강의를 들으려고 하자, 이것도 불가하다고 금지당했다. 경성고등보통학교는 중학교라고 해도 '교사의 반은 전직 초등학교 훈도(일제 강점기에, 초등학교의 교원(敎員)을 이르던 말) 정도의 남자로 대개 저능한 사람들'이었다.

교과 내용도 문제였다. 우선 조선인 학생에게는 역사와 지리를 가르치지 않았다. 그것은 〈국어〉라는 이름의 일본어와 조선어가 약간 삽입된 것에 불과했다. 더구나 일본 역사만을 가르쳐, 조선 역사는 제외됐다.

일본 정부는 조선 청년들이 세계적 시야를 갖는 것을 싫어해서 눈을 뜨지 못하게 하는 것만 가르쳤다. 모든 과목은 일본어로 가르치고 어쩌다 조선어를 사용하면 벌칙을 적용했다. 뒤에 생각해 보니, 우리 조선인을 일본의 노예로 만들기 위해 준비된 학교였다는 것을 알았다.

당시 과학과 역사를 가르치는 선생은 일본과 조선이 같은 나라이고 일본인과 조선인은 뿌리가 같다고 설명한다. 또한, 자주 충군애국론(忠君愛國論)을 강한 어조로 떠들어 대며, 일본 천황의 은혜라 설명한다. 그러나 우리는 조금도 일본 천황의 은혜라고 이해하지 않았다. 오히려 미친 사람이 옛날이야기라도 하는 것을 듣는 것 같아서 듣고 있을 수 없었다. 학교는 조선인이 경쟁심과 적개심을 일으키지 않도록 모든 운동회에서 겨루기 시합에 버금가는 놀이를 금지했다(박열의 진술에서).

그런데, 이 같은 교육체제에도 불구하고 일본인 교사 중에 훌륭한 남자가 한사람 있었다. 그 교사는 일본의 고등사범학교를 졸업한 심리학을 전공한 젊은 교사였다. 이 일본인은 어떤 일본인 단체의 천황에 대한 암살계획사건을 말해주었다. 그것은 수년 전에 일어난 고토쿠 슈스이(幸德秋水) 등의 대역 사건이었다. 박열은 그 이야기에 '흥미 깊게 귀를 기울였다'고 한다. 매일 많은 일본 교사가 텐노 헤이카(천황폐하)를 신이라며 숭배하는 이야기만 하고 있을 때, 고여있는 침을 삼키며 멍하니 듣고 있을 수밖에 없었다.

그 젊은 일본인 교사는 "자신은 일본인이 아니고 세계인이다."라고도 말했다. 그것뿐만이 아니다. 이야기를 유럽으로 돌려 독일이 일찍이 프랑스로부터 정복되었다가 후에 독립하게 되었다는 이야기를 들려주면서, 바로 우리들에게 독립 기운을 불어넣었다. 아마 박열로서는 마치 모래밭에서 금싸라기라도 발견한 것처럼 놀랐음이 틀림없다.

박열은 이 일본인 교사로부터 꽤 영향을 받았다고 술회하고 있다. 압제자 측의 일본인 가운데도 진리를 소중하게 여기고, 사회모순을 파헤치는 인간이 존재하는 것을 처음으로 발견한 것이다.

또 이 교사는 박열 등에게 여러 가지 친절한 충고도 아끼지 않았다.

> 유학을 위해 일본에 왔던 조선인 학생은 대부분 쓸모가 없어요. 그들 조선인 학생은 일본인과의 교제로 인해 조선 독립사상을 거론하면 일본인으로부터 좋게 취급되지 않기 때문에 일본의 조선병합에 환영하는 말을 하고 있어요.
>
> (교사의 말 중에서)

이 말이 박열의 머리에서 떠나지 않았던 것으로 보아, 그가 일본으로 건너가서 조선 학생에게 나쁜 영향을 준 것이다. 박열이 일본에서 〈혈권단〉, 〈의혈단〉과 같은 조직을 만들어 조선인 유학생을 부들부들 떨게 했기 때문이다.

그 일본인 젊은 심리교사는 문학적 교양이 풍부했던 것으로 보아 자주 일본의 문학작품도 읽어주고, 에둘러 자기계발을 촉구했다. 박열에 의하면, 그것은 나츠메(夏目漱石), 오가와(小川未明), 타케코시(竹越又三), 쿠로이와(黑岩淚香) 등의 작품이었다. 몇 년 뒤, 박열이 시도 쓰며 문장 표현력이 뛰어난 것으로 보아, 이 시기의 영향으로 봐도 좋을 것이다.

그런데 그 교사는 조선인 학생들에게 '유달리 재치가 뛰어난 언행'으로 존경을 받았으므로, 고등관⁴에서 판임관으로 강등되어 역사 담당에서 빼고 음악 담당이 되었다. 박열은 이 일본인 교사를 "나의 학교 시절에 있어서 사상적 영향을 제일 많이 준 사람"이라고 후에 말하고 있다.

또한, 조선에 태어나 자란 소년 박열에게 있어서 그 사상 형성의 씨앗을 심어준 것은 그리스도 교회에서의 강연이나 설교가 있었다.

1910년 한일합병과 동시에 무단 통치가 시작되어 언론, 집회는 일절 금지되었다. 그리고 2인 이상이 보행해도 집회로 간주해서 체포되었다. 조선인의 야유회나 중학생의 소풍도 인정하지 않고 관혼상제(冠婚喪祭)의 모임조차 감시했다.

그중에서 단 한 가지 인정된 집회가 있었는데 그것은 신앙이라는 이름으로 모이는 그리스도 교회의 집회였다. 성경의 "너의 오른뺨을 치거든 왼뺨도 내놓아라"라고 한 무저항 정신이 통치상 오히려 좋은 것이었던 것일까? 조선의 그리스도교에는 유럽과 미국 각국의 선교사가 다수

4 일제강점기의 관리등급

들어와 있어서 외국인이 넘쳐나 총독부도 약간 조심스러웠던 점이 있었기 때문일까? 교회만은 괜찮았을 것으로 생각했다.

일본제국의 가혹한 무단정치는 쇠사슬 체제 아래에서 조선인들은 교회라는 유일의 숨구멍에 의해서 구미(歐美)의 소식을 듣고, 방문하는 선교사에 의해서 서양 사정을 알고 세계의 조류를 추측해 내고 있었다. 조선의 지식층은 이 유일한 집회장을 음으로 양으로 민족운동의 계몽장소로 이용하는 근거지로 삼았다. 목사는 설교 도중에 민족정신(독립사상)을 쏟아내었다. 예를 들면, 구약성서에 등장하는 출애굽기의 이야기를 통해서 모세의 말을 강조했다.

어떤 경우는 시베리아에서 귀환한 공산주의자가 신도가 되어 설교 하며 기도 중에 민족정신을 고무시키고 제국주의의 흉악함을 단죄해서 집회에 모인 사람들에게 감동을 주었다. 일본제국과 대립감정이 있는 미국인 선교사를 초청해서 선교사의 말을 통해 인류로서의 조선 동포란 주제로 해방 사상을 말하게 하기도 했다.

당시 조선인의 비밀회의장은 교회이거나 선교사 사택의 은밀한 골방이었다. 총독부는 조선 민중의 문화향상을 바라지 않고, 무지몽매한 상태, 경멸할만한 상태가 제일 좋았다. 그러나 5,000년의 역사를 가진 조선 민족의 교육을 없앨 수는 없었다.

조선의 그리스도 교회는 조선 민족에게 문화를 접할 수 있는 곳이었으며 교육을 통한 문맹 퇴치를 위한 학교였다. 또는 강연회나 음악제를 열어 조선 청년들에게 모임의 장소를 제공한 것이다. 그 장소에 박열도 출입하게 되었는데 그는 교회에서 사상적 영향을 받았다.

조선의 학생은 크고 작은 일본인의 횡포와 나쁜 짓에 대해서 '반역심을(독립정신)'을 키우며 그것을 은연중에 야유형태로 나타나고 있었다.

조선에서는 모든 것이 반감과 반역심을 자아내는 것뿐이었다. 조선 민중을 쇠사슬로 강하게 엮고 있는 총독부나, 일본 고관이 서울을 오고 갈 때 시내에 학생을 동원해서 환영 또는 환송의 의식을 행하였다. 혹은 일본 고관의 학교 참관 때도 학생들을 정렬시켜 환영하게 했다.

그럴 때면 반드시 일본인 교사들은 우리들이 담배를 소지하고 있는지 조사한다. 그들은 그 핑계로 뭔가 위험한 것이라도 학생들이 가지고 있지 않을까 해서 조사한 것이다. 조사를 당하는 우리 조선인 학생들의 기분은 묘하게 자극을 받아서 위험한 것을 가지고 있고 싶은 기분에 유혹되었다……

(박열의 진술에서)

또 그때는 항상 조선인 학생을 일본인 학생의 뒷줄에 세웠다. 박열은 화가 나서 속이 부글부글 끓었음이 틀림없다. 그때마다, 그들의 가슴 속에 '반역의 마음'(이 말을 박열은 자주 했음)이 쌓여갔다고 한다.

그럴 즈음, 데라우치 내각에 의한 시베리아 출병(1918년)이 있었다. 군대가 서울을 통과할 때, 학생이 동원되어 정거장에 정렬하고 일본군대를 환영하고 있었다. 소비에트 혁명을 쳐부수기 위해 침략군대를 환영하는 것은 있을 수 없는 죄악이요 모욕인 것은 말할 것도 없다. 상투적인 "대일본제국 만세!"의 괴성을 지르는 의식을 강요당했다. 그러면 반역심으로 근질근질한 조선인 학생들은 "만세!"대신 "일본 망세(亡歲)"라고 바꾸어 소리를 질렀다고 한다. 그들로서는 할 수있는 최선의 저항이었다.

일본제국과의 합병 이후, 조선 민족의 일본인에 대한 원한과 증오심 그리고 반역심은 극에 달하고 있었다. 거기에 1917년 11월 러시아 혁명이 성공하고, 이 지구상에 처음으로 사회주의 국가가 탄생한 것이다. 말할 것도 없이, 사회주의의 이념은 제국주의의 타도 즉 식민지의 해방, 프롤레타리아의 해방, 봉건사상에 억압된 여성의 해방이었다. 이상적 목표가 생겨서 조선의 청년들은 피가 끓었다. 일본제국의 사슬을 끊기 위한 강력한 이데올로기로 보였던 것이다.

게다가 현실적으로 희망을 주었던 것은 제1차 세계대전의 종결과 함께 독일에 대한 평화 조항으로써, 미국 대통령 윌슨이 제창한 민족자결주의가 국제무대에 퍼지기 시작하여 몇몇 약소국이 독립선언을 한 것이다.

거기에 더하여 조선 전역에 격분을 일으킨 사건이 일어났다. 조선 황태자 이은(李垠, 영친왕)과 일본 황족 나시모토 마사코(梨本宮方子)와의 정략결혼이 결정되고 강제로 퇴위시켜버린 고종이 돌연히 독살되었기 때문이다. 한꺼번에 이것저것이 겹쳐서 조선인의 민족 감정을 흔들어 놓아 그들에게 들고 일어설 결의를 제공했다. 결국 조선인들은 1919년 3월 1일, 고종 황제의 국장을 이용해서 독립운동의 봉화를 올렸다. 이것이《만세운동》이고 나중에 '3.1운동'이라 불렀다. 3.1운동은 또 '기미 독립만세운동'이라고도 말한다.

잔인한 일본 헌병 정치에 참을 수 없어 전 조선인이 민족적으로 일어난 운동이고, 무기도 갖지 않고 "독립 만세!"를 크게 외친 비폭력 시위 운동이었다.

1914년, 제1차 세계대전이 일어났을 때 천도교의 교주 손병희는 교세 확대를 기반으로 독립운동의 결의를 모의하고 있었다. 즉 독일의 승리를 예상하고 유명인사 1만 명의 서명을 받아 독일 정부 다음으로 조선독립을 호소할 것을 결의했다. 하지만 독일이 패배하여 그 계획은 좌절됐다.

그런데, 이런 약소민족의 기운을 알아차렸을까? 전쟁에서 승리한 미국 대통령으로부터 강화조항의 하나로 민족자결주의를 제창함으로써 조선인들을 흥분시켰다. 1919년 2월 상순, 신도들이 모인 장소에서 그리스도교, 천도교의 지도자가 대표 자격으로 3월 3일의 고종황제 국장이 혼란함을 이용해서 일제히 궐기할 것을 결의했다(그러나 나중에 3월 1일 결행하는 것으로 바뀌었다).

이리하여 3월 1일 정오, 서울 파고다 공원에 학생 등 4~5천 명이 모여서 독립선언서를 낭독한 후 독립 만세를 외치고, 학생 모자에 숨겨온 태극기를 동시에 흔들고 시내 중심을 행진했다. 수만의 군중이 대열에 가담하여 모여들었고 이윽고 서울 전역이 만세운동에 동참했다. 이 같은 대규모 궐기가 일어나기까지 일본 관헌은 알아차리지 못했다. 그 정도로 비밀리에 준비가 진행되었던 것이다.

3월 1일 이후는 조선 각지에서 독립선언 시위행렬이 넘쳤다. 그것은 3~4월을 최고조로 산발적으로는 수개월 계속되었고, 결과적으로 상하이에 조선 임시정부가 수립되기에 이르렀다.

조선총독부는 전 군대를 동원해서 총탄을 발사하고 칼을 든 기마 부대가 난무하여 조선인들을 무참히 학살하였다. 무고한 사람들까지 학살되고 수천 명의 부상자가 발생하였고, 일제에 의해 끌려가 투옥된 자는 빈사(瀕死, 거의 죽게 됨) 상태의 고문을 받았다.

3.1운동은 조선인에게 일본 군경의 잔인성을 몸으로 느끼게 해, 단순한 평화적 수단으로서는 독립이 이뤄질 수 없다는 것, 그래서 조선독립

은 결사적인 무력투쟁으로만이 얻을 수 있다는 교훈을 가져왔다.

한편, 3.1운동을 계기로 총독부는 지금까지의 무단정치를 폐지하고 소위 문화정치로 방향을 전환했다. 3.1운동의 주동세력은 청년 학생이었다. 이때 박열도 학교를 뛰쳐나와서 동료와 함께 준비에 분주했다. 그는 나중에 이렇게 말하고 있다.

일본이 세운 학교에서 관비로 공부하고 있는 것이 수치스럽고, 또 참을 수 없어서 학교를 뛰쳐나오게 되었다. 그리고 나는 일본에 대한 시위운동을 일으킬 계획을 동지와 함께 준비하고 4~5명의 동지와는 독립신문을 발행하고 격문(檄文)[5]을 뿌리고, 실제 운동에 관여하게 되었다. 그것은 1919년 3월 1일이다. 제1차 세계대전이 종결되고 베르사유 회의를 개최했을 때, 조선은 전국적으로 동요했다. 이 회의를 기회로 국내외의 조선인이 일제히 일어나 조선 민족 독립선언을 한 것이다. 이 운동에 참가한 수십만의 조선인이 서울 시내에서 "독립 만세"를 외치며 다녔으니, 정말 통쾌하였다.

(박열의 말 중에서)

그런데, 일어난 독립운동이 일단 좌절되자 연일 일본제국의 피의 보복이 크게 덮어 씌워져서 조선 전역이 일본 관헌의 총칼로 조선인들은 피로 물들었다. 감옥은 잡혀 온 사람들로 넘쳐났고, 고문으로 지옥이 되었다. 운동에 참여한 학생은 모두 퇴학 처분을 받았다. 그래서 조선 근대사의 3.1운동 기록에서는 운동 그것보다도 운동 후의 고문 지옥의 참상이 처절하도록 무겁게 남아 있다.

---

5 사람들을 선동하거나 어떤 사실을 백성들에게 널리 알려 사람들의 의분을 고취하려고 쓴 글.

잔혹한 고문을 피한 조선지사(志士)의 대부분은 고향을 떠나 친형제나 처자를 뒤로하고 산악지대를 따라서 북방으로 도망하여 압록강, 두만강을 건너서 중국이나 시베리아로 도망했다. 말하자면, 일본제국과의 전쟁이 시베리아, 중국으로 연장된 이유이다. 조선의 지사가 자신의 국토를 버리고 스스로 도망한 것은 처음은 경술국치의 때이고, 이번이 두 번째이다. 그리고 국외로 도망한 지사들은 상하이에 있는 프랑스의 조계(租界)[6]에 모여, 조선 임시정부를 수립했다(1919년 4월 11일).

박열도 이리저리 도망을 다녔다. 학교에 돌아가는 것도 불가능했다. 그는 깊고 깊은 산골 고향으로 일단 돌아갔다. 그의 부모 집에서는 형 박정식이 부의 유산 논 10마지기[7]와 밭 10마지기를 경작하고 춘추에는 양봉도 해서 생활에 어려움은 없었다. 하지만 쌓인 채무와 삼촌의 채무보증 때문에 토지를 전부 타인에게 넘겨주는 신세가 되었다. 박열의 가문은 사면초가의 지경에 이르렀다. 박열에게는 서울에도 고향에도 거처할 곳이 없었다. 도망 다니는 것으로 한계가 있었다. 그는 피할 길을 남쪽에서 찾아 도쿄로 향했다.

나는 3월 1일의 소요사건 때, 경찰에 넘겨진 친구들로부터 '경찰에서는 혐의자를 거꾸로 매달아 코에 증기를 붓고 혀를 자르며 전기를 주입하고, 부인은 음모를 뽑고 자궁에 증기를 넣고 음경에 종이 끈을 넣기도 하는 등으로 심한 고문을 한다'는 말을 들었다.

그리고 나는 정말 엄중한 단속으로 참혹한 조선에서는 계속해서 독립운동을 할 수 없으므로, 독립운동은 일단 그만두었다. 그래서 나는 운

---

6 중국의 개항 도시에 있는 치외법권 구역.

7 두락(斗落)이라고도 함. 1마지기는 200평 정도.

동이 불가능하다고 생각했기 때문에 몰래 조선을 떠나기로 했다.

그 당시, 나란 인간은 인종과 인종과의 사이는 말할 것도 없고, 동일 인종의 인간과 인간과의 사이에도 절대 자유평등으로 표현될 수 없다는 것을 깨닫게 되었다.

(박열의 말 중에서)

이쯤부터 소년 박열의 심정에는 사회주의적 사상이 싹텄던 것이다.

1919년 봄부터 가을에 걸쳐서 조선 전역은 이별의 계절이었다. 과혹한 일본 관헌의 손을 피해서 독립운동의 투사들은 북으로 남으로 가족을 남기고 홀연히 사라져갔다.

> 마을 어귀에, 쓸쓸하고 작은 집
> 새벽에 물 긷고, 저녁 일찍이 부뚜막 불 지피는 집
> 소박데기 딸과 늙은 엄마, 두 사람뿐
> 베틀 짜기와 바느질 삯일로, 서로 위로하고
> 웃음과 눈물로 살아가는 집

(당시 불렀던 이별의 노래)

박열은 서울에서 홀연히 사라졌지만, 본가에서는 어디로 갔는지를 전혀 몰랐다. 그리고 5년 정도 지나서 뜻밖에 박열로부터 사진 한 장과 엽서가 도착했다. 거기에는 주소는 없고 다만 '도쿄에서'라고 간단히 적혀 있었다. 하지만, 그 발신지는 도쿄의 이치가야(市ヶ谷) 감옥이었다. 박열은 자신의 죽음을 생각해서 유품으로 한 장의 사진을 첨부한 것이다.

아나키스트의 길

합병이란 이름 아래, 일본제국에 짓밟혀 지낸 지 9년, 조선은 일본인의 멸시와 군경의 총칼에 둘러싸여 창살 없는 감옥이 되어 갔다. 조선 민중을 해방하기 위해, 중국으로 탈출한 조선의 투사들은 직접행동을 시도했다. 그것은 《의열단(義烈團)》이었다.

또 만주에서는 독자적으로 군관학교를 설치하고 군사 훈련을 실시하여 독립군을 편성했다. 국내에서 신음하는 조선 민중은 이들 국외의 무장군대 행동에 어렴풋한 기대와 희망을 걸고 있었다.

경성고등보통학교 3학년을 중퇴한 박열이 도쿄에 나타난 것은 1919년 10월이다. 만 18세의 그는 학업을 계속하려고 했지만, 결국 학교에는 입학하지 않았다.

일본에 온 후 박열의 발자취는 가시밭길이었다. 신문 배달부, 병 만드는 공장, 인력거부, 중국 만두집, 야간경비, 후카가와(深川, 도쿄 고토구의 지명) 날품팔이, 그러고 나서 중앙우체국의 집배원을 잠깐 했다. 집배원을 했던 때에는 이미 아나키스트(무정부주의자)가 되어 있었던 것이다.

"나는 우편배달로 매일 궁성 안에 출입해서 천황의 동정이나 출입 경로 등을 살피며, 그러는 중 때로는 혁명가를 낭송해서 울분을 씻었다"라고 후에 그는 술회했다.

도쿄에 건너온 박열은, 우선 민감하게 감정에 사로잡혔던 것은 일본의 사회 풍조였다. 그는 일본인 중에서도 자신과 같은 반역사상을 품고 있는 자가 많다는 것을 알았다. 당시 일본은 쌀 소동 이후 사회주의 사상이 풍미해 있고, 나중에 이 풍조는 《다이쇼 데모크라시》 또는 《다이쇼 혁명 시대》라고 불렸다.

일본에는 조선에서 도저히 읽을 수 없는 혁명사상의 서적이 범람하고 있었다. 해외의 사상서적은 물론이고 19세기의 러시아 제정 하의 무정부주의 사상서까지 번역되어 있었다. 그는 그것을 탐독했다. 그리고 그의 젊은 가슴에 품었던 '반역심'을 가진 선각자가 50년 전에도 러시아에 있었다는 것을 알았다. 그는 자신의 정의감을 확인하고, 그 자신이 반역 정신의 불을 지펴 갔다.

이렇게 해서 박열은 같은 반역의 불을 피웠던 일본인 동지를 많이 알게 되었다. 유명한 무정부주의자 오스기 사카에(大杉榮)의 영향을 받았음이 틀림없다. 오스기는 이미 20~30대의 반수 이상을 감옥에서 보내고 그것 때문에 속병으로 몹시 여위고 쓸데없는 말을 하지 않았는데, 박열도 그와 아주 비슷하였기 때문이다.

박열은 또 이와사(岩佐作太郎)와 나카니시(中西伊之助)와도 친한 동지가 되었다. 이와사는 치바현 출신으로 젊을 때 미국에 건너가서 아나키즘의 세례를 받고 제1차 대전 중에 귀국해서 오스기 등의 〈노동통신사〉에 가담하였다.

러시아혁명 이전까지는 조선인이 일본인과의 관계를 맺는 것을 위험하게 보고 단절하고 있었다. 즉 그것은 일본제국의 개가 되는 것이라고 생각했다. 하지만, 1919년을 기점으로 일본인과 재일조선인 사이에 처음으로 이데올로기의 연대의식이 생긴 것이다.

1920년은 재일 조선 청년 학생들을 분발하게 만든 한 해였다. 조선에서 3.1운동 후 중국으로 도망간 독립운동의 투사들이 일본제국에 대해서 실력 투쟁을 개시한 것이다. 조선독립군은 청산리[8]에서 일본군 부대를 쳐부수고, 조선 국내에서는 폭탄으로 경찰서를 습격하기 시작한 것이다. 평안남도 경찰 본부의 폭탄 투척, 부산경찰서의 폭탄 투척, 밀양경찰서의 폭탄 투척 등이다. 그리고 동년 12월에는 만주에 있는 조선 각 부대가 합류해서 《통일독립군》을 조직하기에 이르렀다. 이와 마찬가지로 일본에서도 1920년에 박열 등 조선 청년들에게 자극을 준 두 가지 사건이 일어났다.

첫째는, 조선 황태자 이은(李垠)과 일본 황족 나시모토 마사코(梨本宮方子)와의 정략 결혼식에서의 폭탄 투척 사건이었다. 동년 4월 28일, 이은의 집에 예식이 있어서 일본의 황족들, 조선 총독 사이토 마코토(齋藤実), 조선 매국노 이완용, 송병준 등이 참석했는데 이들을 말살하고, 동시에 '조선 민족과의 융합정책에 대한 망상을 타파하기 위하여' 대학생 서상한(徐相漢)이 폭탄을 투척했다. 그러나 폭탄은 그가 고심하여 만들었음에도 불발로 끝나고 부상자조차 없었다. 당시 신문에도 보도되지 않아 일본인에게는 그리 알려지지 않았다.

이 사건은 일본 정부에 경고한 것으로 중요한 목표를 저지하기 위하여 가능하다면 한목숨 바치는 것도 아깝지 않다는 조선 청년의 기개를

8 만주 지린성에 있는 지역.

보인 사건이었다.

둘째는, 일본 사회주의동맹의 결성이었다. 그때까지 사회주의 운동이란 것은 무정부주의, 공산주의, 노동 운동, 진보주의라고 말한 것들이 뒤섞이어 있었다. 다만 일본의 노동조합 운동에 있어서 오스기 사카에(大杉榮)가 일찍부터 신디칼리즘[9]을 도입한 관계로 단연 무정부주의가 우세했지만, 1920년 12월 10일 간다[10](神田)의 그리스도 청년회관에서 이들 각각의 운동을 통일한 조직으로써 일본 사회주의동맹을 결성하게 되었다. 이 대회에는 조선 청년 학생도 다수 참가하고 있었는데 이들은 민족을 초월한 프롤레타리아 연대의식이 있었기 때문에 함께 할 수 있었다.

당시 일본에는 권력에 대한 반격의 분위기가 무르익었다. 일본의 관헌이 결성대회를 방해해서 회의장이 혼란하였지만, 회의장에서는 "어떻게 해서라도 천황을 해치우지 않으면 안 된다"라는 목소리가 컸다고 한다. 이 시절에는 이미 『붉은 깃발의 노래』를 자주 불렀다고 술회한다.

한쪽 손엔 폭탄으로 니주바시(二重橋)를/지요다의 숲에는 붉은 깃발을 세우고/자 축하해, 우리들의 혁명을/해상 빌딩에 대포를 설치해서/미리 축하해도 마땅한 일

— 『붉은 깃발의 노래』

"많은 투사들은 일본혁명 1년설을 믿어왔다. 젊은 사람들은 정말로 폭탄을 손에 쥐고 니주바시(二重橋)[11]에 돌입하는 것은 그리 먼 미래가 아

9 노동조합을 통해서 사회주의를 실현하려는 사상 및 운동(Syndicalism).
10 현재의 지요다구(도쿄도의 특별구 중 하나)의 북동부에 속함.
11 도쿄 황궁 앞에 있는 다리. 평상시에는 일반인에게 공개되지 않아 건널 수 없으나, 새

니라고 믿고 있었다"며, 당시의 무정부주의자 작가 에구치칸(江口渙)은 술 회하고 있다. 즉 이 결성대회에서 수십 명이 검거되었지만, 이 중에는 조 선 청년 김이권(金利權)도 포함되어 구류 3개월을 받았다.

이때쯤에 상하이 의열단은 직접행동을 활발하게 전개하고 있었다. 그리고 이것에 호응하여 1920년 말, 도쿄의 조선 청년 학생들 15, 6명 이 《의혈단》이란 비밀 폭력단체를 조직했다. 그 명칭이 나타내듯이, 민 족적 정의를 위해 '피로서 응징한다'는 의미였다. 비밀결사 의혈단의 목 적은 다음과 같았다.

1. 조선 민족을 파는 자를 말살한다.
2. 조선인을 모욕하는 일본인을 박멸한다.
3. 비밀문서를 뿌린다.
4. 기타, 무사안일의 학생을 징벌한다.

특히 주대상은 조선 민족을 파는 자(매국노)였다. 결국, 일본제국주의 에 추종하는 친일파에 대한 제재였다. 이러한 사람에게 직접 행동을 표 시하여, 조선 민족의 각성을 촉구하기 위한 것이다.

그런 후 목적한 바와 같이, 바로 친일파의 우두머리 민원식(閔元植, 중 추원 부참의 겸 경성 시사신문 사장)을 살해했다. 1921년 2월 16일 아침, 도쿄 역 호텔에 숙박 중인 민원식을 어느 조선 청년이 갑자기 단도로 그를 찌 르고 2층 창문으로 도망쳤다. 민원식은 복부가 찔려서 바로 사망했다.

그들에게 있어서는 적보다도 아군의 배신이나 내통하는 행위가 훨씬

해나 천황 생일에는 정문이 개방되어 건널 수 있다. 국빈 방문을 비롯한 궁중 공식 행 사 시에 주로 사용한다.

더 증오해야 할 죄악으로 배신행위를 말살하는 것이 선결과제였다. 이미 이완용(李完用, 합병 조인 당시의 수상)도 집이 방화되고 몇 번인가 살해를 계획하여 중상을 입힌 것이다.

『보지신문(報知新聞)』(1921년 2월 25일 호)에는 다음과 같은 보도 기사가 있었다.

> 민원식은 청일전쟁 당시 일본과 인연이 깊은 민영준의 형, 영억의 자식으로서 굉장한 친일파 집안이다. 이토 히로부미 통감 당시, 한국정부의 내무부 서기관이 되고, 지방의 군수도 지내고, 재야에 머물 때는 경성 시사신문을 창간하여 한일융화에 진력했었다. 최근에는 조선인의 참정권 획득에 분주하여 이번에도 그 운동을 위해 도쿄에 있었다.
>
> 따라서 암살 범인은 반일파로 볼 수 있지만, 사건이 조선 통치에 큰 영향을 미칠 것이라고 본 당국은 바로 모든 신문 보도를 금지시켰다.
>
> 그 때문에 각 신문은 겨우 2월 18일부의 지면에서 〈도쿄 역 호텔에 숙박 중인 민원식은 16일 아침 갑자기 의문의 사망을 했다. 그리고 친한 사람들이 어제 17일 오후 1시에 그곳에서 장례식을 치뤘다.〉
>
> ―『보지신문(報知新聞)』(1921년 2월 25일 호)

장례식에 수상인 하라다카시(原敬) 이하 각 각료, 조선 총독인 사이토 마코토(齋藤実) 등이 참석하여 성대하게 마쳤다. 일본과 관련 깊은 사건인 만큼, 그 범인 수사는 대규모로 해서 약 3,000명으로 생각되는 재도쿄 조선인이 모조리 수사대상이 되었다.

그리고 사건이 5일째인 21일 밤, 우시고메 구 와세다(牛込區 早稲田 鶴巻町 62)의 조선 물산 행상인 이은종(李殷宗)의 집에 동거하고 있는 양근환(梁槿煥, 28세)이란 엿 판매 상인이 수사대상에 떠올랐고, 상하이로 도주하는 중에 나가사키에서 체포되었다.

양의 행동이 재일 조선 청년 학생 특히 무정부주의자에 있어서 영웅시된 것은 말할 것도 없다. 양은 고학하면서 조선 엿 장사를 하고 있었다. 그가 의혈단의 단원인지 아닌지는 알 수 없다. '비밀 결사단'이라서 단원의 이름은 명확하지 않다. 박열도 마찬가지 엿 장사를 하고 있었기 때문에 서로 알고 있었을지도 모른다.

또 의혈단의 단원이 어떤 인물을 가해한 경우, 다른 구성원에게 피해를 주지 않기 위해 끝까지 '개인의 행위로 한다'라는 철칙이 있었다. 민원식을 살해한 양근환은 무기징역의 판결을 선고받았다.

당시 일본 정부는 3.1운동이란 조선 민중의 총반격에 놀랐던 것으로 보이며, 모든 방면에서 회유정책으로 접근했다. 예를 들면, 재일 조선 청년 학생의 민족정신을 유연하게 만들기 위해 "가능한 한 일본 여성을 아내로 맺어준다"라고 하는 수단도 사용했다. 조선 학생들 중에는 고향에 젊은 처가 있다 해도 상관없이 소개되어 일본 여성과 동거하는 경우도 볼 수 있어서, 민족운동을 멀리하고 유학 당초의 사명감을 망각하여 개인의 세계 속에 틀어박히는 학생도 있었다.

이것을 차마 볼 수 없는 것은 '의혈단'이다. 이 같은 경우, 의혈단은 그 학생에게 경고를 준다. 또 민족진영을 이탈해서 일본 관헌에 회유되어 협력하는 경우는 그 당사자를 불러내어 뭇매를 때린다. 그렇게 했을 때의 박열은 몸이 작았지만, 그 도량과 위엄과 검술이 뛰어났다고 한다.

그러나 의혈 단원에 의한 폭력사건이 일어나면 그때마다 박열 등은 경찰에 검거되어 투옥됐다. 거기서 박열은 '일본 관헌의 취조도 몹시 심하여 이것에 치루는 희생이 너무 크다.'고 생각해서, 한때 그 조직을 해산했다. 위장해산이었다. 그리고 반년 정도 지나고 이번은 《철권단(鐵拳團)》이란 이름을 붙이고 재조직했다. 이것도 명칭이 말하듯 자기 민족을 배반하는 자에게는 용서하지 않고 '주먹을 휘둘러 피를 흘리게 한다.'라는 것이다. 그 동료로서 팔을 휘둘렸던 장상중(張祥重)이란 자가 있었다. 그는 박열보다 몇 살 연상의 귀골이 큰 남자로 호령하는 감칠맛이 있었다.

박열 등의 무정부주의자들에게 강한 자극과 심리적 영향을 준 것은 1921년 9월, 안다(安田) 재벌의 안다(安田善次郎) 회장 피살사건과 그 2개월 후 11월 초 도쿄 역의 개찰구 근처에서 일본 수상 하라다카시(原敬)가 피살된 사건일 것이다.

당시는 테러에 의한 '요나오시'(世直, 세상을 바로 잡음)의 분위기가 왕성했다. 결국, 권력 계급의 목숨을 떨어뜨리고 이 세상에 이름을 남기고 죽는 것이 인생 최대의 영예로운 가치가 있는 행위였던 것이다. 하라다카시 수상을 살해한 자는 박열보다 한 살 아래로 오츠카(大塚) 역무원인 나가오카 콘이치(中岡艮一)였다.

1921년의 가을에는 박열도 철근같이 단단한 무정부주의자가 되어 직접 행동자로 변모했다. 그는 얼굴을 덮을 정도의 장발로, 언뜻 보아도 무정부주의자로 판단되는 회색의 루바시카(rubashika)[12]를 입었다. 그것은 이윽고 박열의 심볼 마크가 되었다.

박열 등은 친일 조선인으로 판단되면 망설일 것도 없이 밀어닥쳐 폭행을 가했다. 그것 때문에 경찰에 감시를 받아 자주 검거되었다. 일본 관

---

12 러시아인이 입는 앞이 터지지 않은 상의.

헌은 친일 조선인을 옹호하고, 박열 등을 《불령선인(不逞鮮人)[13]》이라 해서 거주를 방해하기도 했다. 그 방해의 실상을 그는 "이 꼴 좀 봐"라고 하는 문장으로 다음과 같이 쓰고 있다.

1921년 10월경, 혼고쿠 코무(本鄕駒込)에서 친구 3, 4명과 방을 빌려서 자취 생활을 하고 살았는데, 그때 바로 이웃에 우리들을 위해 힘껏 돌보아준 노인분이 살았다.

그런데, 그것을 우연히 탐지해낸 경찰 부인, 그냥 두었을까? 얼른 그 노파를 불러내어서 협박으로

"자네는 요즘 자주 조선인을 보살피고 있지만, 그것은 어떤 이유든 설령 돈을 받고 세를 빌려준다 해도 만약 잘못되면, 자네는 법률을 위반하는 것이다. 그렇지 않는다 해도 생각해 보는 게 좋다. 그놈들은 언제라도 나쁜 짓을 모의하는 불령선인인지 모르잖아? 일본인으로서 불령선인들을 돌봐주는 것은 이상한 일이야! 또 그놈들이 만약 나쁜 짓을 했다면 자네에게도 물벼락을 맞는 거야! 그래서 저런 자들을 돌봐주는 것은 이제부터 딱 짤라 그만두는 게 좋아. 만약 내 말을 듣지 않으면 이쪽에도 상응한 조치를 생각하고 있다. 그리고 그놈들은 언제 그 천성대로 나쁜 짓을 드러낼지도 모른다니까!"

이런 어조의 고압적인 자세로 협박한 것이다. 그 몸은 쭈그러들었어도 따뜻한 마음을 가진 노파는, 더욱더 우리들을 위해 돌보아주는 것을 잊지 않았다.

또 하숙집에 친구가 방문하면 경찰 부인은 거기의 안주인이나 여자 종업원에게

"저놈들은 불령선인들이니 국가를 위해 주의해서 잘 봐!"하고. 때로는 아주 불만스럽게 쳐다보며 "저놈들이 오면 살짝 전화로 알려줘"하고.

만사에 용의주도한 경찰 부인, 셋방을 빌리면 역시 판에 박은 듯이

---

13 일본의 제국주의에 반항하는 모든 조선사람을 말함.

그대로 말한다. 그뿐만 아니라, "저놈들이 이사했다면 이사 간 곳을 알아오게"하고 미리부터 엄명을 내린다.

만약 조선인이 검거되면 일단 더러울 정도로 괴롭히고, 그리고 나서 달갑지 않은 설교로, 동지의 배신자가 되기 쉬운 말로써 훈계한다. 튀김 덮밥이나 과자를 계속 권하면서.

"자네! 보람 없는 행동만 하지 말고 이제부터 열심히 공부하는 게 어때? 집세나 학비 같은 거는 어떻게 할 것인지, 그리고 도움받을만한 좋은 처자와 결혼하지 않겠나"하고.

"그래도 인간인데, 설마 박람회 작품의 잡동사니 도구야 아닐 것이고, 편안히 지내는 귀한 몸으로 영광을 누리고 싶지 않을까요?"

이런 말은 반드시 불령선인에 한정한 것도 아니지만, 정부의 관리들은 우리들의 누추한 주거지를 방문하는 때는 2인이나 3인으로 와서 한 사람은 셋집 주인에게 이야기 하고, 때로는 전부 모여서 시위라도 하듯 협박하기도 하거나 달래며, 또는 교묘하게 마치 예리한 낫처럼 마음속을 넌지시 떠보기도 한다. 어떤 때는 일단 돌아가는 듯하다가, 바짝 다가와서는 셋집 주인에게 다시 말을 건다.

"이리하여 양쪽의 대화를 종합해서 편리한 단안을 내리는 것인데, 여러분 좀 생각해 보세요. 저 관리 놈들은 이런 바보스러운 흉내를 내서, 말하자면 불령선인의 불령사상을 박멸하는 것이 가능하다고 생각하고 있는 것으로 보는데요. 아주 우스꽝스럽고 참 이상하네요."

—『흑도』제1호

재일조선인의 운동은 일본 사회운동의 투영이기도 했다. 앞서 말한 바와 같이, 〈일본 사회주의동맹〉이 결성되어 1년째인 1921년 11월, 재도쿄 조선인 사회운동자의 통합이라고도 할 수 있는 〈흑도회(黑濤會)〉가 조직되었다. 이것은 이와사(岩佐)가 마련하여 동지 약 30명으로 결성되었다고 말할 수 있다. 그 주된 멤버는 원종린(元鐘麟), 서상일(徐相一), 신염파(申焰波), 김약수(金若水), 박열 등으로 사회주의자, 무정부주의자, 민족주의자가 포함되어 있었다.

그런데 흑도회의 내부에서는 무정부주의계와 공산주의계의 논쟁이 끊임없이 서로 논쟁하고 있었다. 이것도 결성만 된 일본 사회주의동맹의 사정과 완전히 같았다. 그렇지만 흑도회란 명칭에는 무정부주의자 그룹이 우세하다고 말할 수 있는 점이 있는데, 그것은 결성에 있는「선언」에도 표시되어 있기 때문이다.

선언(宣言)

우리들은 마침내 철저하게 자아실현을 위해 탄생하였다. 하루하루 하나의 움직임이라 하더라도 그 시작을 모두 자아의식에서 찾지 않으면 안 된다. 우리들은 철저한 자아주의자로서 인간은 개처럼 서로 으르렁거리도 안 되고, 서로 친밀하게 도와줄 수 있는 일을 찾아내어야 한다.

우리들은 각자 자아의 자유를 무시하고 개성의 완전한 발전을 방해하는 모든 불합리한 인위적 통일에는 완전히 반대하고 또 전력을 다해서 그 파괴에 노력한다.

우리들은 어떤 것도 고정된 이념은 없다. 인간은 하나의 정해진 형태에 빠뜨려졌을 때, 타락하고 사멸하는 것이다. 마르크스나 레닌이 뭐라고 말하든, 크로포트킨[14]이 무엇이라고 전하던 그런 것은 우리들에게 소용이 없다. 우리들은 각자 존엄한 체험이 있고, 할 말이 있고, 방침이 있고, 또 끓는 피가 있는 것이다.

우리들은 우리 자신이 해야 할 일과 하지 말아야 할 일을 우리들 자신이 스스로 처신한다. 외부에서 오는 어떠한 강한 권력도 우리들의 행

---

14 러시아 무정부주의자.

동을 규정하는 것은 불가능하다.

우리들은 자신을 희생함으로써 타인을 행복하게 한다고 말할 수 없다. 사회 인류를 위하여 자기를 희생해서 산다고 말하는 자들은 모두 틀림없는 위선자. 말하자면 어디든 우글거리고 있는 세상의 인도주의자들이여, 속이지 말고 일찍 그 본심을 고백하기 바라며, 우리들에게 젊은 자기희생이 있다고 해도 그것 역시 자아로부터 출발한 것이 아니라고 할 수 없다.

우리들은 모두 자유롭다. 배고플 때는 먹고 행복하고 싶으면 그렇게 한다. 또 울고 싶을 때 울고, 웃고 싶으면 웃고, 화내고 싶을 때 화를 낸다. (24자 생략). 무엇도 일일이 다른 사람으로부터 지휘를 받는 일은 없다. 마음 가는 것에 감격하여 최선을 다하는 것이다. 만일 그것이 자아가 강하게 요구해서 생긴 것이었다면 그것이 무엇이든 모두 우리들 자신으로서는 참된 선이고, 아름다움이다.

따라서 우리들에게 세상에서 말하는 소위 절대 보통의 진리에 대한 원칙은 없고 그것들은 언제라도 우리들 자신의 내면적 요구의 진화 발전과 함께 변화해 간다.

우리들은 이런 인성이 자연의 변화 속에 참된 질서가 있고, 참된 통일이 있다는 것을 찾아내었다. 이곳에 인간의 진보가 있고 새로운 창조가 있는 것이다.

이곳에 우리들은 우리들 자신에 의해서 우리 자신의 입장을 명확하게 선언한다.

1921년 11월 흑도회

박열 등에 의한 철권단의 역할은, 중국을 근거로 한 의열단처럼 일본 관헌에게 테러 파괴는 하지 않는다고 해도 우선 자기 민족의 내부배반자들에 대한 보복에 표적을 두고 있었다. 당시, 조선인에 의해서 증오의 표적이 되었던 사람 중에 백인기(白寅基)라는 남자가 있었다. 박열의 글에 의하면,

지난해, 일본군의 시베리아 출병 때에 쌀 4,000석을 일본 정부에 헌
납할 정도의 부르주아(bourgeois)로서, 더구나 대일본제국에 미쳐서 가
장 충실한 새로운 노예로 백인기라는 자가 있다. 그자는 아양의 비굴성
이 있는 반면에 약자에 대해서는 잔인성을 많이 갖고 있는 남자이다.
— 후테이 선인을 개명한 『현사회(現社會)』 제4호

일본국민도 시베리아 출병에 반기를 들었고, 그 군대에 보내는 식량
수송 때문에 쌀값이 폭등하여 결국 쌀 파동이 생겨 일본 국내에 혁명 전
야를 느낄 정도의 대사건이 일어날 지경이었다. 일본제국의 국내 사정이
이러했다고 보면, 식민지 조선의 식량 기근은 말할 것도 없다.

조선의 일반 민중들은 쌀을 먹을 수 없는 빈궁 상태가 되었다. 그것에
아랑곳하지 않고 대지주인 백인기(白寅基)는 일본 제국에게 아낌없는 성
의를 표시하여 총독부의 포상을 기대하고 쌀 4,000석을 헌납한 것이다.
이것에 대해서 조선 민중이 원한을 품은 것은 당연하다.

이것을 안 도쿄의 철권단은 무언가 백인기에게 보복하겠다고 벼르고
있었다. 그러는 동안에 백인기의 딸과 며느리가 도쿄에 유학 중인 것을
탐지했다. 또 백인기의 처의 조카딸에 해당하는 이수영(李壽永)이 백의 학
비 원조를 받아 도쿄에 유학하고 있는 것도 알아냈다. 그런데, 백은 가난
한 이(李)에게 학비 원조를 약속해 놓고서 나중에는 못 본척해서 이가 곤
경에 빠진 것도 알았다.

결국, 백인기는 그 딸과 며느리에게 두 사람 합해서 매월 400엔씩의
학비를 보내어 사치스러운 생활을 시키고 있으면서, 이(李)에게는 처음에
3개월분의 학비로서 100엔만 보냈을 뿐이다.

그래서 곤궁한 이는 노동으로 공부를 계속하려고 했지만, 몸이 좋지

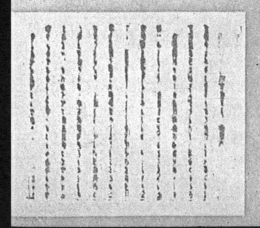

『불령(후테이) 선인』을 개명한 『현사회(現社會)』 제4호.

않았기 때문에 격한 노동에 인내하지 못하고 이리저리 친구들에게 신세를 지고 있는 중에 극심한 신경쇠약에 걸려서 결국 자살하고 말았다. 그러나 백의 딸과 며느리는 모습도 보이지 않았다고 한다. 백인기에 대한 원망이 극도에 달했다.

이러한 일반인의 원망하는 마음을 푸는 것이 철권단 본분의 역할이기도 했다. 박열 등은 바로 백인기의 딸과 며느리의 집을 습격해서 통쾌한 '철권'을 먹였다. 물론 두 사람의 여성에게 원한은 없었다고 해도, 백이라는 악한 사람의 가족에게 보복을 가한 셈이다. 비밀결사대로서의 철권단에 관하여 박열은 결코 말할 것도 없고 쓸 것도 없었지만, 그 대신 그는 자신을 제3자로 취급해서 완곡하게 글을 쓰고 있다.

거기에 분개한 도쿄에 체류하는 조선인 등은 이들 악한 귀신같은 사람의 자녀들에게 통쾌한 철권을 먹임과 동시에 비난하고 마무리 지었을까? 그리고 부르주아의 뜨뜻미지근한 동정에 기대어 학문을 하려는 이수영도 바보 같은 놈이었지만, 백인기의 자식도 근세에 보기 드문 전형적인 부르주아 근성의 소유자였다.

따라서 우리들 조선인에는 외부에서의 적은 물론 우리들 자신의 내부에도 우리들의 생피를 빨아먹는 흡혈귀 백인기와 같은 부류가 많은 것을 각오하지 않으면 안 된다.

— 앞의 『현사회』에서

이런 폭력 행위의 뒤에는 반드시 검거되어 희생자가 나오므로 철권단은 효과적인 전술을 가르친다. 그 결과, 저격당할 본인에 대해서 부들부들 떠는 경고문을 붙였다. 예를 들면, '이 문서를 접수해서 앞으로 3일 이내에 이 지역을 철수할 것. 만일 이 기간 내에 이 지역을 철수하지 않을 때는 반드시 너를 박멸한다.'고 쓴 편지를 보내는 것이다.

결국, 도쿄에는 거주하지 말든가 아니면 일본에서 추방하는 전술이다. 박열로부터 이런 엽서를 받은 최영환(崔英煥, 당시 우에노의 절에서 기숙 중)은 놀라서 도쿄를 떠날 준비를 했지만, 결국 박열의 허락을 받으려 급히 찾아갔다. 이런 경우에 철권단의 「명령」은 상당히 효과가 있었던 것이다.

몇 년 뒤, 경시청 특별고등과 경찰 이노우에(井上次三郎)가 도쿄지방 재판소 검사 이시다(石田基) 앞으로 「혈권단에 관한 보고」에는 다음과 같이 적혀져 있다.

박열 등이 우두머리로 있는 혈권단은 1921년 11월경(주, 년 월이 박열의 진술과 다름) 재도쿄 조선인의 사상퇴폐로 인해 친일을 공공연하게 표방해서 조선 이름을 욕되게 팔고 다니는 것은 무례하여 조선 민족의 체면을 훼손하는 것으로 생각하고, 이들 부패분자를 응징할 목적으로 제1기를 의혈단, 제2기를 철권단, 제3기를 혈권단으로 이름하여, 몰래 폭행과 협박을 계속하고 있다. …그들 불령선인 학생은 박살단 또는 혈권단의 단명을 통해 일부의 조선인 학생에게 우편을 보낸 사실도 있고, 보내는 측은 물론 수신자 측에 있어서도 후환을 두려워하여 입밖에도 내지 않지만, 선량한 학생들을 공포에 몰아넣어 매우 불안을 품게 하는 것이다. 그 상황을 내사하여 조선인 학생으로서 일본인으로부터 학자금의 보조를 받는 또는 일본인과 친교가 두터운 친일파로 낙인찍힌 사람, 일본 부인과 내연의 관계를 맺어 고향에 있는 처자를 내팽개치는 자는 2천만 조선 민족을 무시하는 부도덕함으로 인해 성실한 학생의 풍기와 신뢰를 저버리는 분자이므로 철권제재 기타 적당한 응징을 가할 필요가 있고, 항상 해당 인물을 찾고 있음. (하략)

— 『박준식·후미코 특별사건 주요 조사서』

직접행동의 논리

1921년 가을쯤부터 박열은 몰래 하나의 결의(決意)를 품기 시작했다. 이제까지 그는 혈권 단원으로 직접 행동을 일으켜서 수없이 경찰서에 구류를 살고 있었다. 무슨 일을 일으키지 않은 때에도 부랑죄(浮浪罪) 명목으로 처넣어져 29일간 구류를 살았다. 이렇게 해서 그는 이미 폐가 손상되어 있었다. 일본으로 건너간 지 2년 정도이다.

그 신체는 강렬한 의지와는 반대로 검고 쇠하여 야위어서 미열이 늘 계속되었다. 그 때문에 하는 일은 중단되고 생계는 끊어졌다. 고열로 인해 셋집의 목임숙(木賃宿)[15]에 3일간이나 끙끙 앓아 신음하고 있었던 적도 있었다. 목임숙의 어두컴컴한 방에서 발열이 나서 몸을 움직일 수 없게 되었을 때는 정말이지 인생의 적막함을 느꼈을 것이다.

그 당시 그는 「강아지(이누코로)」라는 제목으로 몇 개의 행으로 된 시를 만들었다. 이누코로란 그 자신의 모습이었을 것이다. 간토(關東) 일원을 배회하면서 조선 엿 장사, 인삼 행상을 하고 해가 지면 조선인의 식당에 자주 들리고 하룻밤씩 머물다 가는 자신의 모습을 말로써 나타낸 것

---

15 '키찬야도'라 하여 식사가 없는 싸구려 여인숙.

이리라. 그러나 무력한 강아지는 아니다. 강고한 반역심을 숨기고 있었던 강아지였다.

박열은 광의의 사회주의자로부터 무정부주의자로서 게다가 허무사상을 품고 있었다. 그의 말과 글에는 매서운 불꽃, 즉 민족 독립주의, 무정부주의, 허무주의가 혼합되어서 「일본제국의 권력을 모두 부정하고 파괴하는 사상」으로 이루어져 있었다.

박열이 무정부주의를 고집하는 것은, 인민이 제정 러시아의 압제와 권력정치를 부정해서 사투를 계속 벌였지만, 소비에트 정부를 만든 공산주의자는 다시 제정시대와 같은 『권력』을 그대로 답습했다는 점에 있었다. 그는 이렇게 말한다.

그 후의 러시아의 모양을 보면, 노예민족의 해방과 평등을 표방하면서 다수결의 제도에 의해서 소수자의 의견을 유린하고 법률을 만들어서 사회 민중의 의사를 압제하고 있으므로, 일종의 국가주의로 변한 것에 불과하다. 소수의 권력자가 국가사회를 압제하는 형태는 로마노프 왕조 시대[16]의 그것과 다르지 않음을 보고, 나는 소위 사회주의와 공산주의에 동화될 수 없다고 느끼며, 그 이념에 공조할 여지가 없었으므로 무권력, 무지배의 모든 개인적 자주 자치에 의한 평화로운 세계를 동경하게 되었다.

(박열의 말 중에서)

앞서도 말했지만, 박열은 오스기(大杉榮)나 이와사(岩佐作太郎) 등으로부터 사상적으로 많은 영향을 받았다는 것은 말할 것도 없다. 당시의 일본

---

16 러시아 제국을 304년(1613~1917) 간 통치한 왕조.

지식인은 『다이쇼 데모크라시』의 신사상을 흡수했기 때문이다. 그리고 박열이 훨씬 더 실천적으로 제일 앞장서서 달렸던 이유는 그의 언동 등으로 볼 때, 크로포트킨과 소레루스 작가의 사상적 영향도 받았다고 생각된다.

그는 자신의 죽음을 언제나 각오하고 있었다. 무정부주의자로서 허무주의에 철저한 그는 '어떻게 살아야 할까'를 생각하는 것이 아니고, '어떻게 죽어야 할까'를 생각하고 있었다. 예를 들어, 무정부주의자로서가 아니고, 이미 폐렴에 걸려 있으므로 오래 살 수 없다는 것을 인지하고 있었기 때문이다. 침상에 누울 때마다 흉부가 쿵쿵하고 요동치며, 고열이 나서 두통이 동반되어 '결론'을 급하게 내린 것이다.

어차피 이 세상은 약육강식의 세계다. 러시아 혁명이 되었어도 결국, 소수 권력자의 생각대로 되어 민중은 그들에게 끌려다니고 있다. 그래서 나는 더 이상 누구도 믿을 수 없다. 조선 민족은 일본제국의 학정에 대해서 어떤 하나의 복수도 할 수 없다. 나는 어차피 폐병으로 오래 살 수 없는 몸이고, 차라리 죽는다면 적어도 한 사람에게라도 폭탄을 투척해서 일본제국의 최고 권력자에게 복수를 해주고 싶다는 결론 그것뿐이다….
(박열의 말 중에서)

그의 결의를 대변하면 다음과 같다.

어차피 3.1운동 때 동포 6,000 ~ 7,000명이 일본 군경에 살해되어 죽지 않았는가? 또 몇천 명인가 불구가 되지 않았는가? 그래서 상하이 의열단원은 목숨 걸고 일본제국에 반역을 맹세하고 있지 않은가? 내가 흉부를 다친 것도 일본 경찰이 철저하게 때려눕혔기 때문이 아닌가? 어차피 죽었어야 할 몸이다, 이 몸을 던져서 일본제국에 복수라도 해야지! 그것밖에 없는 것이다. 저 19세의 일본인도 일본 수상의 목숨을 없애려고 했을 정도였으니….

그러나 나는 일본제국의 실권자 모두의 권력층에 복수를 시도하고 싶다. 그렇다면, 어떻게 해서라도 칼보다는 폭탄이 효과가 있다고 생각된다. 그래, 폭탄을 던지는 거다! 폭탄을 던져서 일본의 권력 계층을 한꺼번에 없애 버리는 것을 도모하는 것이다. 그런데 전부를 없애버리는 것은 어렵다…. 어느 특정 인물을 선택하지 않으면 안 된다.

그렇다면, 역시 나는 일본 천황을 살해할 수밖에 없다! 일본제국의 최고 권력자, 최대 간판 얼굴을 겨냥한다. 즉, 나의 제일 목표는 일본 천황과 황태자이다. 가능하면, 황태자(현 천황)를 살해해버리고 싶다. 듣는 바에 의하면, 다이쇼 천황은 지독한 정신병 환자라서 살해해도 아무런 효과가 없다. 그런 환자와 목숨을 바꾸고 싶은 생각이 없다. 가능하다면 황태자를 저격하고 싶다. 조만간 황태자의 결혼식이 거행된다고 하니, 그 행렬에 폭탄을 던져버리자….

(박열의 말 중에서)

물론 박열 자신은 일본의 천황이나 황태자 개인에 대하여는 어떤 원한도 품고 있지 않다. 하지만, 그것을 저격하는 것은 중대한 의미가 있다고 그는 후에 예심(豫審. 1심) 법정에서 진술하고 있다.

첫째로, 일본의 민중에 대해서 일본 황실이 틀림없이 일본 민중의 고혈을 착취하는 권력자의 상징임을 알려주는 것이다.

둘째로, 천황은 일본의 민중이 맹신하고 있는 신성한 존재가 아니며, 신도 아니다. 실은 그 정체가 유령과 같은 것에 지나지 않는다는 것을 현장에서 보여주게 한다. 결국, 그 유령 같은 존재를 땅바닥에 내던져버리면 일본 민중의 눈을 깨우치게 하는 것이다.

셋째로, 조선 민중은 결코 일본과 동화될 수 없는 것을 보여주는 일이다. 즉 일본 정부가 선전하는 「일선융화(日鮮融和)」는 결단코 되지 않는다는 것, 일본제국이 말하는 「신부(新附)의 민, 말하자면 노예」인 것을 조금도 원하지 않는다는 것을 세계에 알리는 일이다.

넷째로, 조선과 일본에 있어서 사회운동에 큰 자극을 주는 것이다.

— 박열 예심 진술 중에서

박열은 일본 권력층의 전복에 있다고 몇 번이나 강조하여 다음과 같이 말하고 있다.

일본의 사회조직을 전복시키기 위해서는 사회원로, 장관, 관료, 군장성 또는 자본가들과 같은 실권자를 말살하는 쪽이 천황, 황태자를 타도하는 것보다 효과가 있을지도 모른다. 하지만, 나는 파괴적 행위의 대상자 중에 이 두 사람이 더 중요한 것으로 생각하고 있었다.

이렇게 해서 박열은 폭탄을 구하고자 하였다. 어디서든 폭탄을 입수할 수 있다면, 그것을 천황 또는 황태자에게 던져서 그의 인생을 마감하고 싶을 뿐이었다. 하지만, 그 폭탄 입수는 매우 어려운 점이 있었다.

그 당시, 폭탄을 구해서 테러를 생각한 것은 박열만이 아니었다. 일본의 첨예한 무정부주의 그룹도 폭탄을 구하고 있었다. 예를 들면, 나카하마(中浜鐵), 후루다(古田大次郎) 등은 「영국 황태자 암살계획」을 세워 놓고 있었다. 다음 해인 1922년 4월에 영국 황태자 원저공(에드워드 8세)이 일영친선(日英親善)을 위해 일본 방문을 하기로 되어있기 때문이다.

이것은 전년도 일본의 히로히토 황태자(현 천황)가 영국을 방문한 예우 차원이다. 또한, 나카하마와 후루다는 고토쿠(幸德) 사건[17]에서 사형된 12인의 동지에 대한 복수로 계속해서 테러의 기회를 노리고 있었기 때문이다.

제1차 세계대전 후, 남은 대제국은 일본과 영국뿐이라서 이 두 국가의 원수나 황태자를 무너뜨리는 일은 세계적으로 의미가 있다고 일부 무정부주의자는 판단하고 있었다. 특히 영국의 황태자를 겨냥하는 것은 일본의 천황이나 황태자를 겨냥하는 것보다도 세계적으로 매우 영향력이 크다고 생각했다.

그들은 폭탄이나 권총을 구하고 있지만, 10년 전의 고토쿠 사건 같이 사제 폭탄과 그 실험과정에서 발견한 어려운 경험도 있었다. 그래서 능력 있는 무정부주의자는 오로지 폭탄 수입을 해외에서 구하고 있었다. 이리하여 외국항로의 선원을 찾아내어 동지로 영입하여 부탁하는 것을 생각하게 되었다.

이 역할을 맡은 사람이 니혼바시구(日本橋區) 난고다하라쵸(南小田原町)에 사는 무정부주의자인 시바다(柴田武富)였다. 시바다는 야마구찌현(山口縣) 도쿠야마쵸(德山町)의 소봉가(素封家)[18]의 자식으로 동경대 법과를 졸업하고 에스페란토어[19] 등 5개 국어를 해석하는 저명한 무정부주의자였다.

시바다는 1921년 여름 도쿠야마쵸로 돌아와 있을 때, 같은 고향 사람

---

17 1910년 일본 천황의 암살 미수 사건으로, 사회주의자 26명이 사형당하거나 감옥에 갇힌 사건.

18 벼슬도 땅도 없지만, 그에 버금가는 수입을 가진 부자.

19 폴란드인 자멘호프가 1887년 공포하여 사용하는 국제 보조어.

으로 외국항로 선원인 스기모토(杉本貞一)와 서로 알게 되었다. 시바다 쪽에서 적극적으로 친교를 원했던 것은 말할 것도 없다. 그리고 스기모토는 시바다로부터 사회주의 또는 무정부주의 사상을 배웠다.

스기모토에게도 그것을 받아들일 바탕은 충분히 있었다. 그는 소년 시절부터 뱃사람이었지만, 선장과 선원의 임금 차가 너무 크다는 것에 대하여 선박회사에 불만을 품고 일찍이 사회주의에 눈을 돌렸다고 한다.

그해 11월 말, 스기모토는 도쿄에 와서 니혼바시의 시바다 집에서 「에스페란토 연구」에 입문해서 일주일간 체재하고, 그 사이 시바다는 스기모토를 여기저기의 강연회나 동지의 모임에 데리고 다녔다.

12월 4일 밤, 무정부주의자의 저술가이며 지도적 입장인 이와사(岩佐作太郎)의 집에서 망년회가 있어 30명 정도의 동지가 모였다. 때 늦은 망년회지만 모임에는 무언가 명분이 필요했을 것이다. 그날 밤도 시바다는 스기모토를 데리고 갔다. 거기에는 계리언(堺利彦, 미국명 촐고츠)[20]의 외동딸로서 용감한 부인투사 계진병(堺眞柄) 등 3명의 부인도 있었고, 와다(和田久太郎), 콘도(近騰憲二), 하라타쿠(原澤武之助)의 얼굴도 있었다. 그리고 거기에는 박열도 참석했다.

그날 밤, 시바다는 선원인 스기모토를 좌중에 소개했다. 스기모토는 자기소개 때, '동지'로서 인정받고 싶은 유혹이 있었을까, 용감하게 「자신의 경력」을 말했다.

나 자신은 외국항로를 두루 다니는 선원이지만, 오랜 선원 생활을 통

---

20 폴란드계 미국인(리언 촐고츠)으로 광신적 무정부주의자이며 미국 대통령 윌리엄 매킨리 암살로 사형됨.

해서 선원 대우의 모순을 깨닫고 사회주의에 눈을 뜨게 되었다. 영국 런던에 기항한 때에는 하이드파크 공원에서 노동연설을 듣고 공감하는 의식을 갖게 되었다. 그리고 프랑스의 마르세유에서는 프랑스 노동자와 노동 운동을 했기 때문에 1개월의 구류처분을 받았으며, 이때부터 프랑스의 혁명적 신디칼리즘(무정부주의적 노동조합주의)의 영향을 받았다.

이 스기모토의 자기소개를 듣고, 좌중이 신뢰할 만한 동지로서 환영을 받았던 것은 말할 것도 없다. 시바다는 그날 밤, 이와사(岩佐作太郎) 집을 나와서 하라타쿠와 스기모토를 데리고 진보쵸(神保町)를 서성거리다가 「애생헌(愛生軒)」에 들렸다. 하라타쿠(原澤)도 테러리스트로 모 사건에서 구속되었지만, 오랜만에 이 모임에 얼굴을 내밀었다. 그래서 시바다는 이 3명(스기모토, 하라타쿠, 박열)에게 친분을 맺어주기 위한 것일까? 4명이 한패가 되어서 키츠하라(吉原) 유곽에 들어가 거기서 하루를 묵었다.

다음 날 아침, 4명은 다시 시바다 집에 들러 식사하고 잡담을 나눴다. 여기서 박열은 스기모토에게 폭탄 입수 방법에 대한 말을 꺼냈다.

"외국에서는 폭탄을 살 수 있겠지요?"

"유럽에 가면 얼마든지 좋은 폭탄이 있어요. 나는 제1하라타 선박으로 항해 중, 1918년 연말 마르세유에서 권총과 폭탄을 25엔으로 구입한 적도 있어요. 권총은 계속 호신용으로 가지고 있습니다."

"허, 그 폭탄은 어떤 모양을 하고 있나요?"

"이 정도 크기로 된 거지요"하고, 양 손가락을 동그랗게 해서 직경 9cm 정도의 원을 그렸다.

"그 폭탄은 동그랗고 가시처럼 튀어나온 부분이 있고, 그 끝에 종이가 발라져 있지만 사용할 때는 종이를 빼내고 던집니다."

"그것, 참 좋은 거군요. 그런 것이라면 욕심이 나네요. 일본에서 혁명을 일으키기 위해 그런 폭탄을 사용하면 좋겠네요. 이번에 영국 황태자가 일본에 건너올 텐데, 그때 폭탄을 사용하면 혁명을 일으킬 수 있습니다. 이것은 절호의 기회지요. 그 폭탄을 외국에서 운반해 올 수 없을까요?"

박열은 굳어지고 긴장된 안색으로 진지하게 부탁한다.

"음, 원하신다면 반드시 가지고 오겠습니다."
"만약 어렵다면 나도 배에 편승해서 동행하지요."

스기모토는 마르세유 또는 상하이에서 폭탄과 권총을 반입하기로 굳게 약속했다.

다음 날, 스기모토는 시바다 집을 떠나서 고향으로 돌아가게 되는데, 출발하는 신바시 역까지 전송한 것은 시바다와 하라타쿠였다. 하라타쿠도 스기모토에게 폭탄을 부탁해 놓았으니 훨씬 적극적이었다.

그 이후 바로 새해(1922년)를 맞이했지만, 보다 적극적으로 폭탄을 요구한 하라타쿠는 1월 4일, 스기모토의 본가(야마구찌현)에 들러 이틀 밤을 지냈다. 하라타쿠의 부탁은 다음의 한 마디로 알 수 있다.

"폭탄은 꼭 사용해야 하니까 반드시 외국에서 가져와야 합니다. 외국으로 출항할 때는 나도 고베까지 갈 테니까 출항일을 알려주세요. 우리들은 지금 계획한 것을 위해 당신의 이번 항해와 그리고 고베 귀항을 몹시 애태우며 기다릴 겁니다."

스기모토가 하라타쿠의 충치의 고통을 차마 볼 수 없어서,

"그렇다면 충치가 심한 것 같으니 치료해야지요"하고 말하자, 하라타쿠는 "뭔가 나의 충치가 없어지기까지 나의 목숨은 사그라져 죽어가고 있어요. 충치 치료가 꼭 필요해요"라고 말했다고 한다.

그 후도 하라타쿠는 고베에 거주하는 스기모토의 누이동생 앞으로 전보나 편지를 부칠 정도로 간절했다.

앞에서도 말했듯이, 나카하마(中浜鐵) 등의 계획에서도 말했고, 박열이 스기모토에게 폭탄을 부탁할 때도 말한 "이번에 영국 황태자가 일본에 오는데, 이 틈에 폭탄을 사용한다면…"한 것처럼, 하라타쿠가 폭탄을 부탁하기 위해 스기모토의 본가까지 들렀던 간절함을 보면 작년 1921년 세모에서부터 다음 해에 걸쳐서 무정부주의자 몇 개 그룹이 「영국 황태자 암살계획」을 세우고 있었던 것은 확실하다.

또, 박열도 일본인 동지와 연락을 취하고 있었던 것도 확실하다. 그리고 일본의 천황이나 황태자를 저격하는 것은 잠깐 제쳐놓고 영국 황태자에 목표를 두었다고 생각된다.

스기모토는 2월경 승선해서 고베를 출항했는데, 거기에서 박열은 폭탄 입수의 협의를 위해 스기모토와 다시 만나기로 약속했다. 하지만, 경찰에 검거되어 구속되었기 때문에 출항하기까지 결국 연락을 하지 못했다. 나중에 박열 등이 검거되었을 때, 증인으로서 법정에 나온 스기모토는 폭탄에 관해서는 "그냥 엉터리로 거짓말을 했다"고 대답했다.

제2장

테러의 구상

가네코 후미코(金子文子)와의 만남

　당시, 오스기의 집 앞(전방은 논)에는 자그마한 대기실이 만들어져 몇 명의 순경이 항상 망을 보고 있었다. 그것을 무정부주의자들은 이누코야(犬小屋)라 불렸고, 대기 실장은 오스기 집을 방문하는 자를 일일이 불러서 주소와 이름을 묻는 것이다.

　박열에 대해서도 항상 형사가 미행하여 그 행동을 감시하고 있었다. 말하자면 위험인물인 것이다. 그 행동을 추적해서 무언가를 냄새 맡거나 혹은 국가적인 행사가 있는 경우는 부랑죄(浮浪罪)라는 이름을 붙여서 체포하여 경찰서에 처넣었다.

　이것을 보호검속이라고 하지만, 진위야 어떻든 경찰의 상투수단이었다. 결국, 자택을 갖지 못하고 직장도 갖지 못하여 이리저리 다니며 숙박하는 박열에 대해서, 경찰 측은 독 안에 든 벌레처럼 언제라도 잡아넣는다. 그 때문에 박열은 외국항로의 선원 스기모토의 출항 모습을 볼 수도 없었다.

　박열은 경찰 '유치장(豚箱)'에서 나올 때마다 일본 권력 계급에 대한 반역심과 복수심을 불태웠다. 실로 그에 있어서 침침한 '유치장'은 반역의 구상을 다듬는 장소이기도 했다. 그의 눈에는 학대받는 민중의 모습이 선하고, 토지를 빼앗겨 고뇌하는 조선 민중의 슬픔이 영상처럼 떠오른 것이다.

게다가 3.1운동 때의 감격도 총검의 난무도 똑똑히 보았던 것이다. 강렬한 성격이라고 하는 것은 고뇌의 체험을 잊어버릴 수 없이 계속해서 그것을 되새김하고, 그것에 대처하기 위한 태세를 갖춘다. 겨우 18세로서 조선에서 고생하고 또 일본으로 건너와서는 유치장 생활만 반복한 자신의 모습이다. 그는 자신의 의사와 목표를 점점 강고하게 하고 있었다.

스기모토를 만나보지 못한 박열은 폭탄이 아닌 다른 살상 방법으로 투쟁한 경력이 있는 동지를 찾아다녔다.

> 나 자신은 어떤 때는 페스트균을 압축해 소형 용기에 넣어 그것을 그들에게 던져서 박멸해보려고 생각한 적이 있었다. 나는 어떤 조선 동지로부터 페스트균을 1만분의 1로 압축해서 용기에 넣고 갑자기 그 용기를 터뜨려서 압력을 발산하면 10만 배 정도의 면적으로 퍼진다는 말을 들었다. 그렇기 때문에 그것을 투척하면 「천황 서거」라고 말할 때쯤에는 자동차 안에서 죽어 있을 것이다….
>
> (박열의 말 중에서)

또 어떤 동지로부터 '독한 황산을 뿌리면 전신이 하얗게 타버리며 죽는다'고 들었던 박열은 황산을 저격할 인물에 던져버리는 것도 생각했다. 그러나 이것은 대상자의 가까이 까지 접근하지 않으면 그 성공은 확실하지 않다.

그렇게 보면 역시 폭탄뿐이다. 그는 자신의 손으로 폭탄을 제조하는 것도 생각해 보았다. 즉, 당시는 최소한의 폭약 자유 판매가 허용되어

0.02그램씩을 수백 개의 약국에서 사모아서 폭탄을 제조할 계산을 했다. 그러나 이것은 매우 어려운 일이다.

결국, 수백 개의 약국을 걸어 다니며 폭약을 구입해 폭탄 제조에 성공한다고 해도 그것을 실험할 장소가 일본에는 없다는 것을 깨달았다. 제2의 고토쿠(幸德) 사건을 되풀이하고 싶지 않다는 생각을 했다.

선원인 스기모토를 만날 기회를 놓치고 폭탄 입수의 방도도 없이 이렇게 고민하다가 2개월 정도 지난 2월 말(1922년), 멀리서 온 청년 동지가 박열을 방문했다.

상하이의「조선 임시정부」의 한 사람인 최혁진(崔爀鎭)이 박열을 만나기 위해서라기보다는 '모종의 중대 음모계획'을 박열에게 전달하여 이루기 위해 먼 길을 마다하지 않고 도쿄에 왔던 것이다. 최는 의열단과 박열을 연결하기 위한 사명을 띠고 왔었다.

박열은 상하이에서 온 밀사 최와 이야기를 주고받기 위해 매일 밤 중에 인기척이 드문 조용한 공원을 택해서 그곳으로 데리고 갔다. 거기는 다카다 노바바(高田馬場)에서 강을 따라 내려가는 에도가와(江戶川) 공원의 중간이다. 이 공원의 지형은 가늘고 길어서 한쪽은 강변, 뒤쪽은 높은 절벽이다. 본래 공원 같지 않은 공원이다. 어린이 등이 모이는 장소는 아니다. 즉 험한 절벽 아래에 빈터가 있고 앞쪽은 강이다. 낮에도 조용한 장소였다.

박열과 최혁진은 마른 억새 풀 속에 몸을 숨기고 밀담을 나누었다. '7, 8회 정도 몰래 만나서 협의했다'고 말하니 7일 또는 8일간 걸린 것이다.

'중대 음모계획'이란 '일본제국에 대해서 치명적 타격을 주기 위한 파괴적 음모'이고, 박열에게 그 역할을 담당할 수 있는지를 요청한 것이다.

그 내용은 다음과 같다.

> 1. 일본 도쿄와 조선 서울(당시는 경성)에서 상호 연락하여 파괴 행동을 일으킨다.
> 2. 도쿄에서는 일본 천황 및 황태자를 살해하고 나아가 의회와 정부청사 등을 폭파한다.
> 3. 서울에서는 조선 총독을 살해하고 총독부의 기관지 『경성일보』와 매일신문사 등에 폭탄을 투척한다.
>
> — 〈중대 음모계획〉 내용 중

말할 것도 없이 의열단의 행동 계획이었다. 도쿄에서 이 비밀 계획을 담당할 수 있는 자는 박열 외에는 없다고 본 것이다.

조선에서는 의열단이, 일본에서는 박열이 책임진다는 것이다. 이것을 박열은 위 1, 2 모두를 맡았다. 그의 본 특질을 유감없이 발휘할만한 계획이었다. 적어도 박열에게는 자타가 인정하는 경험이 있다. 도쿄의 「혈권단」이라 하면 박열을 상기할 정도로 그 이름은 알려져 있었다.

박열은 이 중대한 음모를 책임짐에 있어서 몇 개의 제안을 최혁진에게 제시했다. 박열은 그것이야말로 목숨을 걸고 중대 파괴 음모를 수행하는 각오와 함께 세밀한 조항을 제안하는 세심함을 보였다. 그의 제안은 8개 조항으로 최혁진과 며칠 밤 협의해서 다음과 같이 결정한 것이다.

> 1. 각 동지는 직접적인 교류를 하지 않을 것.
> 2. 상하이의 모처에서 폭탄을 입수해서 이것을 우리의 손에 넘기기까지는 그곳 동지에게 일임할 것.
> 3. 폭탄이 우리의 손에 들어온 후는 그 처리를 박열 등에게 일임할 것.

4. 반역의 실행용으로서 폭탄을 적어도 5, 6개로 할 것.

5. 폭탄 불발의 경우, 자살용으로서 권총 5, 6정을 보낼 것.

6. 자살하지 못하고 체포되는 경우는 말을 하지 못하도록 수은을 약간 손에 갖고 있을 것(박열은 이전에 모 중국인의 동지로부터 '수은을 삼키면 말을 못한다'고 들었다. 만일, 체포된다면 즉시 수은을 삼켜서 자백하는 추태를 하지 않아도 되기 때문에 수은을 준비하기로 한 것이다).

7. 가능한 한 빨리 기회를 보아서 폭탄을 사용할 것.

8. 그 폭탄은 될 수 있는 대로 도쿄에서는 조선인 동지가 사용하고, 서울(경성)에서는 일본인 동지가 사용한다. 즉 서로 호응해서 동시에 또는 전후하여 사용할 것.

일본제국에 죽음을 각오하고 하는 중대 음모를 서약한 그는 그 무렵부터 더욱더 말이 없는 남자가 되었다. 죽음의 결행을 서약한 이상은 여자를 사랑해서는 안 되며 사랑할 수도 없고, 이 세상의 향락이나 금전에 눈곱만큼의 미련도 품어서는 안 된다. 이 세상의 혁명을 위한 초석이 되기를 원하는 몸은 친형제를 고려해서도 안 된다. 박열은 다만 일본 권력 계급의 최고봉 – 천황 또는 황태자의 목숨과 자신의 목숨을 바꾸는 것밖에 생각할 수 없게 되었다. 그의 가슴에 묻은 의지와 결의는 그 심장을 도려낼 수 없는 것과 같이 벗어 던질 수 없게 되었다.

상하이에서 박열을 방문하여 비밀 계획을 약속한 후 최혁진은 일본을 떠났다. 박열은 서신 연락을 취하고, 글 내용은 암호를 사용했다. 암호는 알파벳과 숫자를 늘어놓은 것도 있다. 비밀 서신은 그 동지 편에 직접 보내지 않고, 반드시 제3자 이(李) 모의 손을 거쳐서 보냈다. 또 박열이 그 동지로부터 수신할 때도 같은 순서로 했다.

박열이 가네코 후미코(金子文子)와 만난 것은 「조선 임시정부」의 최혁진을 만난 직후였다. 후미코는 도쿄의 시타쵸(下町)[21]에서 고학으로 야간 정규 영어학교에 다니고 있었다. 18세였다. 그녀는 보기 드물게 불행한 성장 내력을 갖고 있었다. 후에 옥중에서 쓴 『무엇이 나를 이렇게 만들었는가』에 의하면, 그녀의 아버지는 사바쿠(佐伯文一)라고 하는 자로 젊었을 때 광산기술자로서 야마나시현(山梨縣)에 살다가 농가의 딸(가네코 키쿠노)과 사랑의 도피로 인해 요코하마(橫浜)에 가서 살았다. 그곳에서 태어난 사람이 후미코(文子)이다.

아버지 사바쿠는 순경을 했지만, 성격이 남과 어울리지 않음으로 아내의 가네코 가문에 입적하지 못하여 기생집에 죽치고 살았고, 집에 돌아가면 아내를 차거나 때리는 난폭함을 보였다. 그는 그런 동안에 야마나시의 가네코 가문에서 병 치료를 위해 왔던 아내의 여동생 몸을 강탈하여 데리고 도망가서 동거생활에 들어갔다.

홀로 남은 아내 가네코 키쿠노는 생활의 어려움으로 어린 후미코를 본가에 맡기고 다른 집으로 재혼하여 갔다. 그동안 호적을 갖지 못한 후미코는 의무교육인 소학교조차 들어가지 못하고 개인교육과 같은 곳을 전전하기도 했다.

후미코는 7세 때, 조선으로 건너간 조모(아버지 사바쿠의 엄마)에 얹어서 살았지만, 잔인한 습성이 몸에 붙은 식민지 지배자의 조모로부터 가혹한 학대를 받으며 성장했다. 꼭 데라우치 총독정치가 시작된 지 2, 3년 정도 되었다. 후미코는 적어도 7년을 조선에서 어렵게 보내고, 15세의 봄에 3.1운동이 일어난 직후 다시 일본으로 돌아왔다.

---

21 도쿄의 번화가가 아닌 서민이 다니는 골목 동네라는 뜻임.

그리고 잠시 부친(그때는 하마마츠(浜松)에 살고 있었다)의 집에 있었지만, 그 부친은 후미코를 얼마인가의 자산을 노리고 결혼시키려 했다. 후미코는 부친에 반항하여 가출하고 17세 때 도쿄로 도망갔다. 그곳에서 신문팔이, 가정부, 인쇄소 등에서 일하는 중에 계리언(堺利彦)이나 오스기 등의 저술에 영향을 받아 계몽되어 사회주의에 눈을 뜨기 시작했다.

동시에 조숙한 그녀는 남자 친구들과 육체관계를 맺고 배반당하기도 한다. 그리하여 도쿄의 시타쵸(下町)를 배회하며 인간관계의 추악함을 목격하며, 시대사조라고도 해야 할 무정부주의에 빠지고 더욱이 허무주의 사상을 적은 글에도 영향을 받게 되었다. 그녀는 불행한 자신의 체험 및 실망감에 의해서 조선인들의 반역사상에 쉽게 감화되었다.

그녀는 자그마한 신체이지만, 의지가 강하고 두뇌가 뛰어났다. 초등학교 3학년 때는 중학교 1, 2학년의 교과서를 해석할 정도의 지능을 가졌고, 독서력은 놀랄만한 정도였다. 그래서 당시의 여성에게 있어서는 진기할 정도로 시대적 감각도 예민하여 모든 면에서 조숙하였다. 또 조선의 시골에서 살았던 만큼 조선인에 대해서도 이해하고 의기투합하는 점이 있었다.

박열과 만나기 직전의 후미코는 낮에 일하고 밤에는 정규 영어학교에 다니는 중에 서(徐)라고 하는 조선인과 서로 알았으며, 바로 원종린(元鐘麟), 정우영(鄭又影)이란 조선인 학생과도 알게 되었다. 원종린은 서울의 자본가 집안의 자식으로 동양대학 철학과에 적을 두었던 학생이었지만, 후미코는 원종린과 매우 친해져 두 사람은 동거생활 하기로 하고 집을 구하기로 약속까지 하고 있었다.

이윽고 후미코는 무정부주의자 하라타쿠(原澤武之助)의 도움으로 유라

쿠쵸(有樂町)의 〈이와자키 오뎅(어묵)집〉에 입주하게 되어 거기에서 정규 영어학교로 통학했다. 이 오뎅집은 별칭으로 〈사회주의 오뎅집〉이라고 도 불리며 상점주인 이와자키(岩崎善衛門)도 '무정부주의자'였다. 후미코 가 학교를 빼먹을 때는 부르주아이지만 사회주의 동료인 조선인 학생들 의 하숙집에 놀러 가기도 했다.

그러던 그 어느 날, 정우영 등이 발행한 국판 8쪽의 팜플렛『청년 조 선』의 교정본을 후미코는 읽었다. 바로 거기에 박열의「이누코로(강아 지)」로 제목이 붙은 몇 줄의 시가 있는데, 그 시의 '강력함'에 매료되고 말았다.

후미코는 정우영에게 "이 사람 누군가? 박열이라는 자?"하고 묻고 한 번 만나게 해달라고 부탁했다. 이 시는 지금은 일부가 빠져 없어서 읽을 수 없는데, 특히 몇 줄의 시에 강력한 '반역심'이 용솟음쳐서 이 작자야 말로 남자다운 남자라는 느낌을 받았을 것이다. 이렇게 해서 정은 후미 코에게 박열을 만나게 해주기로 약속했다.

박열이 〈이와자키 오뎅집〉에 들렸던 것은 3월 상순, 상하이의 최혁 진이 도쿄를 떠난 뒤이다. 이렇게 해서 박열과 후미코는 만났는데, 당시 의 박열은 복장이 초라해도 기개가 있고 어디에도 없는 왕자와 같은 위 엄이 있었다고 한다. 후미코는 얼굴이 희고 발랄한 성격이고, 정열적이 며 말을 잘하고 잘 웃는 모습이라서 어딘가 어린애 같은 귀여움이 있었 다. 이에 비해서 2년 연상인 박열은 매우 말이 없는 남자이다. 후미코는 처음부터 박열을 구슬려서 적극적인 대화를 던져갔다. 어디에도 없는 세 와뇨보(世話女房)[22]와 같은 적극성이 있었다.

---

22 살림이 몸에 밴 가정적인 아내.

두 번째 만났을 때, 후미코는 간다 진보쵸(神田神保町)의 중국집 2층으로 박열을 유인해서 밀담을 나누었다. 조숙하고 학생들의 노리개가 되어 도망하기도 하고 휘둘리기도 한 경험도 있었기 때문일까? 박열을 만나자 "나, 그 시에 너무 매료되었어요, 이런 시를 나는 계속 찾아다니고 있었다는 기분이 듭니다…"라고 말하며, 말을 이끌어 간다. 박열과 후미코가 중국집에서 만나 주고받은 이야기는 이러했다.

"내가 단도직입적으로 말 하지만, 당신은 배우자가 있으신가요? 아니, 아무래도 누군가 있겠지요. 그렇다면, 연인이라도 일단 해보는 것이 어떨까요…. 만약 괜찮다면 나는 당신과 단지 동지로서도 교제해보고 싶습니다만, 어때요?"

"저는 혼자입니다."

"그렇습니까? 그러면 서로 마음속을 그냥 그대로 털어놓고 말해주시지 않겠어요?"

"물론입니다."

"그러면…, 저는 일본인입니다. 그러나 조선인에 대해서 다른 편견은 갖고 있지 않지만, 그래도 당신은 나에게 반감을 갖고 계시지요?"

"아니, 내가 반감을 갖는 것은 일본의 권력 계급이지 일반 민중은 아닙니다. 특히 당신같이 어떤 편견을 갖지 않은 사람에 대해서는 오히려 친근감조차 느낍니다."

"그렇습니까? 감사합니다."

그런데 다음에 후미코는 박열의 입장을 물어본다.

"그러면 한 가지 더 묻고 싶습니다만, 당신은 민족주의자인가요? 나는 실은 조선에 오랫동안 산 적이 있어서 민족운동을 하는 사람들의 기분은 어떻게든 이해하려는 마음도 갖고 있습니다만, 아무래도 나는 조선인이 아니라서 조선인처럼 일본에 압박당한 일이 없으므로 그런 사람들과 함께 조선의 독립운동을 할 마음이 없습니다. 그러므로 당신이 젊은 독립운동가라면, 유감스럽지만 나는 당신과 함께할 일은 없을 겁니다."

"조선의 독립운동자에게는 동정해야 할 점이 있습니다. 그래서 나도 전에 민족운동에 가담한 적이 있지만, 지금은 그렇지 않습니다."

"그러면, 당신은 민족운동에 전연 반대하시는 건가요?"

"아니오, 결단코. 그러나 나에게는 나의 사상이 있어서 할 일이 있습니다. 그래서 나는 민족운동의 전선에 뛰어드는 일은 할 수 없습니다."

(후미코의 『무엇이 나를 이렇게 만들었는가』에는 이 대화 후에, 「모든 장애가 제거되었다. 나는 안심의 한숨을 쉬었다」고 쓰여 있다.)

이상의 글을 읽을 때 필자는 두 가지 의문점을 갖게 되었다. 이 『옥중기록』은 동지였던 구리하라(栗原一男)가 검사장에게서 다시 돌려받았을 때, 여기저기 가위로 잘려 문어 다리처럼 되었고, 그 보충을 구리하라가 하고 있다. 곳곳에 동지 구리하라의 문장이 들어 있다. 그래서 후미코의 문장 같아 보이지 않는 점도 들어 있다.

이 한 절의 문장에서 후미코가 박열에게 한 질문이 정말 그대로이었을까 의심하지 않을 수 없다. 그와 동시에, 박열이 과연 여기에 있는 대화대로 말을 했을까도 의심하게 된다. 그런데 그들의 동거 후는, 여기에 쓴 것과 같은 심정이 되었을 것이다. 하여튼 이 대화로 미루어보아 박열은 후미코에 호응하는 답을 하고 있다.

그 당시 박열에 관한 기록 등을 종합해서 판단하면, 박열은 극히 말이 없고 침착한 나머지 내색하지 않는 위엄이 있어 세상에 알랑거릴 줄을 모르고 정정당당한 점이 있었다. 대외적으로는 담력이 크고 용감하여 대적할 자가 없고 강인하며, 동지에 대해서는 어디까지나 옹호하는 온정을 베풀고 가까운 사람은 결코 거절하지 못하는 성격이었다. 이러한 박열은 후미코의 적극적인 압력에 떠밀려서 동거라는 공동생활을 약속했다. 결혼이라고 볼 수도 있다.

이것은 「미라를 파 내려간 사람이 미라가 되었다」는 빈정거림을 박열 자신이 보였다고 볼 수밖에 없다. 왜냐하면, 그 자신은 민족적 정의와 사명감을 건 혈권단의 역할에 모순된 모습을 하고 있기 때문이다.

혈권단에 걸었던 역할에는 '일본에 공부하러 와 있으면서 일본부인과 내연관계를 맺어 동거한 자에 제재를 가한다'는 첫 번째 역할(1항)이 있다. 그 당시에 조선 민족 항일사상의 견지에서 보면, 일본 여성과 가정을 가지는 것은 의식적이든 무의식적이든 민족의식을 상실하는 계기가 된다고 해석하고 있었다.

그런데 박열과 후미코의 경우는 단순한 동거생활이 아니었다. 이 두 사람은 동거에 있어서 다음과 같은 엄격한 「서약」을 맺은 것이다.

1. 동지로서 동거할 것.
2. 운동과 활동 방면에 있어서 후미코가 여성이라는 관념을 없앨 것.
3. 서로는 이념을 위해 그 운동에 협력할 것.
4. 한쪽의 사상이 추락해서 권력자와 함께하게 된 경우는 바로 공동생활을 해체할 것.

박열이 동거를 결의한 것은, "나는 후미코를 만나고 그녀의 허무사상적 마음이 나의 그것과 일치하고 있는 것을 확인하고 동지로서 공동생활을 하는 것으로 생각했기 때문이다." 후미코도 동거하는 것을 명확하게 말하고 있다. "나와 박과의 동거의 제1 조건이 반역심에 있었기 때문에 우리들은 늘 그런 대화를 하고 있었다." 특히 후미코가 박열을 사로잡듯이 엮어갔다.

그 후부터는 자주 만나서 밤길을 걸으며 서로 이야기를 나눴다. 언제든 후미코 쪽에서 계속 재촉하여서 만나는 형태였다. 박은 말이 없는 쪽이었지만, 그래도 자기의 고향 집의 사정이나 자기의 생각 등을 후미코에게 전했다.

조선의 고등보통학교 때부터 독립운동에 참가한 것도 말했다. '그러나 그는 바로 그 운동의 허구를 알았다. 통치지배자가 바뀌면 민중에게는 어떤 관계도 없다고 생각했다. 17세의 봄 도쿄로 왔지만, 입에 발린 말이나 글쓰기 운동 같은 것에 흥미를 잃었다. 나는 나 자신의 길을 갈 것이오.'(후미코의 문장)

그래서 두 사람은 그날 밤, 히비야(日比谷)의 호숫길을 걸었다. 아직도 몹시 추운 초봄의 밤이다. 후미코는 박열의 윗도리에 손을 집어넣고 서로 손을 꽉 잡고 걸었다고 한다. 박열에게도 처음 느낀 사랑의 감정이 작용한 것 같다.

어느 날, 박열은 뜻밖에 이런 말을 꺼냈다.

"저, 후미코 씨, 부르주아들은 결혼하면, 신혼여행이라는 것을 하는데요. 우리들도 동거기념으로 한번 비밀출판이라도 해보지 않겠어요?"
그러자, 후미코는 들뜬 기분으로
"좋아요, 해봅시다. … 무엇을 하자는 건가요? 나, '쿠로'의 『전반적인 계책』을 갖고 있습니다만, 그것을 둘이서 풀어 볼까요?"하고 답한다.

'쿠로'의 『전반적인 계책』이란 쿠로파트킨[23]의 저서 『전반적인 약탈』이지만, 정규 영어학교에 다닌 후미코는 영어로 된 것을 일본어로 번역하려고 생각했을 것이다. 이것에 대해서 박열은

"그건 이미 번역되어 나와 있어요. 거기에 인간이란 것에 대한 무언가를 내놓고 싶지 않아요. 그것보다도 빈약해도 둘이서 직접 쓰는 것이 좋아요"라고 답했다.

이렇게 해서 두 사람은 동거하며 기관지 발행에 착수했다. 후미코의 적극적인 압박으로 두 사람의 동거 의사가 확고하여 셋집을 구하기로 했다. 이 동거가 박열에게 유리한 점은 당장 '부랑죄'로 낙인찍히는 마음이 해소된다는 점일 것이다.

지금까지 경찰은 사건이 일어나거나 일어나지 않아도 '일정한 주거가 없다'는 것으로 박열을 잡아서 「구류 29일」을 먹인 것이다. 게다가 박열에게 있어서는 유치장에서 나왔을 때, 후미코에게 며칠간 간병도 받을 수 있는 이점도 있었을 것이다.

후미코는 방을 구하는 데 시간이 걸렸다. 그 사이 또 박열이 요도바시(淀橋) 경찰서에 검거되어 구금되었다. 박열 자신의 말을 빌리면 「어떤 법률상의 이유도 없이, 단지 상부의 명령으로 소환한다는 식으로 검거」되었다.

그리고 16일간 유치장에 처넣었다. 4월 12일 예정대로 영국 황태자가 성대한 환영을 받으며 도쿄에 도착하기까지 박열이 무엇인가 할 것이 아닌가 하고 예방조치를 취한 것이다. 영국 황태자가 잠시 일본에서 체류하는 동안에도 경찰 유치장에 구속한 것이다.

___

23 러일전쟁 때 러시아 극동군 총사령관. 저서 『러시아군과 일본군의 전쟁』이 있음.

앞서 말한 대로, 박열을 포함해서 몇 사람의 무정부주의자가 영국 황태자의 생명을 노리고 있었다. 이것으로 국제분쟁을 일으키고, 일본혁명의 계기로 삼는다는 것이 목표였다. 제1차 세계대전 발발도 유럽의 작은 나라 오스트리아 황태자 저격 사건에서 시작되었다. 이들의 사정과 무정부주의자의 움직임을 관찰한 경찰은 조기에 박열을 '예방구속'해서 구류시킨 이유이다.

나카하마(中浜鐵)나 후루다(古田大次郎, 국내 길로틴 게임회사 대표)는 영국 황태자의 순례지를 추적해서 저격의 기회를 겨누고 있었다. 4월 26일, 영국 황태자 일행이 의전장에서 자동차로 후지(富士) 5개 호수를 순환할 예정일의 하루 전날, 나카하마는 권총을 호주머니에 넣고 의전장 숙소에 머물렀다. 하지만 공교롭게도 당일은 우천으로 호수 순방은 중지되어, 나카하마의 계획은 무산되었다고 한다.

다음으로 황태자 일행이 기후시(岐阜市) 장량천(長良川)을 구경하는 일정이 있어서 나카하마는 현장으로 갔지만, 경계가 극심하여 '장량천 다리 옆에서 황태자를 본 것'에 불과했다.

그러나 후루다는 제3의 기회를 겨냥해서 교토(京都)까지 따라가 남선사(南禪寺)의 입구를 내려오는 돌계단 현장을 저격했지만, 이번은 권총의 고장으로 계획을 이루지 못했다. 이런 실패에서 후루다는 역시 권총은 안되고 폭탄이라야 된다고 새롭게 통감했던 것이다.

나카하마는 이 계획 때문에 동료로부터 "부의금으로" 막대한 돈까지 모았다. 하지만, 실현할 수 없었기 때문에 나카하마는 「전략 사기」란 오명을 쓰고 일시적으로 허탈 상태에 빠졌다고 한다. (에구치칸 『속간, 나의 문학 반생기』)

『흑도(黑濤)』의 창간

영국 황태자 방일의 여파로 박열은 요도바시 경찰서에서 16일간 구속수감 되었다가 출소한 4월 말, 후미코와 동거생활에 들어갔다.

후미코가 구한 집은 세타가야구(世田谷區) 이케지리(池尻)의 소가와(相川 新作)라고 하는 '상가아파트(下駄屋) 2층의 다다미 6칸으로 월세는 10엔이다. 그 상가아파트의 주인은 처음에 여학생(후미코)이 와서 집사람이 방을 빌려주는 것을 약속했는데, 다음날 장발의 남자를 데리고 와서 "친구와 동거합니다"라고 말해 그냥 방을 빌려주었다'고 후에 증언하고 있다. 장발의 남자란 말할 것도 없이 박열이었다.

동거생활이라고 해도 박열에게 있어서는 상하이에서 폭탄을 넘겨받아 결사의 행동을 하기까지의 임시 생활방식에 불과했다. 일단 폭탄이 온 경우도 그것을 받아놓는 일정한 주거가 없어서는 안 된다. 또 폭탄을 투척하는 것도 박열 혼자가 아니고 동지 후미코와 둘이서 하는 편이 효과적인 것은 말할 것도 없다. 그런 의미에서 후미코는 「죽음의 결행 길」에 함께하게 되었다.

박열과 후미코는 당분간 활동하면서 전년도 결성된 「흑도회」의 기관지를 간행하기로 계획했다. 또 생계수단으로서 박열 자신이 해본 적이 있는 조선 인삼의 행상을 후미코에게 시키기로 했다. 그들의 「동지 헌장」에 '운동이나 활동을 할 때, 후미코가 여성인 점을 배제하는 것'으로 되어있듯이 후미코는 단발에 바지를 입고, 남자가 갖고 다니는 큰 가방을 들고 걸어 다녔다. 물론 후미코만이 인삼 행상을 한 것은 아니다. 때때로 박열도 친구의 소개로 행상을 나갔다. 인삼 행상은 어떤 의미에서는 위장이기도 했다.

그 당시 조선 인삼이나 인삼 추출액의 판매가 일부 유행했던 것 같다. 조선 인삼은 채소를 팔 듯이 할 수 없다. 일종의 한방약으로 진귀한 물품이라 일반 서민과는 거리가 멀다. 그것을 행상하기 위해서는 미리 갈 곳을 정하여 방문한다.

또 방문처에서 반드시 팔리는 것도 아니다. 일부 여유 있는 지식인 동지가 기부금을 겸해서 사 주는 때도 있다. 그러나 그것에는 한계가 있다. 그래서 박열은 지인의 소개 등에 의해서 상대를 방문한다. 방문처는 아무래도 문턱이 높아서 당황하는 때도 있어 고생이 많았을 것이다.

이미 박열은 올곧은 남자, 철저한 '이념 주의자[24]'로 일본인, 조선인을 막론하고 잘 알려져 있었기 때문에, 일정한 거주지가 정해지면 누구랄 것 없이 박열의 집을 방문해 왔다. 박열이 「흑도회」의 운영을 책임지고 했던 관계도 있었다. 그의 집은 동료의 집합장소로도 사용되고 방문하는 사람은 셋방의 뒷문으로 출입했다.

그들은 모두 젊음이 넘치는 강력한 몸을 지니고 있었다. 러시아 혁명 후의 세계정세나 조선 민족운동 등 여러 가지 문제를 둘러싼 논쟁도 하

항일독립투사 **박열**

---

24 어떤 주의를 믿고 따르는 사람.

74

였다. 논쟁을 열중하면 큰 소리가 나고 갑자기 조선어로 말하기도 했다. 이런 경우 일본인의 동료는 갈피를 못 잡고 횡설수설했다고 한다.

그 이후 바로 박열은 「흑도회」의 기관지 간행에 착수했다. 처음 8쪽으로 계획을 세워서 6월 한 달 그것에 몰두했다. 주간에 유지(有志)를 방문하여 광고를 싣고 인삼판매 하러 다니며, 야간은 허름한 책상에 앉아서 박열과 후미코 둘이서 함께 편집 작업을 했다.

7월 1일, 겨우 인쇄의 교정본이 완성될 무렵에는 경시청의 관계자가 끊임없이 와서 무엇을 만드는 건지 보여달라고 다그치며 간섭이 심하여 어떤 부분은 수정하기도 하고 삭제하기도 하였다. 『흑도』 제1호의 「서론」에서 박열은 이 일을 풍자적으로 설명하고 있다.

> …… 예를 들어 성곽의 내에 있는 적연와(赤煉瓦, 붉게 달군 기와로 일본을 상징함) 병원의 의사께서 친절하게도 늘 문병하심은 독장수 셈[25]이다. 그것이 아니고서야 태어날 수 없는 아이의 얼굴 모양이나, 그 장래의 목적까지 자세히 말씀해 주시므로 아이도 약간 두렵고 태어나고 싶어도 오히려 태어날 수 없었다… 이런 경우 먹을 것을 결사적으로 빨아들이고, 그래서 어떻게 해서든 크게 다른 사람으로 변하고자 희망하고 있었지만, 적연와의 아저씨에게 계속 뒤쫓기는 일이라서 이것저것 고쳐 무의식중에 이런 빈약한 꼴을 속속들이 드러내야 하는 운명에 처해버렸다.
>
> ―『흑도』 제1호 「서론」

제1호가 간행된 것은 1922년 7월 10일로 8쪽을 예정했지만, 자금상 타블로이드판 4쪽으로 되어버렸다. 겨우 일간지 1쪽을 반으로 자른 체

---

25 '너구리 굴 보고 피물(皮物, 가죽) 돈 내어 쓴다'의 줄인 말로, 헛수고한다는 일본 속담. '독장수 구구'라고도 한다.

재이다. 그것을 『흑도』라고 이름 지었다. 이것이 재도쿄 조선 청년 학생의 통일 단체인 흑도회의 기관지라고 말하게 된 것이다. 하지만, 그 편집 간행 모든 것은 전부 박열의 측면이고 그 중심은 아나키스트의 기관지로 보인다. 발행인 겸 인쇄인은 박열, 발행처는 그의 현주소지이다. 그 지면의 곳곳에 검열 삭제된 곳이 있고, 삭제를 피하기 위하여 미온적으로 표현되어 있다.

『흑도』 제1호에는 일본이나 조선에서의 투사에 관한 동정이 상세하게 전해지고 있다. 대부분은 검거된 채 재판 중인 동지의 소식이었다. 심지어 조선에 있는 조선인 모두는 '용의자'이고, 감옥은 만원으로 찼으며 목숨 건 무장단체가 곳곳에 출몰해서 게릴라전을 전개하고 어딘가에서 끊임없이 폭탄을 터뜨리고 있다는 기사가 게재되어 있다.

박열은 이러한 사정을 전하고 재일 청년 학생의 분발을 촉구한 것으로 생각된다. 전년도 11월 결성된 흑도회의 「선언(宣言)」에 이어서 『흑도』 제1호의 첫머리에 게재된 글을 소개한다.

우리들은 인간으로서의 약자의 절규, 소위 불령선인의 동정 및 조선의 속사정을 아직 피가 굳어지지 않은 인간미가 있는 많은 일본인에게 소개하기 위하여 흑도회의 기관인 『흑도』란 잡지를 창간한다.
우리들의 앞길에는 어떠한 많은 장애물이 있는지를 알고 있다. 당연히 그러한 장애물 모두를 정복했을 때, 그리고 세상의 많은 사람들이 우리를 돌아보았을 때, 그때 우리들은 빛을 볼 것이다.
그때야말로 참다운 일선융합(日鮮融合)이다! 아니 만인이 갈망하고 멈추지 않는 세계융합이 실현되는 것이다. 그것에는 어떤 국가적 편견도 없다면 민족적 증오도 있을 수 없다. 우리들은 그때를 위하여 미력하나마 최선을 다하려고 한다. 어쩌면 우리들의 뜻을 이해하는 사람들은 정

신적으로 또는 물질적으로 크게 후원해 줄 것이다

—『흑도』제1호 첫머리

앞서 말했듯이, 당시 박열의 집에는 일본 권력 계급에 대한 철저한 반역 정신의 소유자를 한번 만나보고 싶어서, 누구랄 것도 없이 매일같이 방문해 왔다.

그러나 박열은 결코 편안하고 한가하게 있는 사람이 아니었다. 동지 돌아보기, 모임 돌아보기, 강연회 참석, 노동쟁의를 응원하고 밀담 및 전단지 배부 게다가 광고 수입과 기부 교섭을 해왔다.

한편으론 상하이의 최혁진으로부터 폭탄을 오늘인가 내일인가 하고 기다리고 있는 몸이라서 집에 박혀있을 사이가 없다. 대개 방문자는 그의 얼굴도 못 보고 돌아간다. 그래서 박열은 『흑도』의 코너에 다음과 같이 방문객에게 쓰고 있다.

박열로부터

우리 관련자들은 한가하게 낡아빠진 2층에 농성하고 있을 수는 없지만, 상관없이 동지분들 중에는 먼 길을 싫어하지 않고 자주 와주셨다. 저가 없을 때는 정말 미안한 생각이 듭니다. 그래도 답답함을 풀기 위해서라면 평일 놀러 와주실 분은 일요일 오후에 와주십시오. 일요일 오후는 언제라도 집에 있습니다. 그렇지만 급한 용무가 있는 분은 미리 날짜와 시간을 알려주시면 일정에 차질이 없는 한 책임지고 기다리겠습니다. 또 산책 중 방문하셨다면 서로 격의 없이 자유스럽게 대하겠습니다. 사무실에는 보통 누군가 한 사람은 있으니까 부디 염려하지 마시고 이야기하러 오십시오.

오른쪽：『흑도』제1호, 왼쪽：『후테이 선인』제2호.

『흑도』는 한 부의 정가가 5전으로 되어있지만, 대부분 무료로 배부했다고 한다. 물론 일부의 흑도 회원은 종이값 정도 내었을 텐데 그것은 적은 금액이다. 또 흑도 회원이라 해도 내부에서는 김약수 등의 공산주의계와 박열 등 무정부주의계가 「아나·볼」(아나키즘인가, 볼셰비즘인가)로 논쟁을 계속하고 있어서 실제로는 둘의 그룹으로 나누어져 있었다.

그래서 박열은 기관지 『흑도』 발행을 혼자서 짊어지고 있는 형태가 되었다. 그 경비는 광고 수입과 기부에 의존하고 있었다. 여기에 기부에 관한 설명을 해보자.

기존의 사회조직을 파괴해서 혁명을 주장하는 당시의 무정부주의자들은 자주 「랴쿠(기부금)」라는 것을 해왔다. 랴쿠란 약탈의 명칭이지만 파괴해야 할 기성 사회의 귀족, 대부호, 은행 및 대기업을 협박해서 돈을 강제로 빼내는 일을 뜻한다.

이 기부의 원조는 말살사(抹殺社, 없애는 일을 하는 무리)의 이시쿠로(石黑鋭一郎)란 사람이다. 이것을 철저히 이행했던 것은 나카하마(中浜鐵), 후루다(古田大次郎) 등의 기요틴(guilltine)[26]를 지지하는 무리이다. 당시의 일을 에쿠치칸(江口渙)은 이렇게 대변하고 있다.

> 이시쿠로의 말에 의하면 "자신이 받아오는 돈(랴쿠)은 등치기라든가 양도라든가 공갈과 같은 것으로 약한 자를 협박해서 취한 그런 초라한 돈이 아니다. 오랜 세월에 걸쳐서 무산계급을 착취하고 약탈해서 모은 놈들, 귀족이나 대부호로부터 우리들이 직접 찾아가서 다시 빼앗아 온 돈이다. 그래서 이것을 공갈 등으로 말하기는 어색하고 초라한 이름으로 부르는 것도 그렇고, 약탈이라 부르는 것이 맞다."

---

26 단두대를 만든 프랑스의 의사

따라서 이것을 간단히 기부라고 하는 것이다. 또, 이 기부라고 부르는 이름에는 러시아의 무정부주의자 이론가인 크로포트킨의 명저『빵의 약탈』을 일본식으로 번역한 것이다.(에쿠치칸『속, 나의 문학 반세기』)

당시의 많은 사회주의자는 '몇 년 안에 반드시 일본에 혁명이 일어날 것을 확신하고 있었다'라고 말하면서, 한편으로 그와는 달리 대자본가 층에서도 강압적인 기부금을 감당하는 풍조가 있었다고 생각할 수 있다.

이와 같은 기부에 마음 편하게 대한 사람은 작가이자 자산가인 아리시마 타케오(有島武郞)가 있었다. 아리시마는 몇 명의 무정부주의자에게 수천 엔의 대금을 준 것으로 알려져 있다.

박열도『흑도』발행 이후 각처의 지인에게서 기부금을 얻기 위해 다녔지만 대부분 여기서 말하는 모금 운동이라 봐도 좋다. 아니면 강요와 모금 운동의 절충된 것이 아닐까? 박열과 후미코가 자주 입에 내뱉은 것처럼,「아리시마로부터 돈을 받아 왔다」는 것이다. 정확한 금액은 알 수 없지만, 그들은 5엔이나 10엔(현재로는 5만 엔이나 10만 엔에 상당?) 정도를 받았다고 추정한다.

『흑도』제1호의 광고란에는 무정부주의계의 월간지 이름들이 어깨를 나란히 하고 있다. 그것은『전진(前進)』,『노동자』,『노동 주보』,『비평』,『사회사상』,『신우(信友)』,『정진(正進)』,『씨뿌리는 사람』,『자유인』,『대중 시보』,『노동 운동』,『열풍』, 거기에『가토(加藤一夫) 저작집 6권』을 들 수 있고, 개인의 명함 형식에는「프롤레타리아의 변호사인 후세다츠지(布施辰治)」,「모치즈키(望月桂)」,「미야지마(宮島資夫)」등이 있다. 이들을 보아도 박열의 동지 혹은 동조자가 많았다는 것을 말하고 있다.

그것에 4분의 1쪽 정도가 광고로서 삼월오복점(三越吳服店, 지금의『미츠코시(三越)기업』)이 눈에 띈다. 어쩌면 기부와 관련이 있는 광고일 것이다.

『흑도』 제2호는 그다음 8월 10일부로 발행되었다. 제2호도 창간호와 같은 취향이다. 가토(加藤末吉)와 나카니시(中西伊之助)의 기고가 있고 곳곳에 박열과 후미코의 문장이 있으므로 공동작업 형태로 그들의 열정이 엿보인다.

그 가운데서도 더욱 읽을만한 것은 후미코의 한 문장이다. 그것은 일본제국 정부가 조선독립을 꺾기 위해 「일선융합」이라든가 「일선 동조」론에 대한 신랄한 반박이었다. 거기에는 그녀의 재치가 빛나고 예리한 야유가 가득 담겨있었다.

지난날, 일본인 모 씨와 대화를 나누면서 이곳 도쿄의 한가운데에서 부자라고 하는 귀족들을 떠받드는 《선인동화회(鮮人同化會)》란 대단한 모임이 있는 것을 알았다. 아무래도 그 일본인이 모임의 발기자이며 중진이 아니었을까? 그것을 잘 설명하여 소개한다. 간단히 말하지만, 그 일본인의 조상은 조선의 남제주도인가에서 왕족을 한 것 같다.

"대체로 오늘의 조선인에 대한 일본인이 하는 방법은 틀려먹었다. 저런 윗선의 일선 융합책이란 것이 도대체 아무것도 없고, 좀 더 근본문제에 접근하지도 않았어. 즉 우리들이 주장하듯이, 조선인과는 선조가 하나다, 그러니까 서로 사이좋게 지내야 한다…"라고. 이런 말이라면 이유가 되지 않는다.

어떻게 된 것인지 불령선인은 점점 늘어나고, 아니 일본민족 사이에 있어서도 서로 상처를 주고 찌르기도 하는 참사는 매일 신문의 3면을 가득 도배하고 있다.

그 일본인에게 물어보고 싶다. 우리들은 초등학교에 다닐 때 '사람은 원숭이에서 진화한 것으로 따라서 선조는 같다'라고 배운 것이다. 그러나 선조가 같다고 말한 그 사람은 어떤 원숭이와 서로 안고 춤을 추게 될까?

식탁이 같지 않은데 쇠고기 전골(남비)을 끓일 수 있을까? 또 원숭이
도 그렇다, 세상의 이목을 피하여 초라한 집에 주거하는데도 교활한 인
간으로 보게 된다면 어디 한번 힘껏 덤벼서 그 삶을 끝내버리지. 어쩌다
가 살해되지 않았다면 마을로 끌려 나와 지겹도록 사람에 이용당하는 이
런 원숭이에게 "너와 나와는 선조가 같다, 사이좋게 협력하지 않겠나"라
고 설득한 것으로 그게 말이 되는 건가.

선인동화(鮮人同化)···. 이거 무엇을 표준으로 해서 동화시키려는 것인
지 알 수 없지만, 교활한 여우 같은 일본인을 표준으로 한다면 조선인은
그리 기뻐하지 않아요. 중요한 것은 조선인을 용솟음치는 붉은 피를 가
진 조선인으로서 보는 것이다.

친일이든, 반일이든, 일선융합이든, 선인동화든 그런 자그마한 일은
우리들이야 문제가 안 되지만···. 다만 어설픈 인도애(人道愛)를 아무렇게
나 쉽게 내뱉어서, 거기 어디서 선생님으로 가르치는 자네 등은 선인동
화를 말하기 전에, 우선 조선에 있는 일본민족을 인간화시킬 일이지요.

또 차용금 기한이 만료되었다고 해서 차용한 조선인을 자기 집의 천
장에 거꾸로 매달아 놓거나, 대금의 10배의 저당물을 탈취하는 것은 어
쩌면 조선인의 입에 사냥총을 겨누기도 하는 그런 부도덕한 형제가 되
었으니···.

먼저 그것이 자네 등의 선인동화 업자가 할 다급한 업무라네···. 그것
이 발생하지 않도록 약속한다면, 깨끗이 고리대금 간판을 떼 낼 일이네.
간판을 떼어 낸다고 해서 풀이 죽을 일은 아니지. 일본은 넓으니까, 다른
데 얼마든지 출세의 길이 있으니까. 특히 고리대금업자인 자네 등은···.

(후미코의 말 중에서)

조선인 노동자의 학살

박열이 주재하는 흑도회 기관지 『흑도』를 발행하는 목표는 소위 '불령선인'의 격려와 용기 부여에 있는 만큼, 기관지를 통해서 '불령선인'의 동정을 열정적으로 소개했다. 즉 조선의 투사는 불굴의 투쟁으로 잘 싸우고 있으니, 재일본의 청년 여러분도 항상 깨어있어야 한다는 식의 기질을 역력히 드러내고 있다.

그리하여 박열과 후미코가 바로 제2호의 원고를 인쇄소에 보내고 인쇄가 나오기를 기다리고 있던 7월 29일, 그날의 『요미우리 신문』에 느닷없이 나타난 큰 표제(헤드 라인) 뉴스가 눈에 띄었다.

> 시나노강(信濃川)에 자주 떠내려오는 조선인의 학살 사체
> 「신에츠(北越) 전력주식회사의 지옥 계곡」이라 부르며, 부근의 마을 사람들 공포 분위기에 떨다.
> — 신에츠 전력 대공사 중의 괴담

그것은 니가타현(新潟縣)의 시나노강 댐 공사현장 합숙소(타코)에서 조선인 노동자를 다수 살해해서 강에 던져버렸다는 놀랄만한 무서운 사건

이었다[27]. 이 신문 보도가 있었던 이후, 박열은 분노의 불을 품고 동분서주했다. 그래서 먼저, 재도쿄의 조선학우회와 사회주의단체인 흑도회의 리더들을 모아 이 학살사건의 진상 조사회를 조직하고, 현지로 가서 실태를 조사하기로 했다. 이제까지 흑도회는 아나키스트계와 공산주의계로 분리되어 있어서 이렇다 할 실적을 올리지 못했지만, 이때는 '거족적인 입장'으로 단결하고 진상조사규명에 대응하여 조사위원으로 김약수, 나경석, 박열, 백무 등을 정하여 시나노강 댐공사장에 파견키로 했다. 여기에 서울에서 『동아일보』의 특파원으로서 이상협(李相協)이 일본에 와서 동행하기로 했다.

그런데 현지로 실제 조사에 임할 때가 되어서 박열의 그룹과 백무의 그룹으로 둘로 나누어져 버렸다. 백무의 말을 빌리면 박열이 '단독 행위를 취했다'고 말한다.

현지로 향하는 조사그룹에 조선총독부 경무국의 직원과 도쿄 경시청의 조선 담당자가 미행했다. 그런데 이들 조사원이 현지에 도착해보니 현지의 마을 사람들은 다른 지방 사람의 활동에 감시하는 눈초리고, 또 경찰이 방해했다. 마을 사람에게 산에 있는 공사장의 사정을 물으면, 아무도 후환을 두려워해서 입을 다물고 진상을 말해주지 아니한다. 그래서 초기에는 조사위원들이 현장으로도 접근하지 못하고 돌아오지 않을 수 없었다. 그래도 그들은 몇 번이고 찾아갔다. 노동자로 변장하기도 하고 엿장수를 가장하기도 해서 근처의 노무자 합숙소에 접근했다.

---

27 일본 니가타현 첩첩산중 아키세이(秋成) 마을의 수력발전 공사현장에서 조선인 노동자를 살해하여 시나노강에 던진 것을 주민 제보로 요미우리 신문에서 보도한 사건(동아일보는 1922년 08월 01일 보도).

그리하여 멀리 떨어진 토목 현장의 합숙소에서 엿들은 결과, 아직도 조선인 노동자의 사망자는 상당히 많다는 몇 가지 사실을 알았다.

(1) 혹사당하여 견뎌내면서 피골이 쇠하여 죽은 자.
(2) 병이 들어서 죽은 자.
(3) 쇠약해져 일 할 수 없는 것을 '나태한 자'라며 구타당하고 살해된 자.
(4) 현장의 스마키[28] 살육장에 감금되어 살해된 자.
(5) 도망가는 중에 발견되어 살해된 자.
- 이런 종류를 모두 합하면 살해된 자는 100명에 달한다는 것을 알았
다(백무 씨의 이야기).

이 잔혹하기 짝이 없는 노동자 혹사와 학살을 명확하게 밝힘에 있어서 일본의 혁신세력이 전면적으로 지원키로 하고, 민족을 초월한 프롤레타리아 옹호의 입장을 명확히 했다. 이것은 지금까지 볼 수 없었던 것으로 러시아 혁명 후에 결성된 일본 사회주의동맹의 정치 자세였다.

그리고 학우회와 흑도회에서는 일본 혁신진영의 지원을 바탕으로 '시나노 강 학살사건 규탄 대연설회'를 개최하기로 했다.

문명국으로 알려진 오늘의 일본에 토목공사가 있는 전국 곳곳에서, 우리의 많은 형제들이 산송장의 지옥에서 아픈 채찍에 계속 몸부림치고 있습니다. 사랑의 피가 끓는 사람들이여! 와서 이 전율해야 할 살인을 타파하는 절규를 들어보십시오!!
일시 : 9월 7일(목) 오후 7시
장소 : 도쿄 간다(神田) 미토시로쵸(美土代町) 청년회관

---

28 일본 에도시대에서 사형(私刑)의 하나로, 몸을 대 거적으로 감아서 물에 던지는 것.

주최 : 시나노 강 조선 노동자 학살사건 조사회

거기에는 출연 변사 17명이 기록되어 있었다. 그 가운데는 코보쿠(小牧近江), 나카하마, 야마미치(山道襄一), 나카노(中野正剛), 마츠모토(松本淳三), 계리언, 오스기의 이름이 열거되어 있었다.

그 당시 사회운동연설 회의장은 언제나 그리스도교 청년관(YMCA)이었다. 다른 대부분의 회의장이 사회주의 운동에 엄격하게 문을 걸어 잠그고 있는 것에 비해, 이 회관만은 그리스도교의 중립적 입장에서 자유스럽게 사용할 수 있도록 했기 때문이다(에구치칸의 기록).

이 학살사건의 규탄연설회를 성공시키기 위해 재도쿄의 조선 청년학생들은 청중동원에 분주하고, 시내 각 요소에 홍보물을 뿌리고 다녔다. 이것에 대해 조선 총독부에서 파견된 경찰이 미행하여 간섭하고 협박했다. 경찰 측의 미행에 의한 보고는 다음과 같다.

> 선전문 1만 장 인쇄분이 어제 인쇄됨으로써 박열, 김약수 등은 이를 동지에게 배부하고 시내 각 요소의 전신주에 붙이거나, 조선 노동자 등이 다수 모여있는 장소에 뿌리는 등의 계획이 있으므로, 전신주에 부착하는 건에 대해서는 엄중한 주의를 주고, 그들의 행동을 경계 중…….
>
> — 박경식 『조선인 강제연행의 기록』

노동자가 공사현장에서 무참히 학살된 사태에 분개하여 그 진상규명 강연회를 여는 것에 경찰이 간섭하고, 방해하고, 협박하므로 청년들의 분노는 생각 이상으로 높았다.

9월 7일 밤, 「시나노강 조선인 노동자 학살규탄 대연설회」에 몰려든 청중은 1,000명을 넘어 대성황을 이뤘다. 이 강연회에는 다음의 3가지

획기적인 특색이 있었다.

하나, 일본 내에서 처음으로 조선인, 일본인의 연대투쟁이었다는 점.
둘, 공산주의계와 무정부주의계의 합동주최인 점.
셋, 10전의 입장료를 받은 점.

재도쿄 조선 청년 학생 운동은 4년 전의 1918년 「2 · 8 선언」(조선독립선언)까지 민족적 감정의 저항운동이었다. 일본에 거주하고 있으면서도 일본인과의 접촉을 경계하고, 일본어 사용만을 강요할 만큼 폐쇄적이라서 민족적 감정만을 중요하게 앞세웠다. 그러나, 러시아 혁명 후는 국제 프롤레타리아의 의식이 급속히 높아지고 민족을 초월한 사회주의의 연대의식이 고조되었다. 그래서 이 연설회는 그 최초의 연대투쟁이 된 것이다.

또 그 당시, 일본의 사회주의 운동 진영 내에는 「아나 · 볼 논쟁」이 격렬해져서 사실상 분열 직전에 있으면서도 이 조선 노동자 문제에는 여러 갈등을 버리고 함께한 것이다. 그 때문에도 청중 1,000명 중에는 조선인이 500명, 일본인이 500명으로 반반 정도였다.

결국, 일본제국의 가혹한 수탈정책에 희생되고 있는 조선인 노동자와 마찬가지로 가혹한 착취제도에 희생되어 헐떡이고 있는 일본 노동자의 연대가 이 댐 공사장의 학살사건을 계기로 단합한 것이다.

게다가 이 강연회에서 주목할 만한 특색은 금 10전의 입장료를 받은 것이다. 당시 이 정도의 연설회 입장은 당연히 무료였다. 이것은 일본에서 처음 있는 일이라고 한다. 물론 모금 운동의 성격이 있었다. 이들의 사정을 경찰이 상세하게 기록하고 있다.

> 그들은 기독교 청년회관을 차용대금으로 금 60엔을 지불하고 잔금
> 과 선전문, 인쇄비 기타의 비용 등은 나중에 유지들의 기부금으로 지불
> 할 계획이다.
> 기독교 청년회관에서 개회하니 입장자 약 1,000명 중 내국인 약 500
> 명, 조선인 약 500명의 비율로서…. 이리하여 입장요금 10전을 징수하
> 니 총 금93 엔이 되고….
>
> (경찰의 기록 중에서)

밀어닥친 천여 명의 청중의 열기 속에서 「시나노강 조선인 노동자 학
살규탄 대연설회」는 김약수의 사회로 개회되었다. 그 강단의 옆에는 간
다(神田) 경찰서장이 연설의 감시(입회)를 위해서 책상에 걸터앉아 있고 회
의장의 입구와 주변에는 경찰 수백 명이 새까맣게(개미처럼) 몰려있었다.

각 변사들은 이구동성으로 입을 모아서 민족적 박해에 대한 분노를
탁 털어놓고, 잔혹한 감옥합숙소를 방임하는 착취사회제도를 공격하기
위해 비장한 얼굴 모습으로 등단했다.

먼저, 정운해(鄭雲海)가 개회사로 민족 색을 강조하기 위해 조선어로
말하고, 이것을 백무가 통역했다.

> 우리 조선인들은 생명의 양식을 얻기 위하여 먼 길을 마다하지 않고
> 단숨에 일본에 건너왔습니다만, 이들 각 사람은 가진 것이 없고 또한 조
> 선인이라는 편견으로 무수한 포학(暴虐)을 받아 왔습니다.
> 이번 시나노강 사건이야말로 또 그 하나의 예입니다. 그러한 문제는
> 우리 조선인들은 물론 또 일본의 무산자(無産者)도 이를 강 건너 불구경

할 사건이 아니라고 생각합니다. 그래서 감옥의 합숙소와 같은 불평등, 또한 인도주의를 무시하는 나쁜 풍습이 한시도 급하게 우리들의 이 끓는 피와 몸으로 해결…….

— 정운해의 개회사

정운해가 말을 토해내어 1분 정도 댐공사현장의 잔혹상을 분노하며 호소하니, 카타와라 서장이 「변사, 중지!」라고 소리 지르며 연설을 중지시켰다. 그런 후 다음의 변사로 나경석(羅景錫)이 입장했다. 이번에도 입을 열자 재빠르게 「변사, 중지!」의 호령을 내렸다. 그리고 세 번째에 박열이 등장하여 이렇게 말했다.

> 감옥합숙소 조직의 부당한 일, 그 대우는 비인도적이고… . 이와 같은 반인도적 행위는 항상 상부조직의 보호를 받는 3명의 순경에 의해 계속 부추기고 있다. 이러한 무질서한 상태에 대해서 일본 정부는 어떤 구제책도 강구하지 않고 있다. 이 악한 제도는 현재의 자본가적 사회조직이 가져온 결과이기 때문에 이 사회제도를 근본적으로 파괴할 필요가 있다고 나는 생각한다.
>
> (박열의 말 중에서)

그래서 또 서장의 「변사, 중지!」호령이 나오자 박열은 하단하고, 그리고 다섯 번째에는 박열 그룹의 한 사람으로 다혈질의 신영우(申榮雨 또는 申焰波)가 의기 있게 등단했다. 인부를 학살하는 합숙소의 잔인성을 호소하는 것도 금지하는 일본 경찰의 횡포에 화가 치밀었던 것이다. 신은 직접 행동할 것을 호소했다.

인간이 인간을 살해하고 인간이 인간을 구속하는 것 자체가 불합리하다. 이런 문제가 사실로서 나타난 것은 노동자가 부르주아보다 힘이 약하니까 부르주아가 노동자를 살해한 것이다. 우리들 무산자는 끝까지 부르주아에 반항하든가 아니면 죽음을 택하든 두 가지다. 중요한 것은 힘의 문제라면 우리들은 힘을 합쳐서 지배계급인 부르주아를 쳐부수는 것이다…….

(신영우의 말 중에서)

여기서 또 「변사, 중지!」의 호령. 다음에 일본인 작가 코보쿠(小牧近江)가 일어나 연설했지만, 이것도 도중에 「변사, 중지!」를 외쳤다. 모두 이러한 상황이라서 연설회는 이름뿐이고 일종의 의식에 불과했다.

그리고 다음 변사로 백무가 등단했다. 그는 댐공사현장의 조사위원이었던 만큼 광분하고 있었다. 백무는 어차피 「변사, 중지!」를 각오하고 말을 빠르게 단숨에 토해냈다.

앞에 섰던 여러 변사는 서두에 횡포로 모두 중지되었습니다. 나는 이런 것을 전제로 해서 말을 할까 합니다. 네놈들(관헌 포함) 학대하려면 학대해, 때리려면 때려, 그리고 최후에는 죽이겠다고 말하고 싶겠지…….

(백무의 말 중에서)

여기서 또 서장이 거만스럽게 「변사, 중지!」라고 화난 소리로 말했다. 하지만 백무는 이것을 무시하여 "네놈들은… 죽여서라도… 반역이다…" 하고, 비장하게 여러 번 히스테릭한 소리를 내뱉었다. 그러자 서장이 "해산!"하고 최후의 일격을 가했다. 언론의 자유도 없고, 노동자를 인간 취급하지 않고, 천황제 아래에서의 관헌은 횡포를 일삼고, 어차피 「변사,

중지」가 되는 것을 알았기 때문에 백무는 1초든 2초든 뻗을 만큼 뻗은 것이다. 서장이 「변사, 중지」라고 호령하고 그것을 듣지 않으면 「해산」을 명령하는 것이다. 이윽고 연설회는 순식간에 중지되었다.(경찰 측의 기록에서는 해산시각이 09시 02분이다)

서장의 「해산」이란 명령에 대해서 회의장에 있던 1,000명의 청중은 일제히 일어서서 "횡포다!", "횡포다!"하고 소리를 지르고, "바카야로!(馬鹿野郎, 나쁜 놈)"하고 외치며 소란스러웠다. 이에 대해 서장은 이번에는 '소요와 언동 행위에 대해' 검거를 명령했다.

그랬더니, 출구에 대기하고 있던 새까만 개미 같은 경찰대가 회의장에 들어와서 검거소동을 벌이고 장외에서는 서로 붙잡고 싸우는 소요가 일어났다.

이때 한 여성이 경찰을 노려보며 「이 비열한 개 같은 놈」하고 말하고 싶은 듯이 침을 뱉은 것이 인상적이었다고 한다. 이 여성은 유명한 사회주의자 계리언의 외동딸 계진병(堺眞柄)이었다. 그녀는 용감한 여 투사로서 이미 알려져 있었다. 지난해 5월, 제2회 메이데이에서는 처음으로 일본 여성의 한 단체도 가담해 있었는데 해산하는 우에노에서 경찰대와 난투극을 벌렸다. 그때 순경의 손목을 물어뜯어 검거된 것도 계진병이다.

박열은 이윽고 「대역사건」범인으로 날조되었지만, 마찬가지로 일본 최초의 대역사건을 일으킨 간노(管野)스가란 자가 천황에게 폭탄을 던지려고 미야시타(宮下太吉)와 폭탄 제조에 가담한 직접적 동기는 경찰의 횡포에 격분하여 그 반역심에서 나왔다고 한다.

시나노 강 댐공사장의 놀랄만한 노무자 합숙소의 학살사건 규탄연설회에서도 간다 경찰서의 횡포한 행위에 대해서는 정말로 정의감이 있는 자라면 누구라도 반항자가 되는 상황이었다. 그날 밤, 검거된 사람은 백무(白武), 토미오카(富岡誓) 등 8명이었다.

나중에 의학을 전공해서 30년간 의원을 해온 백무는 당시의 사정을 회상하여 다음과 같은 사신을 필자에게 보내왔다.

뭐랄까 48, 9년 전의 일이라서 기억도 희미하지만, 당시 일본에 건너온 조선인은 약 5,000명이었을 것이다. 부유층 자녀들로서 유학온 학생은 극소수였고 대부분은 고학생이나 노동자였다. 도시 노동자는 다르겠지만, 소위 자유 노동자의 대부분은 일본인 노동자가 싫어하는 힘든 노동조건 아래에서 일 할 수밖에 없는 상태였다.

게다가 토목공사에 근무하는 조선인 노동자는 약속한 노동조건이 휴지조각과 같아서 마부(인부 우두머리)라고 하는 비인간적인 건달의 감시 아래에서 소나 말처럼 노동을 착취당한 것이다.

노무자 숙소라는 것은 감옥방, 댐 타코방(합숙소)이라 불리고 열쇠가 채워진 조잡한 침실은 판자로 깐 집이었다. 약속된 임금도 받지 못하고 장시간 강제노동과 영양가 낮은 식사, 소나 말로 취급되어 마부의 채찍을 맞고 일하는 조선인 노동자는 도망만이 그들의 생명을 보전하는 방법이었다.

이런 상태의 노동자 대부분은 북해도 토목공사장에 감금형태로 되어 있다는 말을 자주 들었기 때문에 우리들의 마음을 아프게 했던 것이다.

이런 시기에 우연히 『요미우리 신문』의 기사에 의해서 시나노강 댐 공사현장에서 조선인 노동자 다수가 집단적으로 살해되었다고 하는 사실을 알았던 것이다. 우리들은 분연히 일어섰다. 일본 지배계층의 포악한 수탈의 양상과 비인도적 만행을 철저하게 규명하기 위해 우선 학살의 진상을 조사하기로 했다.

이것을 알았던 경찰이 우리들의 주동자를 특별 고등경찰에 의해 미행 받도록 했다. 현장 부근도 외지인이 활동하며 배회하는 것에 눈알을

부라려서 접근하지 못하게 했다. 마을 사람들은 누구도 후환을 두려워하여 진상을 말하려고 하지 않았다.

그러나 스마키가 된 조선 노동자와 같은 시체가 강에 떠 있었다든가, 산 중에서 타살된 시체가 있었다든가 하는 정도의 사실만 파악했다. 그래서 우리들은 『시나노강 조선인 노동자 학살규탄 대연설회』를 간다의 YMCA회관에서 여는 것에 온갖 어려움을 무릅쓰고 개최하게 되었다.

우리들이란 주로 도쿄를 중심으로 한 조선인 사회운동가이지만, 일제의 식민지였던 조국 조선의 해방을 지향하는 독립투쟁의 민족주의적 투사들이었다. 우리들의 투쟁은 일제 지배계급과 그 끄나풀을 향해서 수단을 가리지 않는 싸움이었기 때문에 일제 지배계급을 타도하는 일본인 사회주의자나 인도주의자, 계급해방을 부르짖는 수평사(水平社) 무리와도 그 맥을 같이한 것이다.

그래서 이 연설회는 조·일 양쪽의 협력으로 열린 것이다. 모였던 청중은 천여 명으로 회의장 내에 500명, 그 외는 회의장 밖에서 운집할 정도였다. 당시 이 종류의 입장은 거의 무료였지만, 우리들은 금10 전의 입장료를 받았다.

잊을 수 없는 그때의 회의장 내의 열기와 변사들의 용감함을! 물론 개회사도 각 변사의 연설도 2분이 계속되지 못하도록 연단 옆에 앉아있는 아고히모(顎紐, 모자의 턱 끈) 자세의 간다 경찰서장이 「변사, 중지」란 호령으로 연단을 내려오지 않으면 안 되었다. 이런 상태에서 나오는 변사마다 중지를 먹었고, 마지막 변사로서 내가 나갔지만 역시 2번 3번 중지를 먹었다.

「중지 따위가 그리 문제인가?」할 정도로 뭔가 큰소리로 외치듯 지껄이면서 "해산!, 해산!"하고 서장이 일어서서 외치면, 동시에 개미 떼 같은 제복 입은 순경들이 연단을 향해서 몰려드는 것이 아닌가. 그 탓에 안 죽을 만큼의 폭행을 당해서 구속되는 소동이 벌어졌다. 회의장 내의 청중은 "경찰 횡포다!, 횡포다!"하며 부르짖었고 마루를 쿵쿵 친 것이다.

나중에 들은 이야기지만, 해산했을 때 회의장 밖의 넘치는 군중 속에서 한 여성이 경찰의 얼굴에 침을 뱉었기 때문에 구속된 일이 있었다. 이 여성이야말로 일본의 사회주의자 거물 계리언 씨의 외동딸 계진병이었다. 지금의 젊은이들 투쟁 모습을 이해할 것도 같다. 그 후 이 연설회가 민족운동이나 사회운동에 큰 영향을 주었으므로 큰 의의가 있었다고 생각한다. 뿔뿔이 흩어진 우리들은 민족주의적 투쟁에서 이데올로기적인 투쟁이 됨과 동시에 각 단체의 결성을 강화하고 일본인 단체와도 공조하는 형태로 변한 것이다.

후일에 이데올로기적으로 아나키스트라든가 볼셰비키 등으로 분열은 했지만, 민족해방이란 민족주의적인 기본 사고는 공통된 흐름이었다. 서상한(徐相漢) 사건, 박열 사건 등 지금도 생생하게 기억하고 있다.

일제 추종자에 대한 철퇴로서 자치주의자 민원식을 도쿄역 호텔에서 양근환(梁瑾煥) 군이 찔러죽인 것이 있지만, 상애회(相愛會)라는 조선인 부랑자 집단과의 투쟁도 잊을 수 없는 일이다. 마루야마(丸山鶴吉)가 후원자가 되어 우리를 말살하기 위하여 온갖 폭행을 제멋대로 행한 것이다. 이 흐름을 조직한 자가 아직도 건재하여 민족의 정기를 더럽히는 형태는 이게 무슨 창피인가 할 정도로 한탄스러울 뿐이다.

— 백무의 사신 원문 중에서

박열은 이 학살문제의 현지 조사에도 참가하고, 진상규탄 연설회의 홍보물 인쇄와 배포, 인원동원에 분주하였다. 그러나 그는 자신의 기관지를 가지고 있음에도 이것에 대해서는 한 마디도 말하지 않았다. 자신을 감추기 위한 태도라고 생각된다. 이때 그는 검거되지 않은 듯하다.

《후테이 선인》의 입장

시나노 강 조선인 학살규탄 연설회조차도 방해하고 검거하는 일본 경찰에 대해서 누구도 참고 그냥 둘 수 없었다고 했다.

박열의 마음에는 항상 폭탄만이 어른거리고 있었다. 하지만 그 폭탄이 생각처럼 쉽게 손에 넣을 수 없었다. 상하이에서 온 최혁진과 밀약한 폭탄과 권총은 아직 보내 주지 않았다.

상하이의 임시정부에서는 틀림없이 폭탄을 제조하고 있었다. 들은 바로는 프랑스 치외법권(영사관 등) 내에서 이탈리아인 모 씨가 폭탄을 제조하고, 의열단에서는 권총과 폭탄을 유럽인의 선박에 위탁해서 인천항으로 밀송하고 있다고 했다. 그렇지만 폭탄의 수송이 생각대로 되지 않는다. 그래서 그 자신이 직접 폭탄을 가지러 가겠다고까지 생각을 했었다. 그러나 경찰의 미행이 염려되어서 그것도 생각대로 되지 않았다.

그러한 초조함에 사로잡혀 있던 중, 박열은 서울(경성)의 동지로부터 〈시나노 강 조선 노동자 학살규명 연설회〉에 초청을 받았다. 편도의 여비까지 더해서 "반드시 참석해 주세요"라는 부탁이었다.

조선에서는 이미 『동아일보』가 12회에 걸친 기사연재로 인하여 시나노 강의 학살문제가 널리 퍼져있었다. 사상문제연구단이 이 사건의 조사회를 만들어 나경석(羅景錫)과 김사국(金思國)을 일본으로 파견했을 정도이다.

그래서 서울에서 시나노 강 학살 진상 보고 연설회를 열게 되어 박열을 초청하기로 한 것이다. 그것이 서울 경운동(현, 종로구)의 천주교 교회당에서 개최되었다. 거기서도 경찰이 입회한 것은 말할 것도 없다. 그러나 조선어로 말하기도 하고, 어느 정도의 기염(불꽃 같은 기세)을 토하는 것도 가능했을 것이다.

박열의 서울행은 3년만 이었지만, 그것은 그리운 고국의 귀환이 아니었다. 그 가슴에는 일본제국 정부의 심장부를 향해 던져야 할 폭탄 입수의 방법을 찾는데 정신을 쏟고 있었다. 그는 우선 무산자 동맹의 간부이고 의열단원인 김한(金翰)을 만나서 여러 번 의견을 교환했다. 김한은 총독 정치의 파괴를 위한 폭탄의 심부름꾼이다.

몇 년 뒤, 총독부 예심(1심)판사 수에히로(末広清吉)에게 진술한 것에 따르면, 김한은 서울에서 출생하고 19세부터 21세까지(1905~1907) 도쿄의 간다(神田)에 살았고 호세이(法政)대학 법학과에서 공부한 후 귀국하여 중국의 지린성(吉林省)으로 건너가 거기에서 살았다. 원래 그의 본적지는 만주 지린성 화뎬시(樺全市)이다.

3.1운동 후 상하이의 임시정부에 가담하여 6개월 후인 1919년 12월 비밀국장이 되어 다음 해 1월 서울에 돌아와서 지하운동을 시작했지만, 다른 한편으로는 무산자 동맹회를 조직해 자택을 임시사무소로 쓸 만큼 주된 역할을 담당했다. 그러나 이것은 위장 간판이고 실제는 의열단원으로서 조선 내에서 중대 임무를 띠고 있었다.

중국 방면에서 의열단원이 몰래 남하하여 내려오면 김한 댁을 방문한다. 그는 연락의 중계자로도 되어있었다. 몸을 암살과 파괴에 맡긴 비밀 결사 의열단의 조직은 각 분단으로 나누어져 있고, 분단의 각 분원이 타 분단과의 접촉은 불가능한 구조로써, 반드시 분단의 책임자를 통해서 타 분단과의 연락을 취하는 것으로 되어있었다. 김한은 조선 내에서는 중요 한 위치에 있었던 것으로 보인다.

박열이 서울을 방문하는 전후에, 의열단 단장인 김원봉(金元鳳)이 사 자(심부름꾼)로 남영덕(南寧德(李応明?))을 김한에게 보냈다. 사자가 전한 말 은 "가까운 시일 내에 폭탄을 조선에 반입하므로 관리를 부탁한다"라고 하는 의뢰였다.

그로부터 1주일 후, 다시 사자가 의열단의 서신을 갖고 왔는데, 거기 에는 "폭탄이 서울에 도착하면, 도쿄 방면(박열의 것)에도 배치하고 싶은데 그 방법을 생각해 주세요"라는 것이었다. 이미 박열은 상하이의 최혁진 과의 사이에 연락이 취해져 있었기 때문일 것이다. 그런데 폭탄은 예정 대로 서울에는 전달되지 않았다. 박열은 김한에게 자신의 의사를 설명했 다. 김한은 『흑도』지를 통해서 박열의 존재를 잘 알고 있었다. 「일본제 국 정부에 대해서 철저하게 반대하기 위해서는 비상수단을 취하는 것 외 에는 방법이 없다. 그것이 바로 선전(宣傳)이고 투쟁이다. 모든 표면적 사 회운동은 심도 높은 운동을 하기 위하여 일본 관헌의 눈을 속이는 수단 으로 나타내지 않으면 안 된다….」라고. 김한도 공감했다.

그해 9월, 박열이 다시 서울을 방문해서 김한을 만났을 때도 폭탄의 이야기는 없었다. 다만 다음 기회에 폭탄 입수가 가능하도록 상하이에 연락을 취했다고 생각할 수 있다.

그때 박열은 2주간 정도 조선에 머물렀다. 그사이 어떤 활동을 했는지는 확실하지 않다. 그러나 그가 남모르게 빠르게 움직였을 것은 확실하다. 이렇게 말하는 것은 서울의 관헌으로부터 「퇴거 명령」을 받았기 때문이다. 그래서 박열은 밤늦게 역으로 달려갔지만, 막차를 놓치고 언젠가 동지와 같이 간 적이 있는 박소암(朴小岩)이란 어떤 기생집에 들렀다. 그 밤도 형사의 임검을 당했다고 한다.

도쿄로 돌아온 박열에게 여러 가지 어려움과 바쁜 일들이 기다리고 있었다.

1922년 9월 말, 재도쿄 청년 학생의 통합체였던 흑도회를 해산하기로 한 것이다. 앞에서 말했던 「시나노 강 학살사건 규탄대회」를 마친 직후였다. 말하자면 그 연설회가 흑도회의 유일한 공동투쟁이었다. 그렇지만 시나노 강 사건 조사 때부터 박열 그룹과 김약수 그룹이 분규를 계속하고 있었다.

흑도회의 해산은 일본 사회운동의 반영이기도 했다. 결국 「아나·볼」 논쟁의 귀결이었다. 2년 전 12월에 일본 사회주의 동맹은 외적으로는 관헌의 탄압에 빛이 바랬지만 내부에서는 아나키스트와 볼셰비키가 대립하여 논쟁이 끊이지 않았다. 프롤레타리아 독재가 옳은가, 옳지 않은가 하는 점이다.

아나키스트는 "볼셰비키가 독재하는 러시아는 지금 당장 붕괴한다"라고 주장하고 있었다. 이것에 대하여 볼셰비키는 "소비에트는 결단코 붕괴하지 않는다. 곧 반드시 잘 된다"라고 반박한다. 이러한 논쟁을 계속하면서도 양자는 《사회주의동맹》 하에서 의기투합해서 공동전선을 형성하고 있었다.

그런데 두 달 전인 1922년 7월 15일, 일본 공산당이 창립되었다. 이

결당 시에 야마가와(山川均)는 사회주의운동의 결함과 그 극복책을 제시했다. 그것은 「무산계급 운동의 방향 전환」이라는 논문으로서 『전위(前衛)』가 22년 7, 8월 합병호에 게재되었다. 이것이 계기가 되어서 격한 파란의 소용돌이가 일어났다.

야마가와의 논문은 사회주의 운동의 대중화론이다. 그 주 논점은 두 가지였다. 즉,

(1) 종래의 일본 사회주의 운동은 소수 전위의 자기만족에 그치고, 노동 대중의 호응이나 대중적 행동을 도외시했다. 그러나 이제부터는 〈대중 속으로〉라는 슬로건(slogan)을 가져야 한다.

(2) 정치투쟁의 부정적 태도를 새롭게 해서, 부르주아 정치의 사상적 부정으로부터 나아가서 정치투쟁을 전개하고 무산계급의 정치를 확립시켜야 한다.

이것이 일본의 무산계급 운동의 방향 전환론이었다. 소수 정예주의에 입각한 아나키스트들은 이에 강하게 반격했다. 즉, 선택된 정예주의자의 영웅적 행동에 의해서만 기존의 사회조직을 파괴하고 혁명의 길을 개척해야 한다는 입장이었다.

이렇게 해서 동년 9월 30일, 오사카 천왕사 공회당에서의 〈노동 전선 통일 전국대회〉에서 양자는 완전히 분열되었다. 볼셰비키 그룹의 계리언, 야마가와 등은 중앙집권주의를, 아나키스트 그룹의 오스기, 이와사 등은 자유 연합주의를 부르짖어, 일본의 사회운동은 두 갈래로 나누어졌다. 이러한 움직임을 반영해서 흑도회는 해산했다. 박열 등의 아나키스트(무정부주의)는 《흑우회(黑友會)》를 결성하고, 김약수 등의 볼셰비키(공산주의계)는 《북성회(北星會)》를 조직했다. 간단하게 말하면 후자는 학생

출신이 많고, 전자는 노동자가 많았다.

박열의 반역자세(反逆姿勢)도 조금씩 음모성을 띠고 있었다. 그는 자신의 계획과 실행을 은폐하고, 일본 관헌의 눈을 속이기 위해 자그맣게라도 인쇄물 간행을 계속해서 그 간판을 유지할 필요를 느꼈다. 즉, 흑도회의 해산으로 『흑도』는 2호를 끝으로 폐간하게 되었기 때문이다.

박열과 후미코는 점점 더 인쇄물 간행에 힘썼다. 거기에 이제는 김약수 등의 공산주의계에 대항하는 입장에서 한 사람이라도 많은 동료를 자신의 쪽으로 끌어들이기 위한 처방이 필요했다. 그래서 생각해낸 것이 월간 『후테(太)이 선인(鮮人, 센징)』이었다. 박열과 후미코는 대형 원고지를 두 번 접어서 4쪽으로 만들었다. 이것은 두 사람의 완전 합작품이다. 그 제목이 처음은 『불령선인(不逞鮮人)』이었지만 불령의 발음이 '후테이'이므로 『후테이 선인』이라 하였다. 박열다운 발상이다. 왜냐하면 일본 관헌이 조선민족운동자를 「불령선인」이라고 천시하고, 또 신문에서도 그렇게 쓰기 시작했다. 그런데 이 제목에 경시청이 구차한 변명을 붙었다.

따라서 부득이 그는 『불령선인』을 쓰지 않는 대신에 언어 유희[29]로서 『후테(太)이 선인』이란 제목을 지었다. 그 경위가 『후테(太)이 선인』 제1호의 코너에 다음과 같이 쓰여 있다.

(불령선인) ─ 경시청의 무서운 아저씨와 옥신각신 입씨름을 한 끝에 『후테(太)이 선인』으로 겨우 결말이 난 것이라서 다소 무리지만 후테이야로(놈)가 아닌, 선인이라 읽어주세요. 이것은 우리 두 사람(후미코와 박열)이 주체가 되어 내놓은 것입니다. 『후테(太)이 선인』은 훨씬 일찍이 나올 예정이었지만, 박열이 앞의 시나노강 학살사건으로 현장에 가기도 하

---

29 '말장난'이라고도 하며, 동음이의어나 각운 등을 이용하여 재미있게 꾸미는 말의 표현.

고, 볼일이 있어 조선에 가기도 해서 늦어졌습니다.

제1호의 주 된 게재문은 다음의 4가지였다.

- ○○○○ 단속법안 : 박열
- 일본인이 자만했던 조선인 관에 대하여 : 박열의 논평
- 조선의 사기 공산당 : 박열의 논평
- 조선 고대예술을 배척한다, 예술에 나타낸 인간착취의 실제 : 박열

위에서 박열의 「○○○○ 단속법안」을 읽어보면, 바로 지금 문제가 되는 출입국관리령을 생각하게 한다. 요컨대 재일조선인에 대한 경찰 관헌의 감시를 골자로 한 법안이다. 그해 3월, 소위 「과격 사회운동 단속법」이 귀족원을 통과하는 사실을 볼 때, 일본의 사회주의운동과 조선인 탄압은 항상 상반된 것임을 알 수 있다(단, 이 법안은 중원에서 심의 만료).

여기서도 박열이 평하듯이 일본제국 정부는 한쪽에서는 비열한 단속을 하고, 다른 한쪽에서는 얼버무림을 반복한 것이다. 박열의 「○○○○ 단속법안」의 내용 일부를 소개한다.

최근에 나온 조선의 신문에 의하면, 일본에 와있는 우리 조선인을 훨씬 엄중하게 단속할 필요가 있어서 호리다(堀田) 경시총감(지금은 내무차관)과 고토(後藤) 내무성 경보국장 등이 비밀리에 공조하여 이번에 새롭게 ○○○○법안인가 하는 것을 기초로 해서, 그것을 내무대신에게 제출하고 그 결재를 기다리며 해당 법안의 실시 준비로 몹시 바쁘다고 하는데, 이것은 놀랍게도 사실일 것이다. 아니면 단순한 협박일지도 모른다.

그러나 진위야 어떻든 이런 것을 바로 말하면, ○○○○법안이 지금

까지 우리 조선인에 대해서 사용해왔던 가혹한 단속법안이지만 실패한 것임을 의미하는 것이다(이하의 33자 삭제).

보세요, ○○○○법안에서는 일본에 와있는 우리 조선인을 단속하기 위하여, 작년 이후 경시청 특별 고등과에 일본 내 조선인 담당으로 조선인 전문단속기관을 설치하고, 내무성 경보국과 협력해서 소위 엄중 단속을 해왔던 것이 아닐까? (중략 = 필자)

그들이 우리들의 낡은 주거지를 방문할 때는 두 사람이나 세 사람이 와서 한 사람은 집주인에게 이야기하거나, 어떤 때는 전부 모여서 시위하듯 화를 내기도 하고 달래기도 하며, 혹은 묘하게 넌지시 넘겨짚기도 하고, 또는 일단 돌아가는 시늉을 하다가 다시 와서는 집주인에게 말을 건다. 이리하여 양쪽의 이야기를 종합해서 마음대로 단안을 내리는 것이다.

또 집주인을 향해서는 언제든지 입버릇처럼 "저런 놈은 빨리 내쫓아 버려"하고 매서운 눈을 해서 위협하는 것이다. 조선인 집회는 아무리 작은 모임이라 해도 반드시 경찰의 임검을 받는다.

우리 조선인을 향해서는 언제라도 "자네들도 우리들과 같은 일본제국의 신민이다"라고 말하면서 일본 정부에서 발행된 여행허가장 없이는 조선에서 일본으로, 일본에서 조선으로도 여행하는 것을 금지하고 있다. 물론 정부 당국은 혐의가 있는 인간에게는 여행허가장을 주지 않는 것이다.

이와 같은 한 단면을 보아도 ○○정부 당국이 우리 조선인의 단속을 위해 얼마나 고심하며 괴로워하는가를 알 수 있다(이하 224자 삭제).
— 『후테이 선인』 제1호

또 박열의 논평 「일본인이 자만했던 조선인 관에 대하여」를 다음에 소개한다.

많은 일본인들은, 조선인은 일본의 조선 통치 형식이 아무리 전제정 치라고 해도, 옛날의 이조 학정과 비교한다면 현재의 총독 정치에 대해

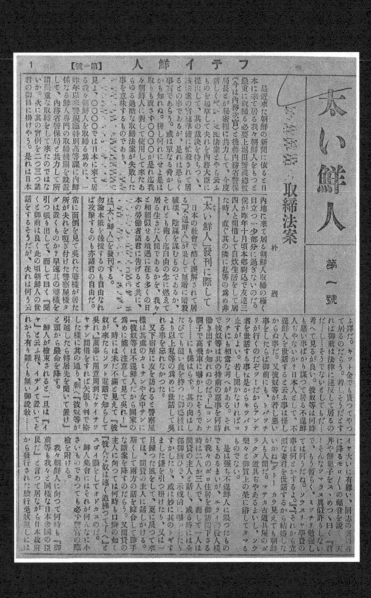

太い鮮人

第一號

○○○○取締法案

朴　烈

最近來た朝鮮の新聞に依ると日本に來て居る我が朝鮮人をもっと嚴重に取締る必要上掲田警視總監（？は内務次官と後藤内務總局長とが秘密裡に共力したる新しくとを内務大臣に提出して、其の裁決を待ちつゝ、近く法案として内務大臣さへ云々

或は內閣の閣議に付せられるのであらう。併し何れにせよ之が是れ迄我らが取り來りし取締法案が失敗したる事を意味するものであり、あらゆる過酷なる取締法案を以て使用して來たものかも知れぬ。或は單なる脅かしかも知れぬ。或は恐らく事實であらう。俟は内務省警保局長が昨年十月頃本郷駒込で友達三人と開信して自炊生活をして居た時、直ぐ其の隣に私等の為め非...

「太い鮮人」發刊に際して

日本の社會中で酷く誤解されて居る「不逞鮮人」が決して無暗に暗殺、破壊、陰謀を謀むものであると思ふ所で相類似せる境遇に在る多くの日本の勞働者諸君に告げると共に、又宿屋に友を訪れたのだ。其の肉は強ぐ迫白の念に燃えて居る生きた人間であるかを我々ぐ働き出すことを忘れなかった。

本最近に來て居る朝鮮人取締の極く目立つ一少部分に過ぎないのだ。（其の實例を二つ三つ諸君の御目に掛けやう。是れは日本...

서 조금도 불평을 할 일이 아니다. 예를 들면, 옛날의 조선에서는 생명이나 재산의 안전한 확보가 보장되지 않았다.

그런데 지금의 조선에는 당당하게 그것이 보호되고 있지 않는가? 그래서 조선인들은 심한 포학을 보인 조선의 과거 정치를 잘 돌아보고 지금의 일본 선정에 만족하세요, 그것에 대해서 한마디의 불평도 말해서는 아니 된다고 말한다.

또 일본인이 만든 조선인 동화정책에 따라 조선인은 쉽게 일본과 동화하는 것이 가능한 민족이다. 그리고 어떤 이유든 큐슈 북부에 고려촌이란 마을이 있는데, 이것은 옛날 조선의 왕족이 이주해서 귀화한 자손인 것을 알 수 있다. 만일 틀린다고 해도 동화가 불가능하다고는 말하기 어렵다. 우리들은 한 번도 보지 못한 타인이라도 결혼한다. 고로 불가능한 한 것은 아니다. 조선을 하루라도 빨리 개조하여 양자의 관계를 마치 일본 본토와 큐슈에서 보는 것처럼 하고 싶다고 한다.

혼자 생각하며 기분이 좋은 바보가 있지만, 어쩌면 생물학상으로 말하면 조선인과 일본인과는 동근동족(同根同族)일지도 모른다. 아니, 모든 생물은……, 호랑이도 금붕어도 신도 냉이 풀도……, 모두 당연히 동근동족인 것이다. 이것이 확실한 이른바 동근동족의 입장에서, 뱀과 개구리와는 서로 모습이 다르고, 고양이와 견절(鰹節, 가다랑어 절인 포)이 가까이 있을 때, (이하 180자 삭제)

— 박열의 논평 「일본인이 자만했던 조선인 관에 대하여」 중에서

당시 일본제국주의자의 입에서 흘러나온 조선 비방은 너무 농락적이고 더러운 악취를 풍겨서 직접 들으면 누구든지 기분이 나빠지고 배가 부글부글 끓어 오르는 생각을 했다. 즉 일본 정부는, 일본문화를 배양할 정도의 5천 년 역사를 가진 조선 민족을 속여서 가혹한 짓을 한 것이다.

예를 들면, 조선인의 민족운동을 가리키며 「조선인은 모두 어리석어

서 외국인에게 속기도 하고, 선동당하여 경거망동하므로 난처하다」고 한다. 이것은 4년 전에 일어난 3.1운동을 가리키고 있다. 그때 조선에 있는 선교사가 독립운동에 협력한 것은 사실이다.

하지만, 조선인은 외국인의 선동에 의해서 자국의 독립운동에 나설 만큼의 바보가 아니다. 그 비방하는 「조선인은 모두 어리석어서…속아서」라고 하는 한마디 말이야말로, 일부 조선인이 우치다(內田良平) 등의 일본인에 속아서 선동되어 「일진회(一進會)」를 만들고 「한일합병」의 깃발을 흔들었으니, 정말 추악한 일이 아닐 수 없다. 제국주의자의 조선 비방을 바꾸어 말하면, 「그러니까, 얌전하게 노예민이 되라」고 하는 것이다.

그래서 반역자라는 존재가 속출한다. 애초에 반역자란 말은 비웃는 말에 배가 부글부글 끓어 올랐던 때에 만들어 낸 것이다.

아나키스트인 박열은 흑도회를 운영하는 중에 재도쿄 조선인 운동자와 집단적 단체를 이루고 있었을 때는 속마음은 어떻든 글로서 공산주의자에 대한 나쁜 말을 쓴 적은 없었다. 그러나 흑도회도 해산하고 김약수 등과 결별해 별도의 기관지를 가지게 되자 기탄없이 비난을 퍼부었다.

박열은 「조선의 사기 공산당」이란 제목으로 다음과 같이 쓰고 있다.

조선에는 현재 두 개의 공산당이 있는데 고려 공산당과 한성 공산당이 그것이다. 더구나 그것은 모두가 다 조선총독부의 전위대 역할을 하고 있다. 고려 공산당의 장덕수 등은 작년 말경 공산 당비 8만 몇천 엔인가를 국제공산당으로부터 착취해서 조선총독부의 양해를 얻어 형사와 동반해서 기생과 요리집 등에 소비했다는 것이다. 그 사실은 탈퇴자 김명식 군의 자백으로 밝혀졌다.

—『후테이 선인』 제1호

게다가 그는 「기억해야 할 날」이란 제목을 달고 칼럼난에서 러시아 혁명을 공격한다.

5년 전, 즉 1917년 11월 7일, 그날은 러시아의 ○○을 추락하게 한 최초의 날이다. 볼셰비키가 로마노프 왕가를 교체하여 러시아의 프롤레타리아(Proletariat, 무산계급 또는 노동자계급)를 최초로 착취한 날이다. 전 세계의 프롤레타리아는 그날을 기억하자, 다시 이런 실패의 전철을 밟지 않도록.
— 칼럼 「기억해야 할 날」

애초 박열의 『후테이 선인』 간행은 볼셰비키에 대한 대항의식까지는 아니었고, 다른 한편으로 자기의 반역 음모를 숨기려는 방법이었던 것일까? 일본 관헌 당국의 눈을 교묘히 속이기 위해서도 일부러 "반공의식"을 드러낸 것은 아닐까 하는 생각을 지울 수 없다.

이와 관련하여 『후테이 선인』의 발간사는 이와 같다.

일본 사회에서 가혹하게 오해받고 있는 「불령선인」이 정말로 마구 암살, 파괴, 음모를 일삼는 것일까? 그렇다고 끝까지 자유를 염원하고 갈망하며 살아가는 인간일까를 우리와 서로 유사한 경우에 처한 많은 노동자 여러분에게 알림과 동시에, …(이하 30자 삭제) 『후테이 선인』을 발간한다. 물론 본지를 후원하는 것도 자유지만 공격하는 것도 역시 여러분의 자유다.
— 『후테이 선인』 발간사

박열은 『후테이 선인』 제1호가 완성되면 다시 조선으로 나갈 채비를 하고 있었다. 이번이야말로, 서울의 김한에게서 직접 폭탄을 받을 계획이었다.

의열단과 테러의 구상

박열은 11월(1922년) 김한에게서 폭탄을 받을 목적으로 서울을 방문했다. 그 당시 상하이의 의열단에서는 제2차 암살파괴계획을 세우고 상당수의 인원을 동원해서 대량의 폭탄을 조선에 반입할 계획을 세우고 있었다. 우선 폭탄을 상하이에서 단둥시(구 만주에 속한 안둥현)에 일단 운반하고, 여기에서부터 신의주(조선과의 국경)를 통과시켜야 하지만, 여기서부터가 가장 큰 난관에 부딪혔다.

그때 조선 총독부는 미즈노(水野鍊太郎) 정무총감의 지휘 아래, 의열단의 검거에 전력을 경주하고 있었다. 미즈노 총감은 일본사람인데도 '정보정치가'라 부를 정도로 날카로운 수완을 발휘한 인물이었다.

국경의 단둥시에서 폭탄의 은닉 장소는 조선일보사 단둥 지국장 홍종우(洪鐘祐)의 집이고 도착지 서울에서의 중계소는 의열단원 김한의 집이었다. 그리고 폭탄에 관한 총지휘는 의열단장 김원봉이 맡고 있었다.

그 폭탄이 국경지대까지 보내진 어느 날 의열단장의 사자(使者), 박선(朴善)이라는 자가 김한 댁을 방문해서 다음과 같이 예고했다.

완전하게 폭탄을 반입하는 일이 가능할까 어떨까 해서 우선 시험적

으로 조그마한 폭탄을 단둥시까지 갖고 오고, 1주일 내에는 서울에 도착
할 것으로 보니 도착한 뒤에는 잘 부탁합니다.

(김한의 신문조서에서)

목숨 건 계획은 매우 조심스럽다. 폭탄이 한 개라 해도 천금의 가치가
있다. 이 연락은 박열의 서울방문과도 관련되어 있다. 어쩌면 상하이의
최혁진으로부터 연락이 있었을까? 혹은 의열단장으로부터 부탁받은 김
한의 연락에 의한 것으로 봐도 좋을 것이다.

그런데 그 폭탄은 1주일이 지나도 김한 댁에 전달되지 않았다. 그것
을 확인하기 위하여 사자인 박선(朴善)이 몇 번이고 김한을 방문하지만,
폭탄은 역시 도착하지 않았다.

박선이란 연락 담당자는 고민하듯이, "1주일 내 단둥시에서 서울에
도착하기로 되어있는 폭탄이 지금까지 도착하지 않은 것은 이상하다. 걱
정되어 나는 단둥시로 가서 상황을 파악하러 간다"라고 하면서 되돌아
갔다. 의열단으로서는 폭탄을 확실히 반입한 것인데 도중에서 사고를 만
난 것은 확실하다.

박열이 김한에게 두 번째 방문한 것은 그러한 한창 어수선한 때였다.
김한은 "조만간 오기로 되어있지만, 아직 도착하지 않았으니 폭탄이 도
착하면 바로 알려 드리겠다"고 하며 박열에게 폭탄을 주겠다고 약속했
다. 상하이의 김원봉으로부터 "도쿄의 박열에게도 나누어 주라"고 미리
지시가 있었던 것은 말할 것도 없다. 김한으로서는 그렇게 말할 수밖에
없었다.

박열과 김한은 대략 다음과 같은 약속을 맺었다. 이것은 작년 도쿄에

서 최혁진과 한 것과 거의 같다.

1. 박열의 수락으로 폭탄을 사용할 인원만큼 폭탄을 나누어줄 것.
2. 서울과 도쿄에서 서로 동반해서 폭탄을 투척할 것. 그때 서울에서는 일본인이 폭탄을 투척하고 도쿄에서는 조선인이 폭탄을 투척한다.
3. 폭탄은 가능한 한 내년 1월 중에 전달토록 한다.
4. 도쿄(박열) 쪽의 폭탄은 살인용으로 한다(의열단의 폭탄에는 살인용, 건물 파괴용과 기타 여러 종류로 나누어져 있다).

이번이야말로 바라던 폭탄을 가지고 돌아갈 각오였던 박열이었지만, 또 헛걸음으로 끝났다. 하지만 그렇게 된 김에 그는 「후테이 선인」의 서울지부를 결성했다. 아니, 이것이야말로 그가 관헌에 대한 「조선 방문 목적」을 나타낸 것이다. 즉 서울지사의 주소는 「경성부 견지동 7, 서울 청년회 내 이영방(李英方)」이었다.

1922년 12월 1일, 오사카에서 「조선인 노동자 동맹」이 창립되었다. 이것은 시나노 강 댐공사장의 조선인 학살사건 — 그 조사단의 사람들이 중심이 되어 「재일조선인 노동자 정황 조사회」를 만들어서 그것이 계기가 되어 조선인 노동자가 가장 많은 오사카에 동맹회를 만든 것이다.

일본 관헌이 묵인하고 있는 '노동자 합숙소(다코방)'와 같은 호랑이 입에 넣어지지 않기 위하여 약자 동지의 결속이라 해야 할 것이다. 일본인, 조선인을 불문하고, 「노동하는 자」를 멸시하며 치안의 대상으로서 감시하고 그것을 빌미로 고용 측이 인부를 동물처럼 혹사하고, 심지어 강제 저금이란 명목으로 임금을 지불하지 않는다. 이것에 대항하기 위해서는 약자의 단결이 필요했던 것이다.

이 조선인 노동자 동맹의 결성에 맞추어서 바로 창립한 일본 공산당 기관지 『전위(前衛)』는 다음과 같은 축복의 메시지를 올렸다.

다이쇼 11년(1922년)의 노동 운동이 일본의 무산계급 운동에 영원히 기억해야 할 뜻 있는 사실로써 끝난 것은 더할 수 없는 기쁨이라 하지 않을 수 없다. … 「일선의 노동계급 단결하자」라고 하는 우리들의 절규는 이제야 운동이 시급하게 필요하다. 참다운 계급의식과 계급투쟁주의에 근거한 조합운동은 조선인 노동자와의 계급적 단결로써 가장 중요한 기본방침의 하나라고 하지 않을 수 없다…. 관료, 군벌과 자본적 제국주의자 측에서 보면, 일본인은 정복자였고 조선인은 피정복자일지도 모른다. 그렇지만, 피정복자인 것보다도 제국주의적 정복자인 것을 치욕으로 생각하는 무산계급의 눈에는 조선인 노동자는 우리들의 동료이고, 우리들의 형제이며, 우리들의 전우이다.

— 정철 『재일 한국인의 민족운동』

박열은 자기 한 몸의 활동에 관해서는 일체 타인에게 밝히지 않는 성격이었다. 조선에 체류 중, 어디에서 무엇을 했는지 보고 들었는지도 전혀 말하지 않는다. 다만 후미코에 의해서 「박열은 12월 4일, 서울에서 병마에 시달려 돌아왔고, 게다가 15일경 침실에 드러눕고 말았다」고 에둘러서 말해주고 있다.

그는 말 그대로 병에 걸렸던 것일까? 혹은 형사에게 호송되었다는 의미인가? 더군다나 그가 서울에서 난폭하게 굴어서 경찰에 체포되어 고문을 받고 몸을 다친 후에 형사가 호송해서 도쿄로 돌아왔다는 의미일까? 박열은 이렇게 암시적으로 말함으로써 은근하게 표현하는 남자였다. 22세로서는 상당히 노련한 투사라고 말할 수 있을 것이다.

아마 그는 서울에서도 친일파를 습격해서 폭력을 행사하여 체포되어 일본과는 비교도 안 될 정도로 포악한 경찰에게 두들겨 맞아서 몸을 다치고, 즉시 퇴거 명령 형식으로 관헌에 호송된 것이 아닐까 하고 생각하게 된다.

조선에서 몸이 안 좋아서 돌아온 박열은 15일간이나 집에 누워 있었다. 그러나 그냥 멍하게 누워 있지는 않았다. 용의주도하고 시간을 잘 쪼개어 사는 성실한 남자다. 침대에 누워 있어도 상반신을 움직여서 『후테이 선인』 제2호의 원고를 쓰기도 하고 그것을 편집했다.

『후테이 선인』 제2호의 발행일은 1922년 12월 30일이었다. 제2호에서도 박열과 후미코의 문장이 대부분을 차지하고 있다. 그중에서 흥미로운 것을 원문 그대로 게재한다. 어디에도 없는 고군분투한 논리이다.

아시아 먼로주의(Monroe Doctrine)[30]에 관하여 — 박열

조선에 동정을 가진다는 일본의 권력자와 그 대변자는 우리 조선인을 향해서 계속해서 아시아 먼로주의적인 것을 설명하고 있다. 그 아시아 먼로주의라고 하는 것은 거짓이다.

인간의 싸움은 옛날에는 개인과 개인의 싸움, 마을과 마을의 싸움, 나라와 나라와의 싸움이라고 말하는 형식으로 동일 인종 간의 싸움이었다. 그런데 지금이야 그 싸움의 범위는 확대되어서 이제 동일 인종 간의 싸움이 아니고, 인종과 다른 인종의 싸움, 즉 백인종과 아시아 인종의 싸움, 서양과 동양과의 사이에 있어서 싸우게 된 것이다.

그래서 인류의 생존 경쟁이 점점 세계적으로 심해졌기 때문이다. 그런데 저 제멋대로 날뛰고 멈출 줄 모르는 백색인종의 자본주의, 제국주

---

30 먼로 대통령이 제창한 것으로, 외교상의 상호 불간섭주의 일반을 이르는 말.

의는 계속해서 우리 아시아 인종의 생존을 위협하려고 하고 있다. 우리는 결코 방심해서는 안 되고, 우물쭈물하고 있으면 그들 백인종에게 압도되어서 당연히 멸망할 수밖에 없는 운명이다.

이것에 우리 아시아 인종은 동일 인종 간의 싸움은 단연코 중지하고 아시아 인종은 아시아 인종으로 대동단결해서 저 제멋대로 날뛰며 멈출 줄 모르는 백색인종의 자본주의, 제국주의에 대항하지 않으면 안 된다고 말하고 싶다. 나도 두세 번 아시아 인종의 대동단결에 대한 상담을 가진 적이 있지만 생각하면 아주 우스꽝스러운 이야기다.

물론 우리 조선인에게 백색인종의 자본주의, 제국주의로부터의 박해도 있을지도 모르지만 (115자 삭제).

이 엄연한 사실을 무시하고 단지 같은 아시아 인종이라고 하는 조건으로 우리 조선인에게 아시아 인종으로서의 단결을 강요하도록 말하는 것은 잘못도 없다. (69자 삭제) 심지어 조선을 동정하는 얼굴을 하는 나카노(中野), 쇼쿠하라(植原), 사토(佐藤), 키츠노(吉野), 마츠모토(松本) 같은 사람도 모두 그랬다.

그런데 이렇게 말하는 부류는 그 밖에도 계속해서 있다. 아시아협회, 아시아청년회, 그 외 아시아가 붙은 여러 가지 모임의 단체로 그들의 하는 일은 그것이 어떠한 화려한 형용사를 넣어 설명한다 해도 우리들에게 있어서는 모두 더럽고 추악하다. 우리 조선인은 조금이라도 그들의 감언이설에 속아서는 안 된다.

이런 뻔뻔스러운 책략을 가지고 농간을 부리는 놈들에 비교한다면 어딘가 단순하고 변화가 없었던 이토, 데라우치, 하세가와(長谷川) 등(모두 조선 총독)은 같은 군벌이라도 정직한 만큼 아직도 본받을 점이 있다. 또 만일 이것이 그들의 정치적 야심에서 나온 것이 아니라고 해도 서로 (이하 삭제). … 말하는 것을 알아차리고 있는 우리들에게는 역시 강한 인종적 실체가 없는 유령에 홀리고 있는 것이라고밖에 생각할 수 없으니, 말할 것도 없이 이것은 그들의 자신만만한 정치적 야심에서 나온 것이리라. (69자 삭제)

소위 불령선인이란 — 후미코

불령선인! 신문이나 잡지에서 가끔 이 말을 발견할 수 있다. 그리고 여러분도 자주 사용하는 것이다. 그렇지만 과연 여러분은 이것을 바른 의미로 해석하고 바르게 사용하고 있는가요? 많은 경우에 모욕의 의미로써 불리고 있지는 않습니까? 불령선인이란 조선인이(이하 부분삭제)⋯⋯.

빼앗긴 자국의 탈환을 바라는 것, 혹은 무정부주의를 주장하는 것, 기타 등등 그 주장하고 행동하는 것의 범위는 넓지만, 이 모두를 통해서 공통된 점은 그것들이 직접이든 간접이든 혹은 단순한 말을 앞세우는 주장이든 자발적인 행동이고 한결같이 일본의 제국주의를 향하여 연관된 때만 불령이라⋯⋯. (14자 삭제)

혹은 조선인이 가령 이웃 나라의 중국이나 러시아의 제국주의를 향해서 반항하려는 그때, 만일 일본의 제국주의를 앞세워 돌진한다면, 그 과정에서 순박한 민가에 탄환을 쏘는 것과 노인이나 부녀자를 발로 차버리는 것 이것은 용감한 행위로서 훈장의 가치가 있는 것이라고 말할 것이다.

그러한 남을 비방하고 속인 인간을 일본의 권력자 모두는 선량한 조선인이라고 부르고 있다. 멸망한 조선으로 보면 그건 남을 속인 사람⋯⋯, 적의 하수인이 되어서 일하는 소위 선량하다는 조선인이 오히려 불령(不逞)한 사람이 아닌가? 불령선인 그것은 불량함 때문에 불령선인이 아니고, 독립 자유의 이념에 불타고 있는 살아있는 인간인 까닭에 일본의 권력 계급자 모두에게는 가장 불량하다는 것이다. 그러한 의미로 보면 우리들은 불령선인이 된 것을 자랑으로 여기고 있다. 우리들의 운동 그것은 죽임을 당해도 ○(죽)더라도 ○(추)종자를 대상으로 한 복수운동이다. (필자 중략)

옛날에는 적을 2년 3년, 길게는 5년 10년씩 찾아다녀도 싫증 나지도 않다. 그리하여 적을 찾은 경우, 안도감이 있었고 그것에 따른 기분적인 복수와 그 방법 즉 "어떻게 솜씨 좋게 해치울까?"하고 말하는 주위 사람의 허세에서부터 그 수단을 미화하고 이상화까지 하게 된다. 하지만 우리들은 그런 기분적인 복수를 하지도 않고 또 적을 찾아다닐 필요도 없다. 이러한 입장으로 있는 우리에게 그것이 얼마나 모순된 부질없는 것인가를 알았을 때, 우리들은 그런 서투른 짓이 쓸모없는 것이었다.

따라서 우리 자신이 만족할 만한 것으로 복수 하기 전에는 어떠한 수단도 그만두지 않는다. 암살, 음모 및 파괴를 해도 좋고 그 어떠한 것을 불문하고 우리들의 복수심을 더욱 많이 충족할 것에 수단 방법을 가리지 않는다. 우리들은…, 복수심을…, 충족시킨다면 무엇이든 좋은 것이다. 복수! 그것은 어떤 경우라도 학대받은 것에 대한 대가를 치르는 유일한 길이며 정의로운 것이다. 이러한 세상에 사는 우리 불령선인은 소위 그 핏줄이 어떻게 ○한 철○책으로 농락한다 해도 어떤 기묘한 단속법으로 통제한다 해도 오늘날에 처해있는 일본과 조선과의 관계가 계속되는 한 불령선인은 더욱 증가할지언정 결코 감소하는 일은 없다.

『쓰레기』 불령선인 — 박열

일선융합(日鮮融合) 상인의 손익계산. 일본 헌정회의 대표의원으로서 일선융화회사 동광상회의 간사인 아라가와(荒川), 우에즈카(上塚), 소에지마(副島) 등이 이번 의회에서 한 번 더 도움을 얻고자 10월 중순, 조선 측의 총독 정치에 대한 거짓 없는 희망 또는 사상을 널리 청취한다고 한다. 그에 따라서 일본 내 조선인의 융합과 행복의 증진을 도모한다고 하는 번지르르하게 위장된 간판을 내세우고 조선으로 건너갔다. 그리고 서울의 친일 상인 등은 10월 18일 밤, 조선에서 최고로 유명한 요리집 명월관에서 환영회를 열었다. 그것을 들었던 용감한 조선 청년 5, 60명이 그 명월관에 쳐들어가서 큰 활극이 연출되었다. 식탁은 굉장한 소리를 내며 부서지고 친일 상인들의 머리 위에는 쉴새 없이 통쾌한 주먹이 난무한 광경은 실로 장관이었겠지만, 그때야말로 일선융합의 본 모습을 본 것이리라.

그들은 겨우 4쪽의 작은 인쇄물을 간행하는 것에 뭐랄까 갓난아이라도 태어난 것처럼 신중하게 취급하고 있다. 『후테이 선인』 제2호를 인쇄해서 발송한 때쯤 1922년은 저물고 1923년 정월이 되었다. 그 불경기의 시대에, 그들은 식사를 만들어 먹었을까? 아니, 박열과 후미코로서는 밥 따위는 어떻게 해도 좋았을 것이다. 『후테이 선인』 제2호는 폭탄을 손에 넣지 않았을 뿐 직접 얻은 하나의 부산물이었다.

박열은 서울의 김한으로부터 서신으로 「폭탄이 도착했으니 가지러 오세요」라는 암호의 서신을 이제나저제나 하고 기다리고 있었다. 1월에는 틀림없이 폭탄이 손에 들어오는 것을 확신하고 있었다.

지난해 11월 서울에서 폭탄을 손에 넣지 못한 것은 상하이에서 단둥시까지 운반된 시점에 중국 동북지방(만주)의 지배자 장작림(張作霖)의 군경으로부터 통제되었기 때문이었다.

조선독립운동가가 상하이에서부터 폭탄을 운반하는 것을 도중에 만주의 장작림 군벌이 방해하고 있었다. 의열단원이 목숨 걸고 폭탄을 운반할 때는 장작림 군벌도 일본제국 관헌과 완전 똑같이 경계하지 않으면 안 되었다.

일본제국은 침략에 괴로워하는 중국인과 조선인 양쪽을 적대관계로 끌어들여 양분시키고, 그런 뒤에 각개격파하는 전술을 바탕으로 관동군의 손에서 먼저 장작림을 잠시 속이는 데에 성공하였다. 일본 측에 회유된 장작림은 조선 독립운동을 적대시하고 있었다.

이것은 서로 일본제국의 피해자 동지로서의 비극이었다. 그 당시 상하이에 있었던 임시정부의 경무 총장이고 유명한 테러리스트이기도 한 김구(金九)의 자서전 『백범일지(白凡逸志)』에는 다음과 같이 말하고 있다.

…… 만주의 주인이라고도 말할 수 있는 장작림은 일본의 모략에 말려들어서 그 치하에 있는 우리 독립운동자를 닥치는 대로 체포해서 일본 측에 인도했다. 때로는 중국인의 농민이 한인의 머리를 절단해서 일본영사관으로 가지고 가서 1개당 3엔에서 10엔의 상금을 받고 있었다. 그리고 심지어는 우리 동포 가운데도 독립군의 소재를 밀고하는 일이 있고……. (1947년 서울 발간)

'중국의 동북지방(만주)을 어떻게 삼킬 수 있을까, 어떻게 해서 조선 독립운동을 없애버릴 수 있을까' 하고 일본 군벌(관동군)은 철두철미한 모략으로 분단 작전을 시행했다. 그것으로 장작림은 눈앞의 감언과 일본의 획책에 유혹되어서 자기의 영토에 있는 조선인 투사를 모조리 체포해서 일본 측에 끌고 갔다. 나중에 장작림 자신도 일본군에 목숨을 빼앗겨 그 영토 전역을 관동군에게 제압당했다.

이 같은 상황에서 폭탄을 운반하려는 것이므로 그것은 2중, 3중으로 필사적 모험이 있었다. 다만 장 군벌에는 뇌물이 효과가 있었다. 그러나 요구대로의 금품을 갖고 있지 않은 때는 어찌할 수 없었다.

의열단은 제1차 파괴계획에서 다수의 폭탄이 조선으로 반입하는 데 성공하여 조선 민중에게 용기를 주었다(부산, 밀양의 각 경찰서 폭탄 사건, 조선 총독부 폭탄 투척사건 등).

이 성과에 기초하여 의열단에서는 1922년 9월경부터 제2차 암살파괴계획을 세웠다. 이것은 제1차보다도 대규모이고 본격적이었다. 총독부, 조선은행, 경성우체국, 경성전기회사 등, 말하자면 일본제국의 조선 침략의 전위적 중추기관에 대한 파괴계획이었다.

이것으로 침체 분위기의 민족운동을 환기시키고, 일본제국에 대한 항전 의지를 앙양시키는 것이 목표였다고 한다(『신동아』, 「의열단 김지섭의 니주바시(二重橋) 폭탄 사건」 1969년 7월호).

의열단은 1923년 1월, 드디어 『조선혁명선언서』를 작성했다. 이것은 장문의 "대일 선전포고"라고 말해도 좋을 만큼 격렬한 문장으로 구성되어 있다. 독립을 지향하는 조선인이나, 또 압제통치를 목표로 하는 일본 제국주의자나 그것을 읽는 자에게 피를 토하게 하는 문장이었다.

그 선언서의 서두에는 「강도 일본은 우리들의 조국 조선의 국호를 말살하고 정권을 약탈하여 우리들의 생존적 필요조건을 빼앗은 ……」으로 시작하는 18개 조항이 있다. 그것들은 문장이 꿈틀거리는 용감하고 굳센 말솜씨였다.

1. 강도 일본에 삼켜진 조국 조선
2. 조국 조선을 감옥에 넣은 참혹하고 지독한 일본
3. 우리들의 적, 조국 조선의 적
4. 내정 독립운동[31]의 통렬한 공격
5. 조선 자치 운동의 몽상을 파괴하라.
6. 문화 운동의 마취에서 깨어나자.
7. 적의 소재를 찾아내자.
8. 외교 논리의 오진을 지적한다.
9. 준비 논리의 어리석음과 우원(迂遠, 현실과 거리가 멈)과 기만
10. 우리들의 혁명 이론과 혁명 선언
11. 폭력혁명의 목표
12. 파괴와 건설의 상호관계

---

[31] 친일파가 일본에 협력하기 위해 조직한 소작인들의 단체이나, 실은 송병준이 적극적인 친일 인상을 은폐하기 위해 만든 것.

13. 타민족정치의 파괴

14. 특권계급의 파괴

15. 경제 약탈제도의 파괴

16. 사회적 불균등의 파괴

17. 노예 문화의 파괴

18. 끝맺음

— 『박준식(박열) · 후미코 특별사건 주요조서』

이 중에서 11의 「폭력혁명의 목표」를 다음과 같이 설명하고 있다.

경찰의 칼, 군대의 총 또는 교활한 정치력이란 수단을 가지고 저지할 수 있는 것은 아니다. 혁명의 기록은 반드시 찬절(燦絶, 목숨을 과감하게 바침)한 기록으로 되어있는 것을 의심하지 않는다. 그러나 후퇴하면 그 뒷면은 암흑의 함정이다. 혁명의 전면은 광명의 활로이다. 우리 조선 민족은 그 장하고 뛰어난 기록과 함께 전진합시다. 여기에 우리들은 폭력, 암살, 파괴, 폭동의 목적물을 열거한다.

제1은 조선 총독 및 각 관공서의 관리

제2는 일본 천황 및 각 관공서의 관리

제3은 적의 모든 시설물, 기타 매국노 무리

— 「폭력혁명의 목표」

의열단의 암살대상은 조선 총독과 그 고관, 일본 천황으로 되어있다. 그런데 〈제1〉과 〈제2〉의 순서가 거꾸로 되어있는 것 같이 생각할 수 있는 것은 의열단의 주된 임무는 어디까지나 조선에 있는 최고 통치기관이기 때문이다.

제2의 「일본 천황」은 도쿄에 있는 박열의 임무를 가리키고 있다. 따라서 박열에게 폭탄 공급은 당연하게 예정되어 있어서 그렇게 평가받고 있었던 것을 나타내고 있다.

이와 같이 의열단은 제2차 암살파괴계획으로 1월 상순, 다수의 폭탄과 위의 『조선혁명선언서』의 인쇄물을 상하이에서 단둥시까지 일단 운반하고 이윽고 조선으로의 반입을 진행하고 있었다.

그러나 일본 관헌도 필살의 경비와 탐색을 진행하고 있었다. 그 들었던 대로 결코 「총독부는 낮잠 자고 있지는 않는다」는 것이다. 관헌 당국은 막대한 상금을 걸고 모든 아지트에 스파이 망을 돌려서 앞서 말한 대로 장작림 군벌까지 회유해서 이 계획을 탐지하고 있었다.

그와 같은 상황에서 1923년을 맞이한 박열은 어쨌든 강철의 의지를 가진 의열단의 행동을 믿고 간절한 마음으로 김한으로부터 암호 서신을 기다리고 있었다. 그런데 기다리고 기다리던 폭탄의 정보는 도착하지 않고, 서울에서 「김상옥(金相玉) 사건」이란 대사건이 터졌다. 사건의 관련자로서 김한도 체포되고 말았다.

「김상옥 사건」은, 1923년 1월 13일 의열단원 김상옥이 서울 종로경찰서에 폭탄을 투척한 사건으로 시작한다.

김상옥은 소년 시절부터 온화한 그리스도교 신자이고 3.1운동(1919년 3월) 때 30세였다. 그는 독립운동에 정열을 쏟아서 동지 9명과 조그마한 단체를 만들어 『혁신공론』이라는 등사판 신문(홍보물)을 간행하여 민중에게 배포했다. 당시 자주 있던 일이다. 그런데 이 홍보물 배포의 이유로 종로경찰서에 잡혀가 약 2개월간 온갖 가혹한 고문을 받았지만, 결국 「증거불충분」으로 석방되었다.

이때 김상옥은 이 일본 관헌의 야수 같은 고문체험으로 강한 결의를

하게 되었다. 즉 3.1운동과 같은 미온적인 투쟁방식으로는 도저히 독립
은 되지 않는다고 생각했다. 야수적인 일본 관헌에 대해서는 결사적 무
력수단으로 대처하지 않으면 독립도 생존도 얻을 수 없다고 하는 각오
를 한 것이다. 그 심경은 일찍이 일본인 간노(菅野)스가가 간다 경찰서의
광폭성을 체험한 후 폭탄이란 실력에 의한 천황암살을 생각한 것과 완
전히 같은 것이었다.

김상옥은 동지와 암살단을 조직하고 조선 총독 및 고관과 민족 반역
무리의 암살을 기획했다. 그리고 지난 1920년 8월, 때마침 미국의원단
30여 명의 조선 방문을 기회로 총독과 고관들의 암살을 기획하고 그는
그 책임자가 되어 면밀한 계획을 세웠다고 한다.

하지만 사전에 발각되어 김상옥은 상하이로 망명하고 의열단에 가
맹했다. 지난해 1921년 7월, 그는 몰래 귀국하여 각 지역에서 의연금
을 모아 상하이로 돌아갔다. 그리고 1923년 1월 다시 서울에 들어왔다.

당시 독립투사들의 조선 입국은 밤에 압록강의 빙상을 건너오는 것
이 통상으로 되어있었지만, 그는 신의주의 철교를 건너 경비 순경과 세
관 검문소의 보초를 권총으로 부수고 당당하게 통과했다. 원래 온순한
크리스천 청년이었지만, 포악한 일본 관헌에 대한 증오감과 민족적 분노
가 이렇게 용감한 남자로 변화시킨 것이다.

서울에 들어오자, 총독암살의 계획을 김한 등과 여러 차례 상담했다.
그때를 시작으로 우선 그는 1월 13일 일찍이 자신이 잔인한 고문을 받
고 원한을 가진 종로경찰서에 폭탄을 던졌다. 이때 통행인 6, 7명이 부
상한다. 그리고서 총독암살을 겨냥하여, 도쿄행을 예정하고 있던 사이
토 마코토(齋藤實) 총독을 기다리며 일본인 순경으로 변장하여 서울역 앞

에 나타나 동정을 살폈다고 한다. 그 사이에, 경기도 경찰부는 종로경찰서 폭파의 범인 추적에 나섰다.

이리하여 폭탄을 던지고 6일째 밤에 김상옥은 경찰대에 포위되어서 총격전을 벌였다. 당일은 큰 눈이 내렸는데 그는 포위망을 뚫고 남산으로 도망했다. 그때 경찰부는 순경 1,000명을 동원해서 남산 일대를 포위했지만, 본인은 눈에 발자국을 남기지 않고 보란 듯이 남산을 탈출했다. 그렇게 해서 김상옥은 절에 들어가서 승려 옷으로 변장하여 지인 댁을 다녔다. 이윽고 소재가 탐지되어서 또다시 총과 권총의 불꽃을 튀기고 순경 십수 명을 사상시켰다.

결국 1월 22일 아침, 무장경찰 수백 명에 포위되고 경찰결사대 10여 명과 접전을 하여 총탄이 소진되었을 때, 그는 「조선독립 만세!」를 외치고 최후의 한 발을 자기 가슴에 겨누어서 비장한 자결을 수행했다. 이것이 「김상옥 사건」이고, 의열단원의 투혼을 만천하에 보여준 것이다.

이 김상옥 사건과 관련된 사람으로서 김한이 검거되고 그 취조 과정에서 의열단장인 「김원봉과의 사이에 폭탄 나누기」의 교섭을 한 일이 폭로됨으로 결국 기소되었다. 이렇게 해서 서울의 김한과 도쿄의 박열과의 폭탄에 관한 연락은 종지부를 찍고 박열의 폭탄 입수는 좌절되고 말았다.

그러나 1923년 3월, 마침내 의열단은 폭탄 30여 개를 서울 반입에 성공하였다. 그렇게 된 것은 폭탄을 신의주의 국경을 통과하게 한 수단으로서 서울 종로경찰서의 조선인 경찰관 황옥(黃鈺)을 의열단 동지의 한 사람으로서 가맹시켰기 때문이다.

즉 총독부 관헌에 시중드는 조선인의 경찰을 독립운동에 가맹하게 하는 것은 신중한 조사와 서약을 받지 않으면 안 된다. 이때 황옥 경사는

은 「자신이 경찰이라는 입장에서 조선 독립운동조직(의열단)에 활약한다면 자신도 조선 민족의 일원으로서 은밀하게 마음을 다하여 헌신하고 싶다」라고 선서를 했다.

황옥 경사는 압록강을 넘어서 공무 출장의 왕래를 이용하고 공무용 가방에 폭탄을 넣어서 세관검사에 성공하기 위하여 기생과 함께 인력거를 타고 3월 17일 의열단원 3명과 함께 단둥시에 숨겨두었던 폭탄 30여 개를 무사히 서울에 반입하는 데 성공했다.

그 폭탄을 의열단원에게 넘겨지기 전날 밤에 돌연, 경찰이 황옥 경사의 가택을 수색해서 폭탄을 압수해 버렸다. 이와 동시에 의열단의 단원들도 검거되었다. 이것이 「황옥 경찰관 사건」이다. 그리고 공판에 회부되어 이때도 김한이 관련 혐의자로서 출정한다. 공판이 있던 날, 황옥 경사는 놀라울 만한 진상을 상세하게 진술했다.

> "자신의 의열단 가맹은 상관의 명령에 따른 스파이 정책의 실천이었고 진정한 의열단 가맹이 아니었다. 그 상세한 것은 조선 총독부 경무과장 시라카미(白上佑吉)에 의해 경찰관 스파이로 명을 받아서 의열단 가맹에 성공했다. 포상금 하사와 경찰이라는 직무상의 편의를 이용하여 폭탄 수송의 큰 임무를 부여받은 외국 출장의 지령은 의열단 일망타진의 검거에 물적 증거를 마련함과 동시에 검거망을 찾아내는 모든 수배를 기획한 경무과의 프로젝트에 의해서 진행한 것이다."
>
> 더욱이 "자신은 의열단원으로서 형사책임을 져야 하는 것도 아니고, 또 폭탄반입에 관하여 폭발물 단속규칙의 위반처분을 받아야 하는 것도 아니다."라고 했다.
>
> ―『신동아』 1969년 7월호

이 진술에 재판소 당국이나 모든 피고인이 아연실색했다고 한다. 이 사건의 변호인으로서 후세 다츠지(布施辰治)가 조선으로 건너갔다. 그는 후에 다음과 같은 말을 하고 있다.

"총독부의 스파이 정책에 관한 진상 폭로를 위해, 시라카미(白上佑吉) 와 기타의 증인 소환 신문을 신청했지만, 재판소는 전혀 이것을 채택하지 않았다. 황옥은 속담에 말하는 〈토사구팽〉의 원한을 견디고 일본 총독부의 스파이 역할을 해내었지만 스파이의 공로를 보상받지 못하였고, '미라를 찾으려 간 사람이 미라가 되어버렸다.' 의열단으로서 같은 죄를 물어 폭탄반입에 대해서는 폭발물 단속 규칙으로 인해 처분을 받고, 김 한 군과 연락한 박열 군의 폭탄 입수를 중도에 좌절시킨 것이다."
— 후세 다츠지 외 『운명의 승리자 박열』

의열단원이 참담한 고심을 거듭하면서 상하이에서 압록강까지, 게다가 압록강에서 서울까지 운반된 폭탄을 그것이 도착함과 동시에 압수되었다고 하는 일련의 과정은 정말로 의열단을 검거할 물증을 찾음과 동시에 일망타진의 검거라는 총독부의 스파이 정책이었던 것이다.

제3장

불령선인(不逞鮮人)의 동지

마르크스주의자와의 결별

1919년 3.1운동이 일어나기 전까지 일본 정부는 조선인에 대한 무단 통치가 완전히 성공한 것으로 믿고 제멋대로 억압하여 수탈을 남용하고 있었다. 그러나 3.1운동을 겪고 의열단에 의한 폭탄의 도전을 받음에 이르러 일본 정부의 조선인 대책에 변화를 주지 않을 수 없었다. 노골적인 억압을 삼가고 경계하면서 두려워하게 되었다. 그리고 러시아 혁명을 계기로 재일조선인과 일본 사회주의 운동과의 연결이 가능하다고 보고 일본의 사회주의자와 동등하게 증오하면서 경계하게 되었다.

1923년 1월, 서울에서 김상옥 사건이 일어나 김한 등의 의열단원 검거사건이 있었던 후로 일본 관헌은 서울에 국한하지 않고 도쿄의 박열 신변도 경계하게 되었다. 그래서 박열은 열기가 가라앉기를 기다리기로 했다.

그렇다 해서 박열은 수수방관하고 있었던 것은 아니다. 더 큰 규모의 행동을 목표하고 그 기초 작업을 짜기 시작했다. 즉 우회 작전의 플랜을 세운 것이다. 그것은 다음의 4가지다.

1. 다수의 동지를 모집해서 단체를 형성하는 일.
2. 4쪽의 『후테이 선인』을 잡지로 발전시켜서, 『현사회(現社會)』로 개명한다.
3. 자금원을 만들기 위해 기부(라쿠)를 적극적으로 이용한다.
4. 혈권단을 재조직해서 일상적인 직접 행동을 전개한다.

이 4개는 결코 별개의 것이 아니고 하나를 성취하기 위한 것이었다. 우선 동지를 얻기 위해서도 분할 영역을 짓는 것, 즉 언론잡지를 소유하지 않으면 안 된다고 생각했다. 이제까지의 『후테이 선인』에서는 일본의 동지가 접근하기 어려운 점이 있었다. 마찬가지로 아나키스트 동지라고 해도 『후테이 선인』이라고 하는 좁은 조직에 저항을 느끼기 쉽다. 그래서 『현사회』라고 개명하여 누구라도 쉽게 가입할 수 있도록 하는 것을 생각해냈다.

그리고 동지를 모집해서 월간 잡지를 만들려면 필연적으로 돈이 든다. 그래서 그는 기부금에 편승하는 것을 생각한 것이다.

전자의 3개는 결국 제4의 직접 행동을 위한 것이라고 말해도 좋다. 즉 혈권단에 대한 활력소였다. 이것은 동지를 훈련하는 일상적인 장소이기도 했다. 훈련을 쌓아서 마침내 일본 권력 중추로 향하는 돌격대로 사용하려고 계획한 것이다. 일상적인 직접 행동(행패 또는 난동)의 대상은 주로 불순분자의 조선인(친일인물)과 김약수 등의 공산주의자였다.

당시의 재도쿄 조선인은 유학생과 취업 노동자라는 두 부류로 단순하게 구성되어 있었다. 그러나 학생이면서 노동자(고학생)라는 경우의 사람이 많았다. 조선인 학생들의 대부분은 국가 주권을 빼앗긴 민족으로서 조선의 미래를 한 몸으로 감당하는 사명감에 불타고 있었다. 그들은 일본의 진보적 학자를 통해서 해방 사상의 양식과 처방전을 획득하기 위해 전력을 다했다. 가와카미 하지메(河上肇)의 마르크스 경제학과 요시노(吉野作造)의 민본(民本)주의도 하나의 불씨였다.

그런 중에 제1차 세계대전의 종결과 민족자결주의라는 풍조를 재빠르게 받아드리고, 「2.8선언」[32]을 명확히 내세워서, 3.1운동의 도화선을 만들었다. 그들 중에 대지주의 자식도 있었지만, 일본에서의 민족적 박해와 관헌의 횡포를 직접 체험한 까닭에 사람들이 대부분 "아카(빨갱이)"가 되었던 것이다.

박열 그룹은 어떠한 정권도 부정하고 권력에 대한 반역의 분위기를 선동하고 있었다. 이것을 달성하기 위해서는 일본 권력 중추 층에 몸을 던져서 달려들어 폭탄을 던지든가, 천황 가족을 살해하는 직접 행동 외에는 있을 수 없다는 신념을 갖고 있었다.

따라서 그것은 대중이 할 수 있는 일이 아니며 결국 죽음을 담보한 소수 정예의 직접 행동파인 아나키스트에 의해서만 혁명은 달성될 수 있다고 하는 신념이었다. 죽음을 각오한 박열 등은 아나키스트 주의를 비겁한 변절 사상으로 보는 공격의 화살을 피한 것이다. 즉, 마르크스주의가 설명하는 "대중에 의한 혁명과 의회주의"라는 미온적인 수단으로서는 도대체 혁명도 조선민족독립도 있을 수 없다.

일찍이 흑도회 분열 이전에는 다소 색깔이 있다 해도 대개의 조선인에게는 반역적 자세가 있었지만, 아나키스트와 볼셰비키의 구별은 확연하게 없었다. 오히려 제국주의 권력정치에 대한 저항과 반역사상의 원류는 아나키스트에 있었기 때문이다. 또 다른 의미에 있어서 아나키스트의

---

32 1918년 2월 8일, 도쿄 간다에 있는 조선 기독청년회관에서 「조선독립선언」을 선서한다.

테러주의야말로 혁명의 본류이고 본가라고 말할 수 있다. 러시아 제정을 무너뜨린 것은 러시아의 테러주의자였기 때문이다.

그러나 일본 공산당의 창건과 흑도회의 분열 후는 아나키스트에서 공산주의 진영으로의 전업이 속출했다. 그런 만큼, 박열 등의 직접 행동파가 공산주의에 대한 공격은 히스테릭할 정도로 격렬했다.

이리하여 분열한 흑도회 회원의 쟁탈전이 강행되었다. 동지를 자기의 주변에 모으려고 한 것이다. 이론적이든 조직적이든 박열 그룹(흑도회)은 열세였다. 매력적인 이론으로는 크로포트킨의 『상호부조론』이 있고 실천으로서는 난동이란 직접 행동이 있다. 그러나 그런 모험주의의 패거리에 가입하는 자는 소수다. 그래서 박열 등은 동지 끌어들이기에 열심이었다.

그는 동지를 모집할 경우, 직접 권유뿐만 아니고 누군가의 손을 빌렸다. 그 하나는 엽서에 의한 협박이었다. 예를 들면, 전에 말했던 최영환과 같이 협박의 엽서로 박열의 그룹에 급히 찾아가서 「불령사」의 동료로 가입한 사람도 있었다. 당시 20세의 최영환은 어딘가 남다른 데가 있는 경우였다. 이 젊은이는 처음 신문 배달을 하면서 일연종(日蓮宗, 일본의 불교 종파)의 중학교에 다니며 장래 승직으로 되기 위해 시부야(澁谷)의 옥천사 반승(절에서 사무를 처리하는 승려)이 되어, 우에노의 변천당(弁天堂)으로 이사했다. 그때, "…… 자네는 조선인의 독립운동을 망각하고 일본의 절(坊主)에 들어가서 친일에 물들었는가? 자네는 괘씸한 놈이라서 이 지구로부터 퇴거를 명한다"라는 내용의 엽서를 받고서 새파랗게 질려서 즉시 절을 떠나 박열이 있는 곳으로 찾아갔다.

또 박열 등은 노동문제의 집회장에서 동료를 유인했다. 예를 들면, 시나노 강 학살사건이 계기가 되어 「조선인 노동조사회」의 창립총회가 간다의 조선 그리스도 청년회관에서 개최되었고(1922년 12월), 회의장에는 노동자와 학생이 다수 모였다. 그런데 조사회에는 마르크스주의 이론을 몸에 지닌 북성회의 그룹이 많았다. 당시의 노동 운동이나 조직 만들기는 조금이라도 생활환경에 여유가 없으면 할 수 없는 일이었다.

창립총회의 사회는 북성회의 김약수가 했다. 그는 유학생이고 생업이 있는 노동자와 달라서 일단 깔끔하게 양복을 입고 있었다. 그래서 그가 단상으로 오르자 흙 냄새나는 옷을 입은 노동자가 야유하기도 했다.

노동자의 조사회라는 사람이 무언가 노동자다운 인간은 한 사람도 없지 않은가? 모두 훌륭한 옷을 입고 거만한 태도를 하면서…, 노동자의 일을 잘 알고 있는 듯한 말을 하고….

박열이나 신염파 등이 그런 야유를 한 사람에게 접근해서 우선 주소와 성명을 묻고 다음에 당신을 찾아가겠다는 말을 하는 것이다.

노동문제는 노동자 자신이 하는 것이다. 김약수 등의 패거리는 노동자도 아닌 주제에 야심이 있어 노동조사회를 하고 있다. 노동자의 일은 그들이 알 수가 없다. 노동자의 일은 노동자만이 모여서 하는 것이 당연하다. 그래서 노동자는 흑우회에 모여야 한다. 우리 쪽으로 오세요.

혹은 이렇게 설명한다.

노동자는 노동 운동을 하는데도 노동자 자신이 하는 것이다. 공산주의자와 같은 사람은 노동경험이 없는 자이지만, 야심이 있어서 노동자의 위에 군림하는 자이므로 알 수 없는 무리들이다. 노동자는 노동자 자신이 자신의 이익 관계를 생각하고 자신이 해야 하는 것이다. 우리들은 권력이 없는 사회, 동료 간에 서로 협력해서 이루어 가는 사회를 만드는 것이다. 그것이 무정부주의이다.

그래서 자신들이 서로 사랑을 가지고 협력해가는 것은 좋은 일이라고 하니 순수하게 공명하는 사람도 나타났다. 이것은 홍진유(洪鎭裕)의 경우이다.

이렇게 해서 동지를 확장하며 시작한 것이 「흑우회」이고 그 중심인물은 박열, 신염파, 서상일, 장상중, 서동성, 홍진유 등 20명 정도이다.

박열은 또 혈권단의 재건을 계획했다. 이것이야말로 그의 본심일 것이다. 앞에서도 말했듯이 박열은 2년 전(1920년) 11월경부터 「재도쿄 조선인의 사상이 퇴폐하고 공공연하게 친일을 표방하고…, 조선 민족의 체면을 손상하는 것…, 그들 부패분자를 응징하는 목적」으로 의혈단을 만들어 응징을 가하고 있었다.

그러나 그때마다 검거되어 구속을 당하는 희생자가 나왔으므로 6개월 정도 지나고 나서 철권단으로 개칭해서 잠행하고 있었다. 그것을 이번에는 혈권단(또는 박살단)으로 바로 이름 짓고 약간 강력하게 하려고 한 것이었다.

이번의 경우는 분명히 김약수 등의 북성회와 그 영향권의 학생에 대한 대항의식에서 나왔다고 해도 좋다.

혈권단이란 이름으로 응징을 처음 시작한 것은 1923년 1월 31일, 조선인 학생단체인 학우회의 임원개선에 대한 잡음에서 시작된다. 서울에서의 김상옥 사건과 의열단원이 검거된 시기였다.

이때의 사정을 경시청 특별고등과 경찰관 이노우에(井上次三郎)는 도쿄지방재판소의 검사 이시다(石田基) 앞으로 보낸 『혈권단에 관한 사건보고』로서 다음과 같이 쓰고 있다.

(전략) 1923년 1월 31일 조선인 학생단체인 학우회는 임원의 개선을 했지만, 메이지대학 조선인 학생이 결속하여 회장 등 중요임원의 대부분을 독점한 것이다. 이에 대해 와세다대학 조선인 학생은 그것을 불쾌히 생각하여 학우 회장 옥용진, 평의원 민태호, 임승옥, 최원순, 김주익, 총무 이철 등에 대해 폭행을 가할 계획이라는 설이 자주 전해지지만 많은 조선인은 그런 문제를 외부에 폭로함은 민족의 불협화음을 드러내는 치욕이므로 당시 입을 다물고 서로 말을 피하고 있는 결과로서 그 진상을 명료하게 하지 않으며 당시 단원으로 눈에 띄는 이름은 아래와 같음.

아래

정재달 이 철 박 열○ 원종린 허 일 박흥곤○

조명희 이필현 장찬수○ 황석우 홍순복 최규종○

조봉암 김 찬 손영극 홍승로 손봉원 (이상)

(저자 주 : ○는 박열 그룹)

조선인은 자신들 사이에 폭력사태가 일어난 것을 일본 경찰에 알린다든가 호소하는 일은 없었다. 예를 들어 피해를 받았다 해도 일본 관헌에 애원하여 고소하는 일을 가장 치욕으로 여겼다. 이것에 대해서 경시청 조선인 대책담당은 매처럼 눈을 부릅뜨고 탐지에 열을 올린다. 아니면 피해 측을 보호한다는 빌미로 정보 등을 얻어간다. 그러나 조선인의 대부분은 입을 굳게 다물고 말하지 않았던 것이다.

그것은 두 가지의 경계를 해야 하는 것을 말한다. 우선 '조선 민심의 갈등을 적에게 드러내는 일'로서 치욕적이고, 나아가 '피해자도 가해자도 일본 관헌의 먹이'가 될 수 있기 때문이었다. 즉 일본의 경찰은 보호의 자세를 보이면서 정보를 얻고 한편으론 분리 작전을 취하고 세분하여 조치하는 것이다.

이러한 풍조가 있었던 탓일까? 박열 그룹은 학우회의 임원선거를 기회로 북성회에 쏠린 학생들에게 「혈장(血狀)」을 보내고 있다. 그 원문은 이러했다.

혈장**33**(1923년 2월 1일 김약수에게 보냄)
오쿠보 연병장 서편입구에 오후 8시까지 와. 지난번 행동을 제재하기 위함. 만일 오지 않으면?

2월 2일 박살단 본부

혈장(1923년 2월 20일 최준집에게 보냄)
자네의 죄는 알다시피 이미 조목조목 말할 것 없이 우리 민족에 대해서 용서할 능력이 없는 죄인이니 우리들의 신성을 침해하는 너를 우리들은 간과할 능력은 없고 사실을 증명 또는 우리들의 광명을 더럽히는 너와 같은 놈은 간교한 사기와 악한 수단에 빠져있는 고로 그 상태를 드러내는 다음의 행위를 명하는 선언문이다.

명령
1. 이 명령을 보고 나서 3일 이내에 이 땅을 떠날 것.
1. 만일 이 기한 내에 이 땅을 떠나지 않을 때는 단연 자네를 박살한

---

33 혈권단의 문서.

다. 자네의 간악한 의사가 관변에 의뢰해서 신변을 경계하는 일이 있다면 관헌과 자네 모두를 끝까지 응징할 결의를 엄수한다.

혈권단

박열 등은 일부러 협박에 귀 기울이게 하기 위해서일까? 당시의 관청 문서 형식인 가타카나 글씨체를 사용하고 있다.

당시 박열은 22세. 신체야말로 조그마한 체구이지만, 그 배포가 큰 것에는 놀랄 수밖에 없었다. 게다가 그는 두뇌가 명석하고 사리에 밝아서 동료들은 그를 신뢰하고 있었던 듯하다. 이러한 것은 조선인 동료들만이 아니다. 일본인의 쟁쟁한 아나키스트가 "박열이란 사나이는 말하는 것, 행하는 것 모두가 대단했다"라고 말하며, 장래가 촉망되어 그만은 어떤 비밀모임에도 초대해 주었다.

박열 등의 혈권단 동료로서 가장 만용을 부렸던 자는 장상중(장찬수)이었다. 그는 박열보다도 5살 연상의 덩치가 큰 남자로서 강한 완력의 소유자였다. 그는 의혈단, 철권단의 시절부터 대장(隊長)격이었다. 성난 목소리에는 오싹한 맛이 있고 감정이 심하여 맨 먼저 투옥되어 박열과 같은 정도로 경찰에 구류되었다.

『후테이 선인』 제2호의 소식란에는 그에 대하여 「모모 등의 사기꾼들을 전율시키는 통쾌한 철권의 소유자, 장상중 군은 또다시 친일 상인 문(文) 모 씨를 어떻게 해하려고 하였는지 지금 스가모(巢鴨) 경찰서에 연행되어 20일의 구류를 살고 있다」라고 쓰여 있다.

한편 박열은 2절(折)의 『후테이 선인』을 잡지형식으로 발전시킬 것을 생각했다. 이제까지 조그마한 4쪽의 인쇄물을 만들어보니 의외로 반응이 좋은 것을 알았기 때문이다. 도쿄의 아나키스트 동료에게는 일본 각 지역에서 차별받는 출신자들로부터의 투서도 많았을 것이다. 당시 조선의 피차별 층이라고 해야 할 백정 층의 형평사(衡平社)와 이와 비슷한 일본의 수평사(水平社)와의 연계가 이뤄진 것도 있고, 이 운동에 박열이 열의를 가지고 "인간적 동료"를 강조한 탓도 있었다.

그런데 일본 수평사의 사람들이 박열의 인쇄물에 관심을 가지고 동료의식을 가지고 싶어도 『후테이 선인』이란 제목이 방해가 되었다. 계급이 없는 사회를 목표로 하여 권력자에게 반역하는 동료에게 일본인도 조선인도 가릴 것 없기 때문이다. 일본의 권력으로 보면 아무래도 「불량한 무리들」인 것이다. 하지만 『후테이 선인』이 되려면 아무래도 조선인에 한정되어버린다.

그래서 박열은 이 기회에 확장하여 잡지로 발전시키기 위해 지명을 바꾸고자 했다. 그것이 『현사회』였다(흑우회에서는 기관지로서 조선글 『민중운동』 제1호를 1923년 3월에 발행하고 있다.).

게다가 기부금 쪽으로 적극적 활용을 생각했다. 앞서 말한 대로 김약수 등의 북성회에 대항하기 위해 동지를 모으고 잡지를 간행하기 위해서는 돈이 필요하다. 거기에 박열도 아나키스트의 핵심으로서 이름이 알려져 있으므로 훨씬 더 큰 거액의 기부금을 생각하게 되었다.

기부금이란 먼저도 조금 언급했지만, 회사나 동조자로부터의 기부 또는 강요하는 기부의 성격을 띠고 있었다. 그러나 박열의 경우는 기부금에 어느 정도의 합리성이 있었다. 그도 나카하마(中浜鐵)와 요시다(吉田 大次郎)와 같은 테러리스트의 한패였지만 무모한 행동은 하지 않았다. 역시 조선인으로서의 분별이 있었다. 예를 들면, 동거자인 후미코가 「조선

인삼상」의 간판을 걸고 인삼을 가지고 다니며 동조자인 명사(名士) 댁을 방문하여 인삼을 건네고 5엔 혹은 10엔을 달라고 요구한다. 또 박열은 인쇄물에 광고를 올리므로 정당한 할 말을 하는 것이다. 그러나 실제는 매월 4, 50엔의 생활비를 벌어야 하니 힘이 들었을 것이다.

거기서 어떻게 해서라도 거액의 기부금을 마련할 필요가 있었다. 그 거액의 상대로서 박열은 항상 아리시마(有島武郞)를 염두에 두고 있었다. 그러나 사실 그에게 거액을 준 유일한 상대는 혼다(本田仙太郞)였다. 박은 혼다로부터 수차례에 걸쳐 「200엔」을 받았다고 한다. (나중에 혼다는 박열에게 돈을 빌려주었다고 증언하고 있다)

이렇게 해서 잡지 『현사회』(『후테이 선인』의 제목이 변경된 3호)를 1923년 3월 30일 자로 간행했다. 잡지라고 해도 겨우 24쪽이다. 그러나 박으로서는 힘든 비약이다. 예를 들어 엷은 것이라 해도 잡지로 발전하니 갑자기 일본의 동지가 모였다. 게다가 문학발표의 근거지로서 문학을 지망하는 청년도 방문해 왔다.

그 무렵에 노구치(野口品二), 육홍균(陸洪均), 한예상(韓睨相) 등이 참가했다. 그리고 일본 각지로부터 기고도 많아졌다. 그 대부분은 피차별 지역 출신의 반역자들이었다.

직접 행동파 아나키스트 박열의 볼셰비키 공격에는 한편으론 근친 증오의 심리, 다른 한편으로는 권력정치에 대한 불신감 ― 이 두 개의 측면이라 볼 수 있다. 그는 투사가 투사를 피의 숙청으로 제거한 러시아 혁명의 어두운 면에서 소비에트 정권도 일본제정(日本帝政)의 권력과 완전히 같은 것으로 판단하고 있었다. 그뿐만 아니다. 볼셰비키와 같이 부르주아 권력정치에 타협해서 의회주의에 영합하고 있는 미온적인 수단으로는 결코 혁명을 실현할 수 없고, 조선의 독립도 있을 수 없다고 생각했다.

그는 볼셰비키를 「사기꾼」이라 부르며 변절한 「권력 광」이라 악담하고 「대중의 기만자」라 단정했다. 그리고 볼셰비키는 「현재의 부르주아지[34]를 대신하여 민중을 지배하고 착취할 수밖에 없는 새로운 특권계급」이라고 판단하고 있다(『현사회』 1호).

1921년부터 23년에 걸쳐서 일본의 사회운동도 민족운동도 미묘하게 변모했다. 사람들은 소수 정예자에 의한 기계적 혁명운동에서 민중계몽에 의한 변혁 운동을 지향하게 되었다.

그 당시 상하이의 조선 임시정부 수뇌부에서도 아나키스트, 볼셰비키, 민족주의의 3개 파가 쟁론하며 차츰차츰 변모하기 시작했다. 예를 들면, 「이대로 이국땅에서 모험주의에 따르기보다는 차라리 고국 조선으로 귀환해서 민중계몽에 노력하며 앞날에 기대를 건다」고 생각하여 상하이를 이탈하는 자가 많았다. 일찍이 도쿄에서 '2.8선언'을 기초한 이광수는 임시정부의 『독립신문』 사장 겸 편집인으로 있었지만, 바로 조선에 들어가서 동아일보사의 객원으로서 문필활동을 시작했다. 마찬가지로 장덕수도 상하이를 떠나서 조선으로 귀국하여 『동아일보』의 주필로 취임했다. 또 일부의 사람은 미국으로 멀리 가서 반영구적인 망명자가 되기도 했다.

그렇지만 재일조선인의 어떤 사람은 일본 글자로 소설을 썼다. 조선인이 일본 글자로 소설을 처음 썼다는 것으로 이색적인 주목을 받았다. 그는 정연규(鄭然圭)라는 사람으로 작품은 「방랑의 하늘」이고 단편집 『생의 번민』에 수록되었다.

「방랑의 하늘」에 대한 광고문에는 다음과 같은 내용이 있다.

항일독립투사 **박열**

---

34 생산수단을 소유하고 노동자를 고용하여 이윤을 얻는 계급.

주문 쇄도 중판, 문단을 놀라게 한 하나의 큰 장편 소설.

· 『국민신문』: 조선 3,000년의 역사가 지탱하는 사상을 내놓은 것이 아닌가
　하고 생각할 만큼 누구나 슬퍼져서 참담하게 될 수밖에 없다 — 최근의 문
　단에서 이색적인 것으로 크게 주목할 가치가 있는 작품이다.

· 『시사신문』: 슬픔에도 신에게 기도하는 애처로움, 연인을 부르며 미칠 정
　도의 슬픈 절규 — 진심으로 혼을 불어넣은 작품이다.

· 『만조보』: 우리들은 그 대담함으로 자유분방한 서정, 시적 글솜씨 속에
　있는 순수한 영혼의 소리, 아름다운 사랑의 비명을 들을 수 있는 것으
　로 최근 주목해야 할 아주 굉장하고 기이한 책이라고 각 신문사에서 광
　고하고 있다.

　일본제국의 조선 통치 13년째에 드디어 일본 체류의 조선인이 일본
글자로서 작품을 쓰기에 이른 것이다. 이 상황도 앞의 상하이 망명 지
사들이 반역 투쟁의 자리를 떠나 고국에 되돌아온 것과 일맥 통하는 것
이다. 말하자면 적의 품에 들어가서 다양하게 싸울 것인가 그렇지 않으
면 적과 타협해 가면서 싸울 것인가? 혹은 적에 굴복한 것일까? 이와 같
은 모습은 앞으로 미지수로 남겨놓는다 해도 복잡한 마음의 상태 변화
를 나타내고 있었다.

　그런데 박열은 점점 그 자신의 색깔을 명백하게 했다. 다시 말하면 흑
도회 해산 후에 볼셰비키의 깃발을 앞세웠던 북성회를 포함한 다수의 조
선인에게 저주를 퍼부었다. 그리고 「불령사」라는 결사대를 만들기 시작
했다. 「불령(후테이)사」란 그의 인쇄물 발행소 「후테이 선인사(鮮人社)」의
명칭에서 선인만을 뺀 것이다. 이때가 1923년 4월 중순이었다.

불령사(不逞社)의 사람들

1923년 4월 중순의 일요일 밤, 그는 자신이 거주하는 다다미 6칸에 10여 명의 동료를 모아서 「불령사」의 결성을 호소했다.

결성된 이름 「불령사」에 대하여 "세상 사람들로부터 아무리 불령선 인이라 불린다고 해도 아무도 자신이 '불령'한 것을 내세우는 것은 아니 지 않습니까?"하고 이견을 말하는 자도 있었다. 그러나 결국 박열의 제 안이 그대로 통했다.

모였던 대부분이 흑우회의 회원으로 이 이후의 흑우회는 유명무실한 것으로 되었다. 모두 기질이 거칠고, 의지가 굳은 강한 몸을 가진 22, 3 세의 젊은 자들이었다. 그들에게는 일상적으로 울분이 가슴에 겹쳐 쌓여 서 그 배출구를 찾고 있었다.

박열이 제시한 불령사의 목적은 대략 이런 것이었다.

"불령사는 불령 동료의 친목회이다. 그리고 사회의 시사 문제를 연구 한다고 일단 이렇게 정해 놓겠습니다. 우리 불령사는 조선 독립운동만 내세우는 것도 아니고 사회주의로 나아가는 것도 아닙니다. 다만 강자에 반항하는 것으로 해보면 안 될까요? 따라서 불령사의 목적은 민족적인 것도 아니고 사회주의적인 것도 아니며 다만 반역하는 일, 그다음 친일파인 조선인을 응징하는 일"입니다.

— 정태성의 형사증언

다만 그 명칭이 일상적인 귀에 익은 "불령"으로 개명된 것뿐이다.

불령사 회원의 최초 행동으로는 도쿄에 들렀던『동아일보사』주필 장덕수를 습격하려는 것에서부터 시작되었다. 그것은 조직한 지 겨우 10일 후인 4월 26일 밤이다. 이날은 도쿄시 전력의 파업 사건을 선동한 나카니시(中西伊之助)가 '징역 3개월'의 판결을 받고 도쿄 감옥에 투옥되는 날이었다. 나카니시와 박은 친한 동지였기에 그 울분을 폭발시킨 것일까?

장덕수는 29세였지만 일찍이 유학생으로서 와세다대학 정치과에서 배우고, 졸업 후 도미하여 콜롬비아 대학의 철학박사 학위를 받고 귀국하여 3.1운동 이후는 상하이의 임시정부에 속했다. 그리고 1920년『동아일보』창간과 함께 초대 주필이 되어 언론에 의한 민족운동의 고양에 노력하고 있었다. 이것은 의열단으로부터 '배반 행위'라고 볼 수 있었다. 『동아일보』에서의 업무는 총독부의 언론검열이라는 제약이 있으므로 어떻게 해서라도 끝맺음을 명확히 하지 않는 미온적인 느낌을 받았을 것이다. 바르게 쓰면 정간처분을 당하니, 항상 미묘한「사설」이 될 것이다. 그러나 그런 것이 박열에게는 용인될 수 없었다.

장덕수가 미국에 가기 위해 도쿄에 들렀던 4월 26일 밤, 간다의 다하라정(多賀羅亭)에서 도미환송회에 참석하는 것을 알았던 박열 등 10명은 회의장에 들이닥쳐 난동을 부린 것이다. 그러나 불령사 회원은 유명인으로서 장덕수란 이름은 알고 있어도 그 얼굴을 아무도 모르고 있었다. 게다가 우연하게도 당일 서울에서 도쿄로 막 도착한 김중한이 서울의 강연회에서 장의 얼굴을 알고 있어서 안내를 맡았다. 이렇게 해서 박열 등은 장덕수를 잠복하고 기다려서 난동을 부렸다.

박열 측의 말로는 「사기 공산당의 수령으로서 게다가 친일상인인 장덕수란 남자를 그날 도미 환송회에 잠복하여 기다렸다가 일격을 가했다」는 것이다. 더구나 행패를 부린 직접적 동기는 "『동아일보』의 주필, 장덕수가 러시아로부터 6,000엔인가 7,000엔인가 받아서 그것을 유흥비로 사용했기 때문에……."라고 하는 것이었다.

이 환송회는 와세다의 학생과 북성회가 개최한 것이다. 따라서 "중이 미우면 그 중의 옷까지 미운 법"이란 심리가 작동한 이유일 것이다. 거기에 앞에서와같이 나카니시의 투옥에 대한 울분과 앞으로 수일 후에 기대하고 있던 메이데이(노동절, 5월 1일)에 대한 기세도 있었을 것이다.

(장덕수는 다음 해 동아일보사에서 보성전문학교로 옮겨서 오랫동안 교수로 근무하고 조선해방 후에는 정당 활동에 몸을 던졌다. 그런데 1947년 2월 정적의 자객에 의해서 자택을 습격당해 암살되었다.)

간다의 다하라정에 난입해서 장덕수를 응징한 불령사의 회원 10명 중 박열 등 주동자 5~6명은 검거되어 니시간다(西神田) 경찰서에 처넣어졌다. 그런데 이후 조금씩 애물단지로 되어갔다. 이런 말을 하는 것은 니시간다 경찰서가 이 검거자들을 정식 재판의 수속 없이 기결수로 취급하여 마음대로 이치가야 형무소에 보내버린 것이다. 그리고 형무소에서는 기결수와 똑같이 박열 등의 장발을 자르려고 했다. 거기서 발악하며 저항이 시작되어 마침내 간수와의 사이에서 대 난투극이 벌어졌다. 그 난투는 처절한 것이었다. 어쨌든 장발은 박열 등의 심볼 마크로 알려져 있으니만큼 쉽지는 않았다.

그들은 과감히 저항하여 간수 등을 구타하고 또 구타당하여서 서로 피투성이가 되어 큰 상처를 입었다. 이필현(李弼鉉)은 한쪽 눈이 실명하게 되고 고병희(高秉禧)와 최규종(崔圭悰)은 다리를 절 정도로 부상하고 형설회(螢雪會)의 학생 중 한 사람은 '배 전체가 퍼렇게 멍들어서 거동할 수 없는 상태'이고, 박열도 가혹하게 구타당했기 때문에 '피를 토하는 상태'가 되었다.

이치가야 형무소에서의 난투는 아마 메이데이 수일 전인 4월 28일로 생각된다. 후미코가 적어도 메이데이에는 모두가 참여할 수 있을 것으로 기대하고 면회하러 가서 이 상태를 알았던 것이다. 『현사회』의 제2호에서 후미코의 글에 의하면, "내 평생의 추억으로 적어도 메이데이의 행사만이라도 참여하게 해주세요"하고 후세 다츠지(布施辰治) 변호사에게 달려가 부탁했다고 한다.

이렇게 해서 후세 변호사가 형무소에 급히 달려가서 정식 재판 수속을 취하고 최선을 다함으로써 박열은 5월 1일 저녁에 석방되었다. 후세 다츠지의 『운명의 승리자 박열』에 의하면, 이때 처음으로 박열에게 면회를 갔다고 한다.

1923년 5월 1일은 제4회 메이데이의 날이다. 노동자가 메이데이를 쟁취한 것만으로도 매우 흥분하였고 그들은 남녀 모두 혈기가 왕성했을 것이다. 그 메이데이에 박열 등은 참가할 수 없었다.

이날 후미코는 4~5명의 불령사 동료와 함께 참가했다. 그런데 관헌이 가는 도중에 부당하게 간섭하여 시비를 걸었다. 데모 참가자들도 기가 충천해 있었기 때문에 일전(一戰)을 하지 않고서는 끝날 것 같지 않았다. 그래서 후미코는 검거되어 유치장으로 들어갔다.

그녀의 글에 의하면, 「다른 4, 5명의 동지와 함께 허기진 몸으로 시위운동에 가담했다. 그래서 여느 때와 같이 애탕(愛宕) 경찰서의 애물단지가 되어 '메이지 42년 구입, 경시청'이란 모포를 받아 뒤집어쓰고 찬 유치장에서 하룻밤을 새웠다」고 한다. 다음 날 5월 2일, 「우리 일당은 오랜만에 집합했는데, 넓지 않은 공간에 마치 갈고등어가 간조 때 적당히 머리를 줄지어 서서 웅웅 소리를 내는 꼴」이었다.

박열 등이 6개의 다다미방에 상처투성이의 동료 5~6명으로 머리를 나란히 하고 있었고 돈도 없는 무일푼의 궁핍한 상태였다. 「후세 변호사에게 달려가야 할 전차요금 51전을 남겼을 뿐 쌀은 한 톨도 없고 연탄은 3일 전부터 깨진 조각도 볼 수 없는…」 비참한 상태였다. 특히 박열의 의도로 결성한 불령사 그룹의 최초 응징, 장덕수에 대한 폭행 사건은 매우 지독한 빌미에 휩쓸린 것이다.

방세는 월 10엔이었지만 그달 초에는 방세도 내지 못했고, 늘 1개월분이 밀렸다. 그래서 결국 2개월분이 체납되었다. 그들이 이사를 간지만 1년이 되었으니, 이 정도면 집주인으로부터 쫓겨날 것으로 생각했다.

박열, 후미코가 세타가야(世田谷池尻)의 상가아파트 2층으로 옮겨 요요기 토미가야(代代木富谷) 1,474의 1호를 빌려서 이사한 것은 5월 상순이었다.

요요기 토미가야에 이사해서 얼마 안 된 5월 16일, 후세 변호사가 후원자가 되어 「조선인 불법감금 규탄연설회」를 간다의 조선 기독 청년회관에서 개최했다. 이것은 박열 등을 불법으로 이치가야 형무소에 수용한 관헌에 대한 규탄 집회였다.

후세 다츠지는 톨스토이언(Tolstoyan)[35]으로 "정의의 변호사"라 말할 수 있는 사람으로, 일본인이었지만 조선인이 전적으로 신뢰할 만한 의인이었다. 당시 조선인은, 후세와 같은 변호사가 있는 덕분에 일본인에게 굴하지 않았으니, 은근히 부러움을 받고 있었다. 그 당시 조선인으로서 후세 변호사에게 도움을 받지 않은 사람이 없었다고 한다(김승직 金乘稷의 이야기).

박열과 후미코가 요요기 토미가야에서 방 한 칸을 빌려서 이사한 후부터 불령사의 동지도 급속히 증가했다. 이 당시 박열은 앞서 말한 혼다로부터 상당한 돈을 받았다고 생각된다. 그래서 『현사회』 제2호(『불령선인』으로는 통권 제4호)의 간행에 착수했다. 그의 주변에 동료가 갑자기 모였다는 것은 아무래도 잡지의 발행에 있었고 불경기 시대에 독신자를 몇 사람이라도 동거시켜주었기 때문이다. 불경기 시대의 도쿄에서 어디에도 갈 곳이 없는 사람에게는 "염려 말고 우리 집에 와서 살아"라고 권하였다.

이번 빌린 것은 2층으로 누구라도 잘 수가 있었다. 그래서 박열과 후미코는 이름만 부부일 뿐 프라이버시 등이 있는 것이 아니었다. 동료가 옷을 입은 채 쓰러져 자도 개의치 않고 먹을 것이 있으면 함께 먹고 없으면 먹지 않는 것이다. 박열도 후미코도 크로포토킨의 『상호부조론』을 문자 그대로 실천하는 자였다.

그 초여름의 어느 날, 야마나시현(山梨縣)에 사는 후미코의 모친 카네코(金子) 키쿠노가 마을의 친목계(賴母子講)에서 단체여행으로 도쿄 구경을

---

35 러시아의 문호 톨스토이의 사상을 신봉하는 사람으로 사유 재산의 부정, 소박한 생활, 비폭력주의를 지지함.

왔을 때 그 집을 방문했다. 그때 그 모친이 본 박열과 후미코의 생활 모습에서 받은 인상은 이러했다.

> 「정말 어딘가 남다른 데가 있는 조선인과 동거하고 있었어요. "언제 도쿄에 오시면 한번 들러 보지 않을래요" 하고 말해서 친목 계모임이 단체로 도쿄 구경으로 상경했을 때, 도쿄 요요기의 집에서 모두와 만난 적이 있습니다. … 후미코는 완전히 남자였고 말하자면 여자다운 데가 전혀 없는 것에 놀랄 수밖에 없었습니다. 그 당시 단발을 하고 조선옷을 입고 남자용 구두를 신고 거의 하루 종일 어딘가를 돌아다니며 조선 인삼의 행상을 하고, 한편으로 잡지를 내다 돌렸습니다. 그래서 박과의 생활은 남녀 두 사람인데도 극히 사이가 좋은 남자 두 사람의 공동세대를 이룬 것 같았습니다.」
>
> — 『하북신보』 1931년 4월 1일 석간

박열과 후미코가 동거생활을 시작할 때 두 사람이 서로 서약한 4개 조항을 후미코가 엄격하게 충실히 지킨 것이다. 즉 동지로서 동거하는 것, 운동과 활동 방면에서는 여성이라는 관념을 없앨 것 — 이것들을 후미코가 성실히 완수하고 있었다. 이것은 처음부터 박열의 이상적 요구였기 때문이다.

박열의 집에는 동지인 김철, 육홍균, 최규종, 나중에 구리하라(栗原-男)도 동거하고 있었다. 그중 한 사람이었던 육홍균은 50년 전의 그 당시 생활 모습을 다음과 같이 말하고 있다.

> "후미코란 사람은 한 장소에서 혼숙해도 전혀 여자로 느껴지지 않는 사람이요. 나는 저 부부와 잠시 한 곳에서 생활했기 때문에 실감하고 있

어요. 내가 아는 한 저 부부는 도무지 부부라고 말할 수 없었어요. 실로
아무 관계 없는 사이 같았어요. 적어도 박열은 크게 홀려 있었을 거예요.
어쨌든 후미코 씨의 요리라도 오면, 어떻게 이렇게 맛없는 것을 만들어
왔을까 할 정도로 천재적으로 재주가 없는 사람이었어요. … 매력적이라
고 말하기에는 관계가 없는 사람이었지요. 청소도 할 줄 모르고, 요리도
재봉도 안 되니 쓸모가 없어요.

— 라이토[賴戸內晴美] 『여백의 봄』

이렇게 해서 5월 말, 불령사의 주된 동인은 다음과 같다.

박열, 후미코, 육홍균, 한예상, 신염파, 최규종, 최영환, 이필현, 하 일,
서동성, 니이야마(新山初代), 노구찌(野口品二), 에이다(永田圭三郎), 정태성, 구
리하라, 김중환, 오가와(小川武), 장상중, 김 철, 서상경, 박흥곤.

이 중에 여성은 후미코와 그의 친구인 니이야마를 포함해서 일본인
이 6명이었다. 이들 젊은 사람이 박열의 집 2층에 모여서 「반역」의 기세
를 올렸다. 그들에게는 정해진 목표는 없었다. 규약이라는 것도 없었다.
다만 정례모임 때, 모여서 그 배출구를 찾아내는 것이다. 인도자는 박열
이 했던 것은 말할 것도 없다.

오가와는 만화가였다. 지금까지 벽에 붙은 '비분강개(悲憤慷慨)'의 글
자 대신에 오가와가 그림 도구로 진홍의 큰 하트모양을 그리고 그 좌우
에 검은 묵으로 두껍고 크게 《반역(叛逆)》이라고 써 붙였다. 억지로 말하
자면, 이 하트와 《반역(叛逆)》이라는 문자가 불령사 동료의 뜻이고 암묵
적인 강령이라고 해야 할지도 모른다. 2층에서 창문을 열어놓으면 도로
에서 보아 벽의 글자가 보이고, 좋든 싫든 간에 행인의 눈에 띄었다고 한
다. (구리하라의 이야기)

불령사의 동인은 월 1회 정례모임을 갖고 서로 마음의 생각을 내놓아 의논하고 결정했다. 5월의 정례모임(제1회)이 27일 밤 개최되었다. 이 밤은 전원이 모여 최초로 얼굴을 마주 보고 이야기하며 조선의 형평사에 격려 전보를 보내기로 결정하였다.

그들의 정례회로 모이는 곳은 박열의 집으로 정해져 있었는데, 보통 일본의 아나키스트를 초청해서 사회현상에 관한 이야기를 듣는다든지, 누군가를 응징할 것인가를 의논하든지, 동료의 출옥 환영회나 조선의 형평사와 철도의 투쟁운동에 응원 전보를 보내는 것이었다.

일본의 사회주의 분열 이후, 볼셰비키는 대중 계몽과 보통선거운동에 의한 의회정치를 지향하고 있는 것에 비해, 박열의 불령사 그룹은 폭력화하는 경향을 볼 수 있었다.

그해는 보통선거에 대한 운동이 특히 성행했다. 여성은 사회인으로서는 인정받지 못하고 참정권이 없었다. 운동은 달아올라서 5월 31일 밤 간다의 조선 기독 청년회관에서도 「영국부인 참정권 운동 강연회」를 개최하기로 되어있었다. 이것을 들은 불령사 그룹의 6명이 그것을 방해하려고 회의장으로 난입했다. 박열이 말하는 방해의 이유는 「일본의 권력을 부정하는 입장에서, 부인이 정치에 관여할 권리를 주장할 필요는 없다」고 하는 것이다. 그래서 사회자가 단상에 올라가서 인사의 말을 하자 일제히 큰소리를 지르며 야유를 퍼부었다. 특히 최규종은 일어서서 손을 흔들면서 큰소리를 지르고 "참정권 따위는 들을 필요가 없다"라고 계속 소리쳤다. 그것으로 회의장은 광란의 소리로 뒤범벅이 되고 강연회는 중단되었다.

불령사의 제2회 정례회(6월 10일)에는, 화가로서 아나키스트인 모치즈키(望月桂)를 초대해서 「일본노동운동사」란 제목으로 강연을 들었다. 게다가 6월 17일 밤에는 가토(加藤-夫)가 와서 「혁명의 이상 및 혁명 시의 조직」이란 강연을 했다. 당시 가토(加藤-夫)는 스가모(도쿄 도시마구)에 「자유인사(自由人社)」를 만들어 놓고 흑우회 사무소와는 인접해 있었던 관계로 자주 출입했다고 한다.

"한 나라에 혁명이 일어나면 외국으로부터 물자의 공급을 받는 것이 불가능하지만, 일본에서는 물자의 자급이 가능하므로 혁명이 일어나도 사정이 괜찮다." "군중에게 파괴를 외쳐도 그것은 공허하므로 이상적 국가를 건설할 필요가 있다. 그 구체적인 안으로서 은행제도, 화폐의 철폐 등에 의해서 원만한 사회의 평화를 만들어 개인의 자유를 존중하지 않으면 안 된다"라고 하는 취지였다.

— 가토의 말 중에서

거기에는 아나키스트 가토의 사상에 변화가 엿보여, 박열 등 불령사에 대한 암묵적인 비판을 엿볼 수 있다.

또 6월 28일에는 불령사 그룹이 모여서 「나카니시(中西伊之助) 출옥 환영회」를 했다. 이 밤은 나카니시의 옥중 생활담을 중심으로 일본과 조선의 추악한 감옥 모습을 화제로 했다. 그리고 나서 응징의 이야기를 꺼냈다. 김영해(金永駭)가 "김낙영을 저격하자"라고 큰소리로 외쳤다. 김낙영은 조선 기독청년회의 간사였지만, 그를 저격하려고 꺼낸 이유는 이러하다.

「조선 그리스도교 청년회 간사인 김낙영이 조선 총독부에 편지를 보내어 제국대학의 별과를 졸업하면 조선으로 가서 중학교의 교사가 되는 자격을 받을 수 있는지 없는지를 질문하고, 그 답장을 기다리고 있는 듯하지만, 간사가 조선총독부에 그런 것을 문의했다는 것은 조선인의 치욕이 아닌가? 자신의 지식이 천박함을 드러내는 것은 아닌가? 그건 친일파에 속하는 사람이므로 누군가 저격하러 가야 한다.」

이것에 대해서 고참인 정태성이 "총독부에 편지를 보낸 것으로서 확실한 이유를 판단할 수 없는데, 저격하는 것은 사람의 개성을 무시하는 것이 되지 않을까?"라고 반대하여 결국 저격하지 않기로 했다.

앞서도 말했듯이, 일본의 사회주의 운동은 대중을 향한 정치 노선으로서 보이기 때문에 아나키즘에서 마르크스주의로 전향하는 자도 많았다. 그런 사정도 이유의 하나가 되어서 불령사 그룹에 대해서 의혹을 품는 자도 있었다.

그런 사람은 동인의 한 사람인 신염파였다. 그는 달변과 문필로 살아가는 남자였다. 그만큼 기분으로 움직이든가, 부화뇌동하는 것도 없었던 듯하다. 그래서 신은 바로 조선으로 돌아가 버렸다. 고향으로 귀국한 신염파는 박열 앞으로 다음과 같은 편지를 보내왔다.

(전략) 박군은 뭐하는 사람인가? 폭행죄를 지으면 걱정이 되어서? 별것 아니다. 이것은 자네들이 일거수일투족 할 때 반드시 기대와 각오를 하지 않으면 아니 된다. 그러니까 아무래도 별것이 아니다.

나는 지금 조선의 시골집에 처박혀 우울과 비애와 고통으로 괴로움을 친구 삼으며 위안을 찾는 생활을 계속하고 있다. 그리고 작은 가슴이 터질 정도로 여러 가지로 고민하고 있다. 조선의 농촌은 퇴폐가 그 극에 달하여 있다. 어느새 사멸의 늪에서 어디를 걸어 보아도 바로 설 수 없는 지경이다. 이 상태로 간다면 수년 내에 절망이 온다는 느낌이 내가 처음 농촌에 온 순간, 가슴에 와닿았다. 그러고는 점점 그 감정이 고맙게도 없

항일독립투사
박열

어지는 것을 확인하게 되었다.

여기 농촌이라야 24호 중에서 식사를 해 먹는 집이 겨우 5, 6채 밖에 없다는 것을 짐작할 수 있다. 그 해결책으로 말하면, 물론 그것은 자네들이 시작해서 진행하고 있는 길이 제일 바른 것은 말할 것도 없다. 그런데 동지 제군! 자네들은 너무 도시에만 집중해서 되지 않는다. 이 퇴폐해 버린 농촌에 자네들이 활동해야 할 곳이 너무 많이 남아있는 것이다. 그리고 또 지나치게 운동에 결백해 있어도 안 된다. 어떤 일이라도 좋아. 다만 민중이 용기를 내어 일어설 수 있도록 하기에는 첫째, 그들에게 힘과 희망의 빛, 열정이란 것을 주지 않으면 안 된다. 그들은 무언가를 갈구하고 있다. 그들도 자신들이 이미 이 상태로 행하지 않으면 죽는다고 하는 강한 공포와 각오 등을 갖고 있다. 그리고 그 공포에서 벗어나려고 고민하고 있다. 「(9자 불명) 어차피 죽으면 두 번 죽지 않는다」는 것이 그들 상호 간에 부지 불식 간에 흥얼거리는 말이다.

그들의 마음속에는 무엇이 타오르고 있을까? 다만 도화선이 (이하 불명). 도화선! 불을 지르기만 하면 이 고통과 쌓인 우울함이 (이하 불명) 타오른다.

자네들의 운동이 단순한 자기만족의 운동, 자위적 운동이 아닌 한 그것이 대중과 함께 지키고 함께 나아가야 할 운동인 이상, 도시에만 집중되어서는 안 된다. 한마디로 농촌 사람이야말로 자네들을 기다리고 있다. (27자 삭제). 이런 의미에서 자네는 이제부터의 운동은 세상에 드러내지 않고 떠들썩하게 하지 않는 농부와 같이 말하고 같이 울고 같이 웃고 같이 투쟁하는 운동이 되지 않으면 안 된다고 생각한다. (뒤에는 생략).

—『현사회』제2호

김중한과 니이야마 쇼다이(新山初代)

　불령사를 결성한 지 5개월 후에 간토 대지진으로 도쿄와 요코하마가 전멸하게 되리라고는 아무도 꿈에도 생각하지 못했다. 갑자기 다르게 변한 거리에 인간이 광란하여 수천 명이란 조선인 학살이 일어나리라고는 이것 또한 꿈에도 생각하지 못했던 일이다. 게다가 또 일본 정부 당국이 「조선인 학살」을 발뺌하는 구실로 불령사 사건을 꾸며내어, 그것을 대역 사건으로까지 발전시키려는 것은 불령사 그룹으로도 예견치 못한 것이다.

　후에 「대역 사건」으로 날조된 소위 불령사 사건 즉, 대역 사건은 박열과 김중한(金重漢)과의 관계로 그 일이 시작된다.

　사실 김중한은 그해(1923년) 1월경까지 서울(경성)의 고등보통학교 학생이었다. 그런데 가정불화로 '매우 염세적'이어서 아나키스트 시인 이윤희(李允熙)와 서로 알게 되면서 사상적 영향을 받고 점점 무정부주의 사상을 품게 되었다. 이윤희는 김중한에게 도쿄로부터 보내온 흑도회의 기관지 『흑도』를 보이면서 "박열이란 사람은 도쿄에서 조선인 아나키스트의 대표자이고, 저 유명한 크로포토킨의 연구자이다"라고 크게 칭찬했다.

이것이 계기가 되어 김중한은 박열로부터 소개장을 받으려고 박열 앞으로 열정을 품은 편지를 보냈다. 편지를 받은 박열도 답장을 하며 3번의 서신이 오고 갔다. 그래서 뜻을 정한 그는 4월 26일 도쿄로 갔다.

> "나는 이미 박열이 크로포토킨의 정통한 학자이고 흑도의 주필인 점을 들어서 박을 매우 존경하고 있었습니다. 그런 까닭에 나는 박을 형이라 부르고, 박을 닮아 머리카락을 길게 땋으려고 생각한 만큼 어떤 일도 박을 본받아서 배우고 있었습니다."
>
> (김중한에 대한 신문조서)

김중한은 나중에 위와 같이 진술한 것이다. 도쿄에 도착한 그는 혼고구(本鄕區) 유지마 텐보쵸의 금성관에서 하숙을 했다. 그가 토미가야쵸의 박열 집을 처음으로 방문한 것은 박열이 이치가야 형무소에서 석방되고 5일 정도 지난 5월 7일쯤이다.

그는 박열보다도 나이로는 한 살 위였지만, 「형님」이라 부르고 정중히 공경했다. 그는 평안남도 출생답게 명랑, 쾌활하고 체격도 좋았다. 후세(布施辰治)에 의하면, "김중한은 생기발랄한 청년으로 그리스도교 청년회관에서 몇 번인가 연설을 함께 한 적도 있다. 실로 말이 시원시원하고 분명한 웅변가였다"고 말한다.

한편 박열은 감옥에서 가혹하게 고통을 당해서 약해져 있었고, 자신을 존경하고 일본에 온 김중한을 신뢰할만한 동지가 나타난 것으로 기뻐한 것이다. 그리고 어느 날, 이 신뢰할만한 건장한 동지에게 자신의 의사와 입장을 전하고 싶어서 동료들 방을 피해 뒤뜰 쪽으로 산책을 유도했다.

"나는 이번 감옥에서 곰곰이 생각해 봤지만, 저런 곳에 반년이나 1년씩 도저히 들어가 있을 수 없다. 그러나 사회운동을 하는 이상 감옥과는 인연을 끊을 수 없을 것이다. 차라리 폭탄을 던져서 생각했던 일을 하고 나 자신도 죽어버리고 싶다는 생각을 하고 있다…. 자네는 테러리스트를 어떻게 생각하나?"

하고 김의 얼굴을 바라본다. 도쿄에 와서 얼마 안 된 김중한에게는 갑자기 그런 일을 듣게 되어서 바로 감이 오지 않았다. 다만 애매한 미소를 띠었을 뿐이다. 박열은 에둘러서 김중환의 반응을 물어본 것이다.

그러고서 10일 정도 지난 5월 17일, 이번은 박열이 김중한의 하숙집을 방문했다. 박열의 방문을 받은 김은 감격했다. 이때 박열은 김중한에게 철학적 어조로 말했다.

나는 여자를 보아도 사랑하고픈 기분이 들지 않는다. 꽃을 보아도 아름답다고는 생각하지 않는다. 음악을 들어도 어떤 흥을 느낄 수 없다…….

그 말을 듣고 있는 중 김중한은 과연 '전부터 큰 인물이라고 숭배하고 있었는데, 역시 평범한 인간과는 다른 점이 있다…. 위인이네'라고 생각했다고 한다. 그러고 나서 박은 말을 이어 갔다.

나는 우주의 존재를 부인하는 그런 존재를 멸망시키는 일이 대자연에 대한 자비이다. 그래서 부르주아 계급의 사람을 죽이는 것도 자비이다. 사람을 죽이는 것이 불가능하면 뒤에서 그 사람을 찌르는 것도 자비이다. 죽이는 것이 불가능하면 그 사람의 집 마당에 대변을 누어 그 사람에게 더러운 악취를 마시게 하는 것도 자비이다….

이것은 김중한에 대한 「신문조서」에 기록된 원문이지만 이 말을 풀이하면, 우주의 존재를 인정하는 것이 대자연과의 순응이다. 더구나 부르주아 사람을 죽이는 것도 그 사람에 대한 자비이고, 자신의 삶을 부정하는 것에 의해서 타인의 삶을 부정하는 것이 대자연에 순응하는 일이 되고 다수의 사람을 구하는 결과가 된다면 어떤 특정인을 죽여도 악이 아니다. 오히려 선이다. 만약 그 사람을 죽일 마음이 없다면 뒤에서 찔러 넘어뜨리든가 그 사람의 집에 똥을 던지는 것도 자비라고 하는 의미이다.

박열이 이렇게 말한 것은 무정부주의자의 신성한 테러행위를 인식시킨 다음에,

"자네, 그런 행동자가 되어 보고 싶지 않은가?"하고 미리 떠보았다. 이것에 대해서 김중한은 솔직하게 이렇게 답했다고 한다.

형님과 같이 몇 번이고 감옥에 가서 수양해 오면 그러한 사상으로 변화될지 모르겠네요. 나 자신은 감옥에 들어가서 6개월, 1년 정도라면, 자존심이 상하여 더 이상 오랫동안 감옥에 들어가는 게 싫고 그런 희생은 하고 싶지 않습니다.

그래서 박열은 이번에는 화제를 돌려서 자신은 허무주의도 갖고 있지만, 역시 민족주의자라고 전하며 볼셰비키에 대해서 반감을 갖고 있음을 털어놓았다.

자네에게 느닷없이 그것을 권한 것은 무리일지도 모르네. 만약 자네가 그런 희생자가 되는 것을 두려워 싫어하면 자네에게 맡길 일이 있다.

지금이라도 내가 반역을 실행해서 죽는다면, 김 군 자네가 나중에 남아서 내가 경영하고 있는 『현사회』 등의 잡지사업을 인계해 주지 않겠나?.

김중한은 그것이라면 기쁘게 인수하겠다고 흔쾌히 허락했다.

그러고 나서 3일 후인 5월 20일 박열은 금성관을 두 번째 방문해서 결국 핵심인 폭탄 입수 상담을 꺼냈다. 형무소 안에서 난투극을 벌리고 심하게 몸을 다쳤으니 더욱더 폭탄을 구할 마음이 강하고, 게다가 자신의 몸도 오래 유지할 수 없다는 초조함이 있었다. 또 1월의 김상옥 사건의 여파가 아직 남아 있었던 때였다.

박열의 폭탄 입수에 관한 수고는 길고도 길었다. 일본인의 선원 스기모토에 부탁한 것이 헛수고로 돌아가고, 최혁진과의 약속이 이슬처럼 희미하게 된 다음에 서울의 김한을 통해서 입수할 예정이었던 폭탄이 김상옥 사건으로 도중에 중단되었기 때문이다. 지금 와서는 상하이에서 도쿄로 직접 폭탄을 반입하는 방법밖에 생각할 수 없게 되었다.

그런 시기에, 마침 그는 자신을 신뢰하며 배우고자 요청한 김중한에게 폭탄 입수의 일을 맡기려 한 것이다. 김중한은 '박열 형에게 유익한 일이라면 뭐든지 해보겠습니다'하고 선언하여 그 심정을 전한 바 있다.

그래서 박열도 완전히 안심하고 일의 핵심을 꺼낸 것이다. 그것에 대해서 김중한은 "꼭 해보고 싶다"라고 빠르게 응했다.

전일에도 자네에게 이 사회에 해독을 끼치는 당사자라든가, 그 사람을 죽일 수가 없다면 그 사람의 집에 오물을 던져서 심한 악취를 맡게 하는 것도 하나의 방법이라고 말한 적이 있지요. 그러나 더욱더 효과적이고 적절하게 그리고 더욱더 많은 사람에게 개인 한 사람의 행위가 훨씬 큰 반향을 일으키는 방법은 부르주아 계급에서 훨씬 더 많은 사람이 존경하고 있는 당사자를 혼자의 힘으로 타도하는 것이지요. 그 타도를 실현하는 방법은 확실히 폭탄이라고 생각하오. 그 폭탄의 일에 대하여 자네에게 묻고 싶소.

즉, 나는 조선을 떠나서 오랜 세월이 지나서 최근 조선에서 일어난 사정을 모르오. 근년에 상하이 부근에서 만든 폭탄을 조선으로 가지고 들어온다고 하는데, 자네 혹시 폭탄에 대해서 알고 있다면 상세하게 말해주지 않겠나?

이것에 대해서 김은 조선에서의 청년당 대회의 모습을 설명하고 다음에 의열단의 폭탄 위력에 대하여 다음과 같이 말했다.

경기도의 우마노(馬野) 경찰부장이 의열단의 폭탄을 폭발시켜 시험해 보니 매우 위력이 있었다고 합니다. 그 폭탄은 시계장치를 한 것도 있고 전기장치를 한 것도 있어서 매우 진보한 것으로, 일본의 관헌이라면 그 취급을 잘 모르기 때문에 우마노 경찰부장은 그 시험 때 취급방법을 잘못하여 폭발해버렸습니다. 또 나 자신은 조선의 독립운동에 참가하여 난폭하게 굴어서 경찰관이 자신에게 권총을 발사했습니다. 그때 자신은 다리에 부상을 입고 체포되어 징역 4년을 먹었지만, 고등보통학교의 교장이 부탁해서 보석으로 풀려났습니다.

박은 "음, 음"하며 감동하여 듣고 있고 이야기를 계속해 나갔다. 도쿄 지방재판소 예심판사 다테마츠(立松懷淸)에 의하면 「김중한에 대한 신문조서」에 기록된 김의 진술에서 양쪽의 이야기를 회화체로 열거하면 다음과 같다.

나는 폭탄 대신에 다이너마이트를 일본 내의 광산에서 입수할까 하고 생각해 보았지만, 그것 또한 조선인으로서는 광산에서 입수하는 것은 어려워서 그만두었어요. 그러나 그것은 입수해도 폭발에 시간이 걸리므로 좋지 않았어요. 역시 뭐라 해도 폭탄으로 정했어요. 그래서 직접 폭탄을 만들면 좋겠지만 자신은 그 제조법을 몰라요. 재료도 없고 만들어 시험해 볼 수도 없는 형편입니다. 그런 이유로 폭탄은 아무래도 러시아나 상하이에서 가지고 오면 될 텐데 어떤 방법이 좋을까요? 아무래도 그 방면에 연락을 취할 수 없었어요. 뭔가 연락을 취해서 어떻게 하여 폭탄을 수입해야 하는지를 ….

이처럼 박열은 보약을 구하는 듯한 어조로 말했다.

김 : 박형, 나의 의견으로는 그 폭탄을 일본으로 수입하는 것은 매우 어렵다고 생각합니다. 자신이 부산에서 연락선에 승선해서 일본으로 올 때 검사가 심했어요. 그래서 조선인이 일본으로 수입하는 것은 정말 곤란하지요. 그러나 일본인이라면 혹 수입하는 것이 가능할지도 몰라요.

박 : 그렇다면 일본인 누군가를 상하이로 폭탄을 가지려 보내는 것은 어떨까요? 그러면 성공할까요? 역시 소용이 없을까요?

김 : 그건 일본인이라도 안될 것으로 생각해요. 듣는 바에 의하면 상하이의 독립당은 조선인 동료라도 실수하면 권총으로 쏘아버리기 때문이요. 그 상하이의 독립당이 일본인을 믿을까요?

박 : 정말 그럴지도 몰라요. 어쨌든 나는 상하이의 독립당 사람과 연락을 취해서 폭탄을 입수하지 않으면 안 되지만, 이 기회에 김 군 자네가 한번 상하이로 연락을 취해주지 않겠어요?

그런 후에 박열과 김중한과의 사이에 폭탄 수입방법에 대하여 의견을 교환했다.

> 김 : 나는 상하이의 독립당이나 공산당 쪽으로 폭탄을 수입하는 것에 대
> 하여 연락을 취해 보겠습니다. 이것은 어떻게 해서라도 조선인으로
> 하지 않으면 아니 됩니다. 그러나 해상으로 운반하는 것에 대해서
> 는 어떻게 해서라도 일본인의 손을 빌리지 않으면 안 되지요. 그런
> 까닭에 폭탄을 부산까지 가지고 오도록 하세요. 거기까지 연락선의
> 운반은 일본인에게 부탁하지 않으면 안 되지만 …, 박형, 그런 일본
> 인 동지가 있습니까?
> 박 : 그런 일본인 동지가 없어서 어려움이 있습니다. 그런데 김 군, 자네
> 가 상하이로 가서 그 폭탄을 직접 수입하기 위해서는 일단 어느 정
> 도의 비용이 들까요?

거기서 김중한은 대충 이렇게 이야기를 했다.

"아무래도 1,000엔이나 2,000엔의 돈이 필요하겠지요."

김중한은 특별한 계산의 기초가 있었던 것은 아니다. 다만 막연하게
1,000엔, 2,000엔의 대금을 준비해 놓을 필요가 있겠다고 대답한 것이
다. (오늘의 화폐로 환산하면 100만 엔, 200만 엔 이상 정도이다.)

그가 대충 그 정도의 돈이 들 것이라고 말한 것은 다음과 같은 것을
고려했기 때문일 것이다. 즉 박열의 말투에서는 상하이에 폭탄을 입수
하는 것에 대해서 협의해야 할 동지가 없는 상황이고 또 자신에게도 아
는 것이 없다. 따라서 자신이 폭탄 입수 때문에 연락하려 상하이에 갔을
경우 1, 2개월간 체류해서 그 방면의 동지를 물색하고 그 동지에게 박열

의 계획을 알리는 것이다.

그러나 그 동지가 그냥 승낙할 것 같지는 않다. 반드시 그 동지가 일본으로 와서 박열을 만나 그 주의 주장이나 계획을 듣고 인격을 알아보고 충분히 그 거동을 확인한 뒤에 폭탄의 운반을 승낙하려는 것이 틀림없다. 그래서 아무리 빨라도 수개월이 필요하고 김중한 자신과 그 동지의 왕복 체재나 폭탄 운반비용이 들 것이므로 대충 어림잡아서 1,000엔 정도 필요하다고 생각했을 것이다.

게다가 김중한은 속셈이 있었다. 그것은 조선에서 의열단원 김한의 폭탄 사건 때, 그 동지 이시현(李始顯)이 겨우 50엔의 돈이 부족하여 상하이로 도망갈 수 없어서 그 비용을 스파이 쪽에서 빌리려 가자 바로 거기서 체포된 일이 있다. 그래서 충분한 돈을 준비하지 않으면 안 된다고 생각했을 것이다. 또 김중한은 박열이 아리시마라는 후원자로부터 돈을 받고 있다는 말을 듣고 있었기 때문에 거액을 불러도 괜찮을 것이라고 평가한 것이다.

"형님은 아리시마 씨로부터 돈을 빌리고 있는 것은 아닙니까?"
"아니, 후미코가 5엔씩 두 번 정도 받아 왔을 뿐이지."

박열은 대수롭지 않게 털어놓았다. 그리고 박열은 이렇게 말했다.

"내가 그렇게 폭탄을 손에 넣고 싶은 것은 요컨대 금년 일본 황태자가 결혼하기 때문에 그때까지 폭탄을 입수해서 그 기회에 사용하고 싶다. 그 예식에는 천황과 외국 사신, 일본 중신들도 줄지어 참석할 것이다. 그 행렬에 폭탄을 던져 넣을 것을 생각했기 때문이다. 잘 명중하면 더

없이 좋고 만약 명중하지 않았다 해도 상당한 효과가 있다고 생각한다.

첫째로, 조선 민족은 결코 일본과 동화되지 않는다는 것, 또 일본 정부가 선전하는 것처럼 일본인과 조선인은 융화되지 않는다는 점.

둘째로, 조선인은 일본제국이 말하는 소위 「선량한 더부살이 민족」 즉 노예가 되는 것을 조금도 원하지 않는다는 것을 세계에 알리는 것이 가능하다.

셋째로, 폭탄투척은 조선의 여러 가지 사회적 운동을 자극한다. 동시에 침체한 일본의 사회운동에 큰 자극을 주는 것이 가능하다."

"그래서 내가 황태자를 살해하고자 하는 목적은 일본의 천황, 황태자를 살해함으로 일본 민중이 신성으로 여기며 침범할 수 없다고 생각하는 종교적 신봉자를 땅에 내동댕이치므로 우상이며 두부 찌꺼기의 덩어리 같은 사람이라는 사실을 알리고자 함에 있다."

이것에 대해서 김중한은 "박형은 스파이에 얼굴이 팔려서 고위층만 목표로 하면 실패하니 차라리 외국 대사 등을 겨냥하여 폭탄을 던지는 것이 좋고, 그러면 국제문제가 되니까 좋다"라는 의견을 말했다고 한다.

박 : 그것도 좋지만, 내년의 노동절(메이데이)에 맞추어 던지는 것도 좋을 것이다. 경시청이든 미츠코시(三越, 대기업)나 시로기야(白木屋, 포목점) 등을 겨냥하는 것도 괜찮을 것이다.

김 : 경시청은 경계가 심하니까 미츠코시가 좋겠지요. 그렇게 하면 두, 세 번은 일본 혁명사의 한 장을 장식할 수 있으니까. 전에 형님의 말대로 일본의 이념 주의자는 건성으로 하는 말이니까요.

그날은 이 정도로 하고 헤어졌다. 이틀 후인 5월 22일 두 사람은 또 만났다. 이때도 박열이 금성관을 방문했다. 그때 김중한은 박에 대하여 재촉하듯이 말을 걸었다.

> 김 : 형님, 어제의 이야기는 어떻게 합니까? 나는 언제라도 갑니다. 이
>   번 가을로 하면 시기가 너무 촉박하고……, 아니면 내년 메이데이
>   에 할까요?
> 박 : 그래, 메이데이 때에 하지요.

그날도 간단한 대화로 끝났다.

그러고서 4일 후인 5월 26일, 또 금성관으로 박열이 방문했다. 유지
마텐신쵸는 교통이 편리한 때문일까 아니면 두 사람만의 밀담이 가능한
장소인 탓일까. 이날은 박열이 이런 말을 했다고 한다.

> 박 : 자신이 알고 있는 이념 주의자 중에 폐병 환자가 있다. 폐병 환자는
>   어차피 얼마 지나지 않으면 죽으니까 죽을 사람에게 폭탄을 던지
>   는 일을 맡기는 편이 좋다. 나 자신은 어느 가까운 시일 내에 그 폐
>   병 환자의 동지에게 그 일을 말해볼 속셈이다. 그래서 2, 3개 장소
>   에서 모르게 하면 좋다.
> 김 : 나는 입이 경솔한 남자라서 그런 계획을 알려주지 마세요. 나는 상
>   하이에 가서 연락을 취하고 오면 그것으로 좋으니까. 내년의 메이
>   데이라고 말해도 아무래도 모르는 것이 있어 서두르지 않고 2, 3년
>   계획하시는 게 좋다고…….

이상이 김중한에 대해서 박열이 상하이행을 의뢰한 경위이다(김중한
의 진술에서).

앞서도 말한 5월 27일 밤의 불령사 5월 월례회(제1회)에는 두 사람의
새로운 얼굴이 참석했다. 김중한과 후미코의 친구인 니이야마였다.

니이야마 쇼다이(新山初代)는 도쿄부립 제1여고를 졸업하고 타이피스트로 2년 정도 사무원을 하면서 야간의 정규 영어학교에 다니고 있을 때 후미코와 사상적으로 의기투합한 사람이다. 니이야마는 많은 사상 서적도 읽고 특히 스틸넬의 『자아경』에 심취되어 있었다. 당시 그녀는 폐질환 때문에 일을 그만두고 고향의 친가를 떠나서 고마고메쵸(駒込蓬萊町)에 한 칸짜리 집을 빌려서 작은 과자점을 하고 있었다.

그래서 박열, 후미코의 『현사회』 간행이 인연이 되어 불령사의 동인으로 가입하게 된 것이다.

신참자인 김중환과 니이야마는 초면이었지만 묘한 감정이 들었을 것이다. 니이야마에서 보면 조선의 학생복을 입고 일본에 갓 건너온 김중한 청년의 쾌활함이나 건장한 몸 체구와 어딘가 철부지 같은 점에 호의를 가졌던 것이다. 또 김중한은 지성적으로 시원시원한 니이야마에게 매력을 느꼈을 것이다.

첫 월례회 다음날 5월 28일 박열은 김을 데리고 고마고메쵸의 니이야마 집을 방문했다. 이때 김중한은 집을 기억하고 그날 밤 두 번 니이야마의 집에 가서 한가롭게 잡담을 늘어놓고 놀다가 돌아왔다. 그리고 1주일 후 6월 7일 밤, 김중한은 혼자서 니이야마 쇼다이의 집을 방문했다.

그리고 가져간 과자를 먹으면서 이런저런 화제를 꺼내고 "시간을 착각해서 장시간 이야기를 하다 전차를 놓쳤다"고 하며 니이야마 집에서 잠을 잤다. 그날 밤 김은 '폭력으로' 니이야마를 범했다. 그 이후 김중한은 거의 며칠 걸려서 니이야마를 방문하여 잠을 잤다. (니이야마 쇼다이의 진술)

김중한도 니이야마가 공감하고 따르는 스틸넬의 사상에 쏠리게 되었다. 그래서 '절대적 개인주의에 의한 자기 향락'을 주장하고 다른 동료들로부터 반론이 있으면 격렬하게 논쟁을 했다. 그럴 때 니이야마도 김중한의 말에 동조하기도 했다. 또 동료가 모인 장소에서 김중한은 니이야마가 표현하는 말에 찬성하기도 해서 이미 다른 사람의 눈에도 서로 사랑하는 사이임을 알 정도가 되어버렸다.

그런데 박열 쪽에서는 바로 김중한에 대해서 약간 경계하는 분위기가 생겼다. 우선 김의 말이 가벼워서 후회하게 되었다. 김중한이 흑우회의 모임에서 "저는 이번에 중대한 사명을 띠고 해외로 떠나기로 했다"고 말하며 의기양양하게 말을 내뱉었기 때문이다. 그것을 들은 동료들이 "그 중요한 사명이란 무엇인가?"하고 질문하면 그는 싱글벙글하면서 "그것은 박열 씨에게 물으면 안다"고 의미 있는 듯이 말한 것이다. 이렇게 되면 비밀을 유지할 수 없게 된다. 그래서 박열은 김중한을 '입이 가벼운 남자'라며 멀리하게 되었다. 6월 20일쯤 김중한은 박열 집을 방문해 이야기했던 상하이행을 재촉했다.

> 박형, 저는 지금이라도 바로 그 용건의 연락차 도쿄를 떠날 예정입니다만 돈 준비는 가능한 겁니까?. 형님께서 부탁한 이상 반드시 실행해보겠습니다.

그것은 부탁한 용건에 최선을 다하겠다는 것보다도 돈을 재촉하는 듯한 모양이었다.

이때 박열은 바로 "2층에 후미코가 있어 들을지도 모르니 조심, 조심, 새가 날아서도 미행해 오니까 조심하고 경계해야 한다"라고 대꾸하고 화

제를 피해서 김중한을 뒷산으로 유인한 후

　실은, 그 일은 조금 상황이 나빠져서 중지해야 할 기분이 들어요. 그래서 미안하지만, 그것은 잊어버리세요. 만약 어떻게 해서라도 자네가 가고 싶다고 하면 자네 혼자 가는 것은 괜찮지요….

하고 폭탄 입수를 위한 연락의뢰를 취소한 것이다.

　박열이 이것을 취소한 이유는 김중한이 요구한 1,000~2,000엔의 거금을 만들 수 없었기 때문이기도 하지만, 만일 이 거금이 있다고 해도 이 용건을 중지한 것이다.

　왜냐하면, 김중한은 상하이의 연락을 빌미로 거금을 요구하고 일단 조선으로 돌아가서 적당하게 속이려는 것이 보였기 때문이다. 그것뿐일까? 입이 가벼운 그에게 부탁해서 용건의 비밀이 완전히 누설되어 버릴 위험이 있었던 것이다.

　한편 김중한의 쪽에도 박열이 자신에 대해서 불신감을 가지고 있는 것을 감지하고 이것을 마음에 품고 이번을 계기로 박열로부터 멀어져 간다. 나중 가서는 반감과 원한을 갖게 되었다. 그것에 기름을 부은 것이 김중한의 애인이었던 니이야마 쇼다이였다.

　1923년 7월로 말하면 2개월 뒤에 간토(關東) 대지진이 일어기 전이다.

　당시 사회 풍조는 막연하지만 「일본혁명은 반드시 있다」는 생각을 하고 있었다. 메이지 이후 '살아있는 신'으로 존경받았던 천황은 정신병 환자이고 무능한 나무인형이라는 말이 사회에 떠돌고 있었다. 또 국제적으로는 러시아 혁명을 시작으로 변혁의 진동에 요동치고 있었다. 유럽 각국에서는 스트라이크의 깃발이 나부끼고, 일본 국내에서는 반전 반군 분위기가 무르익고 불경기와 실업 그리고 테러가 약동하고 있었다. 이러한 가운데 '1년 이내에 반드시 혁명이 일어난다'고 하는 생각이 사회운동가의 가슴 속에 있었다. 이러한 추세를 반영해서 기타잇키(北一輝)와 같은 국수주의자도 '천황 명령에 의한 사회주의'를 선도하고 있었다.

박열이 주도하는 잡지 『현사회』 제2호(6월 30일 발행)의 권말 코너에 후미코의 글이 아래와 같이 게재되어 있다.

> 어쩔 수 없는 사정 때문에 『현사회』를 2, 3개월 쉬어야 할 수밖에 없었다. …… 까발려서 숨김없이 털어놓으면 한마디로 돈이 없었어요. 노구치(野口品二), 육홍균(陸洪均), 이인집(李引楫), 박냉(朴冷), 한현상(韓晛相)의 5명이 신입 동인이 되어서 모두 활동하고 있어 동인도 많아졌으니 이제부터는 가능한 한 매월 발행하도록 노력하겠습니다.

한편 김중한은 고향의 본가에 복잡한 사정도 얽혀있어서 6월경 일단 귀국할 것을 암암리에 계획하고 있었다.

그즈음 김중한은 자유인사(自由人社)에 놀러 가서 거기에 있는 말살사(抹殺社)의 히라이와(平岩), 이시구로(石黑)와 만났다. 그때 히라이와가 "조선으로 여행가고 싶다"고 말하니 김은 "나는 귀국하고 싶어도 여행비가 없어서 망설이고 있습니다. 함께 가실 수 있습니까?"하고 부탁했다고 한다. 히라이와는 "여비 정도는 어떻게든 됩니다"라고 답했다.

그런 경위도 있어서 김중한은 네즈곤겐(根津權現, 도쿄도 분쿄구에 있는 신사)의 말살사로 옮겨서 생활하게 되었다. 그가 말살사로 옮기고 얼마 안 된

7월 1일 히라이와 무리가 김중한을 데리고 적화방지단(赤化防止團)이라는 우익을 습격했다. 이때 김중한도 칼을 가지고 있었다. 이 습격은 격노에 찬 보복이었다. 그 5일 전의 6월 26일 아나키스트의 다카오헤이(高尾平兵衛)가 적화방지 단원에 의해서 사살되었기 때문이다. 이것을 아나키스트의 말살사가 묵묵히 있을 수 없어서 그 보복의 돌격을 가했다. 이 돌격에서 김중한은 검거되어 3일간 구속되었다. 그리고 7월 3일에는 연인인 니이야마도 고마코미(駒込) 경찰서에 호출되어서 조서를 받았다. 경찰에서 석방된 그는 니이야마와 의논하여 두 사람끼리 『자단(自壇)』이란 잡지를 만들 것을 의논했다.

7월 8일 다카오헤이의 사회장이 있었다. 박열, 후미코, 니이야마, 이수일 등이 참가하고 돌아오는 길에 니이야마는 박열 집에 들렀다. 그때 박열은 니이야마에게 김중한에 대해 따끔하게 충고를 했다.

> 박 : 김중한이란 남자는 경박하고 신뢰할 수 없어요. 두 사람이 잡지를 만들어 내는 것은 그만두는 게 좋아요. 오히려 우리의 『현사회』에 적극적으로 가담해서 도와주는 쪽이 훨씬 의의가 있어요.
> 니아야마 : 그래도 잡지라고 내놓지 않으면 이미 이런 세상에 아주 싫증이 났고 나 자신 사상적으로 숨이 막혀 있어요. 몸도 어차피 곧 죽어가는 폐병이라 차라리 자살하고픈 정도가 되었어요.

당시 폐결핵은 가장 사망률이 높은 국민병이었다. 이 말을 들은 박열은 무릎을 앞으로 내밀며 다가가듯 해서 이런 의미의 말을 했다.

"니이야마 씨, 그렇게까지 골똘히 생각하고 있는 마음을 나는 잘 이

해합니다. 어차피 나도 당신도 같은 허무주의 사상이니까. 그러나 어차피 죽기로 작정했다면 어떨까요…. 나는 금년 가을 괜찮은 일을 해서 자폭할 계획이요. 당신의 목숨을 내가 하는 일에 도와주지 않겠어요? 함께 생각한 것을 행동하고 죽지 않을래요?"

(니이야마 쇼다이의 증언에서)

니이야마 쇼다이는 눈치가 빠른 여자다. 육감이 예민함은 빨리 수긍하거나 복잡하게 얽힌 의심을 억측하는 것도 통하는 것이다. 그녀는 이미 김중한에게 들어 알고 있다. 상하이에서 폭탄을 반입하는 이야기와 박열이 지금하는 이야기를 연결해서 다음과 같이 재빠르게 이해했다. 박열은 상하이의 폭탄반입은 김중한에게 시키고 그 폭탄을 던지는 역할은 폐병이 있는 자신에게 시킬 것이라고.

니이야마에게 주어진 박열의 충고는 그대로 김중한에게 험담으로 곧바로 누설되었던 것은 말할 것도 없다. 니이야마는 김중한에게 박열에 대한 적개심을 불러일으켰다.

박열이란 남자는 자신들의 사이를 분열하려고 하고 있다……. 타인에게 폭탄을 운반하게 시킬 속셈을 갖고 그 자신은 이름을 팔아 영웅이 되고자 하는 것이다. 비열한 야심가다.

그 당시의 불령사와 그 주변의 활동을 살펴보자.

7월 9일의 조간신문을 펼친 박열은 놀랐다. 제1면의 톱기사에 「소설가 아리시마 타케오 정사하다」가 있었다.

박열과 후미코에게 있어서 아리시마의 존재는 기부금이라는 교감을 통해서 자그마한 이해관계가 있었다. 소위 달러 상자라고 하기에는 먼 관계라 하더라도 아리시마가 박열에게 '무언가 중대한 계획을 세워서 거금이 필요하다면 고려해 보지요' 정도는 말해 놓았음이 틀림없다. 이렇게 말하는 것은 박열이나 후미코가 그 동지들에게도 "아리시마에게서 돈을 받고 있다"라고 자신 있게 말할 정도였다. 그 아리시마가 미모의 여성과 정사한 것이라서 박열은 우선 덜컥 기가 꺾인 것이다.

덧붙여서 말하면, 아리시마의 정사 상대는 『부인공론』의 기자 나미타노 아키코(波多野秋子, 30세)이다. 가루이자와(輕井澤, 나가노 현 동북부의 피서지)의 별장에서 「7월 7일 동틀 무렵 두 사람이 별장 1층의 응접실에서 탁자 위에 의자를 포개어 목을 매어 죽어 있는 것을 별장지기가 발견하고…」라고 되어 있다.

7월 12일 정오가 지나서 프랑스로부터 귀국한 오스기 사카에(大杉榮)가 도쿄역에 내렸다. 박열 등은 마중 나갔다. 오스기가 독일에서 개최된 무정부주의자 세계대회에 참가한 것은 지나치지 않았지만, 프랑스로부터 「오스기의 추방 사건」은 국제적 뉴스로써 대대적으로 다루어졌으니 정말 영웅 같은 존재였다. 도쿄역에 내린 오스기를 환영한 군중은 '마치 개선장군을 맞듯 열광'했다고 한다. 정확히 간토 대지진의 50일 전이다. 개선장군과 같이 환영받은 오스기 이지만 불과 50일 후에 그는 헌병에게 교살되었다.

7월 15일 불령사의 정기모임(제3회)이 있었다. 박열은 김중한에게는 통지하지 않았다. 또 김도 출석하지 않았다. 그날 밤은 사실상 노구치(野口品二)의 출옥 환영회가 되었다.

또 이 모임에 있어서 조선의 경남 철도선 스트라이크의 노동자에게 응원 전보를 보낼 것을 결정했다. 그 비용으로서 10전에서 20전 정도 모금했다. 발신자 명의는 불령사였다.

8월 3일 밤, 조선 기독청년회관에서 흑우회 주최로 「조선 문제 강연회」가 개최되었다. 사회자인 홍진유가 단상에 올라서 개회사를 하는데 임석한 경찰관이 '연설, 중지!' 그리고 나서 '해산!'을 명령했다. 그러나 홍은 계속해서 말을 이어나갔기 때문에 검거되고 그래서 막을 내렸다.

8월 6일 밤, 니이야마의 집에 오스기가 와서 프랑스의 노동 운동 등에 관한 강연을 하기로 되어있어서 8명 정도가 모였다. 그러나 오스기는 끝내 보이지 않고 '매우 바빠서 올 수 없다'는 전갈이 왔다.

그래서 모였던 사람은 흑우회 해산에 대해 사전 의논을 하고 다시 8월 10일 모여서 최종적으로 해산을 협의하기로 했다. 흑우회 해산의 이유는 '사상 상의 충돌에서 감정의 충돌로 되어 사상의 연구가 불가능'했기 때문이었다.

8월 9일, 흑우회 해산에 관한 이야기를 주고받으면서 정태성과 장상중 간에 큰 싸움이 일어났다. 다키노가와(瀧野川)의 고마고메바시(駒込橋) 근처에 고려사(보인학회가 조선 고학생의 숙소로 제공한 집)의 1층에는 학생이 숙박하고 2층에서는 장상중, 정태성, 홍진유 등의 흑우회 회원이 거주하고 있었다.

8월 10일 밤, 흑우회의 임시 모임을 열어 사무실에 8명(김중한, 홍진유, 최영환, 정태성, 니이야마, 에이다(永田圭三郞), 박흥곤, 장상중)이 모였다. 그날 밤은 귀를 울릴 정도의 번개가 치고 큰비가 내렸다. 박열과 후미코의 얼굴은 보이지 않았다. 흑우회의 사무소라고 해도 이케부쿠로의 작은 주택 겸 간이 식당의 다다미 4칸 반 정도였다.

그날 밤, 간단한 논의를 마쳤을 때 흥분한 김중한은 온 좌중을 향해서 박열에 대한 비방의 포문을 쏟았다. 그리고 상하이로부터 폭탄반입의 비밀을 모두 까발려버렸다. 그는 니이야마를 통해서 들었던 험담도 덧붙였다. 처음에 '형님'으로 부르고 존경했던 박열을 '그 자식'이라며 몹시 욕을 했다. 그는 말살사에서 칼을 소지하고 우익을 습격한 바로 직후여서 성격이 몹시 사나워져 있었던 것 같다.

지금까지 여러분은 나를 불신의 눈으로 보아 왔지만, 그것은 박열이란 자식이 나에 관해 험담하고 돌아다녔기 때문이오. 오늘 밤은 그것을 분명하게 해서 여러분 앞에서 매듭을 짓고자 하오.

박열이란 자식이 나에게 '자신은 현 제도가 보기 흉하므로 일본 천황이나 황태자나 최고의 권력자를 살해하고 싶다고 말하고 상하이의 의열단에서 폭탄을 입수해 주면 그 비용은 자신이 부담한다.' '그 폭탄이 자신의 손에 들어오면 이번 가을 행해지는 황태자 결혼식 때 던져서 자신도 죽고 싶거나 아니면 내년의 메이데이 때 관공서에 폭탄을 투척하고 죽고 싶다'고 말했어요. 그래서 나는 폭탄 입수의 일을 승낙했어요. 그리고 나는 신변의 정리를 마치고 비용을 신청했어요. 그러니 그놈은 자신이 부탁한 일을 취소한 것에 더하여 나에게 악담을 여러분에게 알리기도 하여 우리 사이가 나쁘게 되었어요. 니이야마에게는 나를 '스파이'라고 말했다고 하네요.

특히 놈은 대단한 야심가라는 걸 알게 되었어요. 지금 생각해 보면 상하이의 폭탄은 나에게 가져오게 하고 그것을 투척하는 역할은 여러분에게 시키려는 속셈인 거지요. 그것을 나는 알아차린 겁니다. 이런 야심가를 나는 해치우려고 칼을 가지고 왔다….

(김중한의 말 중에서)

그는 품에서 단도를 꺼내어 방바닥 위에 놓았다. 김중한으로부터 '상하이 의열단의 폭탄'이나 '천황, 황태자에게 폭탄을 투척하고 죽고 싶다'는 등 혼란스럽고 어수선한 계획을 듣게 된 좌중은 멍하게 되었다고 한다. 그래서 "박열이 불령사를 만들었던 목적은 그것 때문인가?"하고 의혹을 품기 시작했다. 좌중에는 박열에 대한 반감을 보이고 김중한에게 동조하는 자도 나타났다.

그러나 그날 밤은 박열의 모습을 볼 수 없었기 때문에 다음 날(8월 11일) 밤에 모이는 불령사 정기모임에서 매듭짓기로 했다.

대지진 전야

8월 11일(1923년) 밤, 박열의 집 2층에서 불령사 8월 정기모임에 참석한 사람은 장상중, 김중한, 니이야마, 박열, 후미코, 구리하라(栗原−男) 등 12명이었다.

먼저 처음으로 조선의 경남 마산에서 조선인 철도공원의 스트라이크 사정을 박열이 보고하고 불령사에서 응원 전보를 보내기로 했다. 그러고 나서 김해군의 형평사(衡平社)와 평민과의 사이에 싸움이 있었던 일, 군산의 형평사가 해산된 일을 보고하고 그곳에도 격려 전보를 보내기로 했다. 다음의 현안 문제로 흑우회의 해산도 그 장소에서 결정하고, 불령사의 정기모임은 9시에 끝이 났다.

그런 후 김중한이 기다렸다는 듯이 독설을 쏟아냈다.

오늘 밤 박군에게 할 이야기가 있다. 자네는 나의 일을 다른 사람에게 험담하며 돌아다니고 있다는 것이 사실이 아닌가요? 자네는 흑우회와 『민중운동』 편집책임자를 아무런 이유 없이 사표를 내게 하고, 또 흑우회를 해산시켜서 회원을 모두 불령사로 가입시키고자 하고…. 그리고 나를 비굴하게 만들어 히라이와(平岩)로부터 돈을 받아 상하이로 가려고 해도 조심, 조심하면서 그만두게 하지 않았는가? 또 내가 도쿄에 있는 동안 니이야마와 『자단』지를 발행하는 것을 자네가 험담하여 결국 그만두게 한 것이 아닌가? 자네가 나쁘게 험담하는 것은 그 이유가 무엇인가?

이것에 대해서 박열은

"자네를 비판한 일은 있지만 험담한 것은 없다. 또 흑우회는 유명무실하여 모두 불령사 회원이므로 해산시켰다고 해야 좋을 것이다"라고 변명했다.

8월 중순의 열기가 무더운 밤이었다. 김중한은 더욱더 소리를 거칠게 내뱉었다.

김 : 자네는 평소에 태연한 채 하는 나쁜 버릇이 있으니 비열하지 않는가? 이리저리 뛰어다니며 소곤소곤 동료에게 악담을 말하고 다니며 서로 이간질을 하고 있다. 오늘 밤 흑우회가 이 자리에서 해산한 것도 결국 우리 모두의 사이를 갈라놓은 것이다. 니이야마에게 나에 대한 나쁜 말을 심하게 하며 변절자나 배신자라고 말했다니 어떻게 그렇게 말하는가? 비겁하지 않는가? 이유를 말해. 자네는, 김중한이라는 남자는 마음이 변하기 쉬운 남자이고 오늘은 동지였다가도 내일은 스파이가 될지도 모른다고 말했던 이유가 무엇인가?
박 : 그렇게 말한 적이 없다. 자네의 태도가 늘 분명하지 못하고 갈팡질팡하는 성질이라고 말한 거다.

이때 니이야마가 옆에서

"김 씨는 오늘은 동지라도 내일은 마음에 따라서 스파이로 될지도 모

항일독립투사
박열

르는 남자라고 말하지 않았어요?"라고 따지고 물었다.

거기서 후미코가 박열에게 거들었다.

　김 씨의 마음이 변하기 쉽다는 것은 박열도 말했고 니이야마 씨도 말했다. 그러나 그것은 김 씨가 매우 변하기 쉬운 사람이라고 생각하기 때문이었다.

이것을 들은 김중한은 안색을 새파랗게 해서 욕설을 퍼부었다.

김 : 내 앞에 있는 이런 여자는 단지 여자라는 것뿐이지 어떠한 가치도 없다. 이 교활한 것이라고, 입 다물고 있어!
후미코 : 조용히 하세요, 이제 밤이 늦었으니 이웃에 폐를 끼칩니다. 이 집은 싸우는 장소가 아니니까 시끄럽게 하려면 밖으로 나가서 하세요.
김 : 이런 놈은 죽여버려!

　김중한은 말살사에서 받은 50cm 정도의 흰 칼집에서 단도를 꺼내고 일어섰다. 그러자 옆의 니이야마가 "아직 빨라, 아직 빨라"라는 의미 있는 말을 하니 멈췄다. 또 후미코는 박열의 앞을 가로막고 다가서면서 "좋아, 좋아, 해봐, 해봐"하고 이상하게 부추긴다. 그리고 김중한은 다다미에 단도를 꽂았다. 그러나 박열은 태연한 얼굴을 하고, "자네들과 싸울 기분이 아니야"하고 냉정하게 있었다고 한다(신문조서에서).

　이렇게 해서 일단 조용해지고, 이 말다툼에 모두가 가담하여 2조, 3조로 나누어져서 서로 말다툼이 이어졌다. 김중한과 박열의 싸움, 니이야마와 박열의 말다툼, 박열과 박흥곤의 말다툼, 장상중과 김중한의 말다툼, 후미코와 김중한의 말다툼으로 그들의 싸움은 5시간이나 계속되었다.

그래서 그날 밤 김중한과 박열의 큰 싸움으로 불령사도 흑우회도 사분오열되었다. 김중한의 입에서 상하이 의열단의 폭탄반입이라든가 황태자 결혼식 때에 폭탄을 던져서 죽인다든가 하는 박열의 계획이 회원들에게 무언가 두려움을 느끼게 한 것이다.

그날 밤은 모두 박열 집에서 자고, 아침 9시경 김중한, 니이야마 등 5명은 시부야의 전차종점까지 걸어가면서 이런 논의를 했다. "우리들은 박열 쪽과는 절연했으므로 이제는 종종 고려사(高麗舍)에 모여서 잡지를 내고 연구를 하는 등 무언가 일을 해야 한다." 그래서 다음 날 고려사에 모이기로 했다.

그런데 시부야의 정류장 근처까지 배웅하는 도중 몇 가지 오해를 풀기 위하여 후미코는 니이야마에게 짧은 한마디로 「서울의 김한」이란 이름을 꺼내고 그곳으로 박열이 연락을 취한 것을 넌지시 말했다. 이것이 후일 니이야마의 입에서 경찰이나 검사국의 청취서류에 기록되어 뜻밖으로 「대역사건」에 날조되는 요인이 되었다.

1923년 여름도 끝을 알리고 있었다. 그해 여름휴가에는 재도쿄 조선 학생의 두 개 단체가 고난에 처해있는 조국을 조금이나마 계몽하고픈 뜻으로 고향으로 돌아가서 「순회강연」을 했다. 그것은 유학생단체의 학우회와 또 하나는 고학생으로 조직된 형설회의 학생들이었다. 그것은 극히 일부의 사람들이었지만 획기적인 발상이었다.

8월 20일, 네즈곤겐(根津權現)의 셋방에 오스기, 모치즈키(望月桂), 이와사 등 2, 30명이 모여서 무정부주의자의 연합조직문제에 관한 상담회가 열렸다. 거기에 김중한과 니이야마 등 4명이 참석했다. 박열과 후미코는 참석하지 않았다.

이미 7월 프랑스에서 조기 귀국한 '오스기의 제안으로 『전국 아나키스트 동맹』을 결성하기 위하여 8월 하순 극비리에 제1회 모임을 우에노(上野池之端)에서, 제2회째는 네즈곤겐의 찻집에서 가졌다. 이 집회에서는 신임하는 동지만 구두로 전하여 약 4, 50명 모였다고 한다. 그러나 명칭의 문제로 이시구로(石黑銳一郎) 등이 반대해서 혼란이 왔고 오스기가 강하게 밀어붙이고 또 대항의식이 강한 가토(加藤一夫)의 움직임이 있기도 해서 분규가 있었다.

이것은 이윽고 쇼와(昭和) 초기에 아나키즘 운동 내부의 대립과 분열 항쟁의 씨앗이 되었다고 한다(하야미[逸見吉三] 「묘비가 없는 아나키스트의 군상」 『현대의 눈』 1972년 10월호).

그 여름 일본 정부는 빈발한 노동쟁의와 민중의 지지가 증대한 사회주의에 대해서 적의를 노골화하고 그 세력을 몰아내는 데 혈안이 되어 있었다.

그것을 통칭하여 정보정치라고 부르는 미즈노(水野鍊太郎) 내무대신의 지휘 아래 이미 6월 5일에는 공산당 대검거 사건(제1차)이 있고, 7월에는 나고야에서 공산당원 검거사건이 있었다. 경시청에서는 8월에 들어서 다가오는 '9월 2일의 국제청년데이'에서 사회주의자가 운동을 일으킬 것이라고 단정하여 차근차근 내탐을 진행하고 일제히 탄압을 가하고 있었다. 관헌 측에서는 이 기회에 사회주의자와 불령선인 등을 일망타진하려고 계획을 세운 것이다.

8월 29일, 경시청의 형사가 니이야마의 집을 찾아가서 니이야마의 이야기를 듣고 돌아갔다. 니이야마의 진술에는 "8월 29일 밤, 경시청의 조선 담당인 후토사이(太宰)라는 사람이 와서 나의 사상이나 교제 범위를 묻고 갔다"고 한다.

경찰은 박열 등의 동정을 살피고 있었다. 따라서 형사는 니이야마의 사상을 묻는 척하며 "박열에게 들은 이야기도 말해주세요"하고 강요했을 것이다. 경찰 측이 박열의 동정을 알았을 것이라는 증거에는 경시청의 조선 담당이 찾아왔다는 것으로도 충분하다. 싸움으로 인해 니이야마가 박열에게 나쁜 감정을 갖고 있다는 것도 경찰은 충분히 알고 있었던 것이다.

경시청이 박열 등의 동정을 알고 싶었던 것은 4일 후에 열릴「국제청년데이」의 행동을 탐지하기 위함이었을 것이다. 이렇게 해서 정보를 탐지하고 9월 2일의 행동을 기회로 모종의 묘략을 시작하기 위함이었다. 거기에 경시청의 조선 담당이 낌새를 알아차린 것은 '상하이의 폭탄반입'에 관한 내막이었다고 생각된다. 그즈음 박열이 누군가에게 상하이로 폭탄을 가지러 가게 했다는 소문이 새나갔기 때문이다. 그 당시의 일어난 것을 상세하게 에구치칸(江口渙)은 이렇게 말하고 있다.

지진이 일어나기 바로 전이니까 분명히 8월 중의 일이었다. 박열이 몰래 사람을 상하이에 보내서 폭탄을 매입한다는 소문이 사회주의자 사이에 퍼졌다. 그리고 폭탄을 매입하러 간 남자는 효민회(曉民會)의 하라타쿠(原澤武之助) 라고도 전해지고 있다. 이 같은 소문은 그 당시의 정보로서는 당연히 경찰의 귀에 들어간다.
— 「박열·후미코의 대역사건」
『문예춘추』 임시증간호 1955년 8월

이것이 단순한 소문이었던 때, 경시청은 박열의 '폭탄 사정'을 알아서 4일 후에 열리는 9월 2일의 「국제청년데이」에 관한 대책도 세우게 되었다. 아니면 조선인 박열의 폭탄(예를 들어, 헛소문이라 해도)을 9월 2일 「국제청년데이」에 연결지어 반대의 수단을 세울 수도 있을 것이다.

경시청의 조선 담당이 니이야마를 찾아갔을 때, 니이야마가 무엇을 누설했는지는 기록이 없으나 짐작은 간다. 이로부터 40일 후(10월 8일)에 그녀가 시부야 경찰서에서 도쿄 지방재판 검사 구로가와(黑川涉)에게 다음과 같이 숨김없이 진술한 것이다.

(전략) 김중한이 약 7회째 내 방에 숙박하고 숙박하지 않을 때도 처음은 매일같이 마지막은 격일 단위로 얼굴을 마주하고 있었습니다. 박열과도 격일로 만날 기회가 있어서 두 사람으로부터 여러 가지 이야기를 듣고 있었습니다. 그동안 나는 박열에게서 혁명에 관한 이야기를 듣기도 하고 김중한에게서 자신이 상하이에 가는 일을 박열로부터 의뢰받은 사실 등을 들었습니다만, 지금으로는 그 이야기가 대강 머리에 남아있을 뿐 언제 어느 곳에서 어떤 기회에 어떤 경로를 통해서 그 이야기를 들었는가를 명확하게 설명하는 것이 불가능합니다.

박열에게 들은 혁명의 이야기라는 것은 전에도 설명한 대로 내가 박열과 흑우회에 머물다가 돌아갈 때 나에게 뭔가 해볼 마음은 없는가 하고 물었던 일, 그 외에도 김중한은 이념의 연구는 하지만 직접 행동은 싫고 목숨이 아깝다고 말하기도 했습니다. 그러나 그것이 그 남자의 순진한 좋은 점이라며 말한 기억이 있습니다.

언제 어느 곳에서 있었는가 기억할 수 없지만, 혁명의 방법은 수도, 전기의 원천에 폭탄을 던져 도쿄시의 혼란을 틈타서 빈민굴에 방화하면 좋겠다고 말한 것을 말씀드릴 수 있습니다. 혁명을 한다면 이번 가을이 기회가 좋다고 하는 것을 말했던 적이 있습니다. 더구나 박열의 입에서 이번 가을 황태자의 결혼식이 있다는 것을 들은 기억도 확실히 있습니다. 그러나 이 이야기와 전의 혁명이라 말한 것이 동시에 들은 것은 아닙니다.

내가 이번 가을이 혁명에 좋은 기회라고 박열에게 들어서 이번 가을이란 경사스러운 때를 가리킨다는 것을 직감했습니다.

그것에 박열이 말하는 혁명이란 직접행동에 의한 혁명의 도화선인 행동을 의미하는 것입니다. 또 말씀드린다면 혁명의 방법이란 말이 나왔을 때, 박열은 희생자가 누가 되어도 상관이 없다고 말했습니다.

박열의 이야기를 들은 뒤 김중한에게도 수도, 전기의 근원을 파괴하고 방화하면 혁명의 도화선이 된다고 하는 말을 들은 적이 있습니다. 김중한의 말은 좌담 중에 나온 것이지만, 박열의 이야기는 내가 혁명의 방법이 무엇인가를 물었을 때 나온 대답이었습니다.

앞의 혁명 방법에 관한 이야기를 박열, 김중한 두 사람에게 들은 시기는 내가 김중한에게서 상하이행을 의뢰받았다는 이야기를 들었던 시기보다 이전이었다는 것은 틀림없습니다. (후략)

— 검사 구로가와의 「청취서」

또 경시청은 니이야마 쇼다이에 국한하지 않고 다른 불령사 멤버에게도 묻고 다녔다는 것을 충분히 생각할 수 있다. 박열의 집에 묵었던 구리하라(栗原—男)도 그런 동향에 마음이 불편했던 것이 아닌지 '8월 25일 부근의 니이쿠라(新倉, 사이타마현의 지명) 쪽에 방을 빌려서 8월 28일에 이사'를 했다는 것이다.

니이야마 집에 조선 담당 형사가 방문하고 난 다음 날인 30일 김중한은 고향의 평안남도로 귀국하기로 했다. 고향에 남겨진 이혼문제가 있어 그것을 해결하기 위해서였다.

그 사이 불령사 동료로서는 가장 연소하고 일본인이란 입장에서 냉정하다는 구리하라가 김중한을 방문해 "모두들 다시 한번 모여서 친목회를 하고 싶으니 과자라도 사서 먹으면서 화해하지 않을래요?"하고 말했다. 이것에 대해 김중한도 "화해합시다. 나도 별다른 원한도 갖고 있지 않으니 잘 말해주세요" 하고 대답했다.

김중한의 귀국은 하루 늦게 8월 31일 밤 도쿄역에서 출발했다. 2, 3명의 동료가 도쿄역까지 전송했다. 전송을 받은 김은 동료들에게 이런 말을 남기고 기차에 올랐다.

고국에 돌아가 2, 3개월 지나면 또 와서 이번에는 열심히 공부할래요. 이런 운동에는 싫증이 났고, 환멸을 느꼈어요.

이것은 그의 진심을 말한 것이리라. 전송나온 2, 3명의 동료에게도 진정한 충고였을 것이다. 그것은 '인간으로서 어떻게 살아야 할까?'와 박열처럼 '조선인은 어떻게 죽어야 할까?'의 서로 다른 시각을 나타내는지도 모른다.

김중한이 도쿄역에서 기차를 탈 무렵, 그것과는 다르게 「한일합병」의 깃발을 흔들며 일본 정부에 공로를 세우고 백작의 칭호를 받았던 송병준은 도쿄에 도착했다. 이런 종류의 무리가 빈번하게 서울과 도쿄 사이를 왕래하고 있었던 것이다. 하지만 오늘만은 '죽음의 땅'으로 뛰어든 것이다. 그 밤은 바로 간토 대지진의 전야였다.

제4장

간토 대지진의 희생양

지진 중의 대학살

1923년 9월 1일 새벽 도쿄지방은 비가 억수로 퍼붓고 있었다. 오전 10시쯤 비는 소강상태가 되어 11시쯤에는 하늘이 개고 따뜻한 바람이 불어왔다. 이제 낮이 되어 식사하려는 때였다. 번화가의 공장지대에서는 점심 식사 벨이 울리려는 참이었다. 그런데 정오 2분 전 돌연 집이 동요했다. 이것이 간토 대지진의 발단이었다.

최초의 진동은 7, 8분 계속되어 기둥 흔들리는 폭이 13~20cm이고 거기에 상하로 심하게 진동했다. 그런 후 2회째와 3회째의 큰 진동이 일어났을 때 건물 대부분이 붕괴하였다. 그때 이미 도쿄 시내의 곳곳에는 화재가 일어났다. 경시청 옥상에 설치한 화재 감시대에 있던 소방수의 보고에서는 최초 동요 때부터 불과 10분 후 시내 일대에 70개소의 불길이 솟았고 12시 20분에는 300개소로 늘어나서 그 이상 셀 수가 없었다고 한다. (에구치칸 『기괴한 7가지 이야기』)

이렇게 해서 도쿄는 계속되는 여진과 함께 화재의 도시로 변했다. '하늘에 태양은 있지만, 완전히 그 빛은 검은 잿빛으로 무섭게 빛나고 바람은 서서히 불기운을 일으키며 시시각각으로 강하여지니 그저 손을 놓고 맹위를 떨치는 대로 보고 있을 뿐'이었다(아사쿠라 [朝倉義朗] 『도쿄 대지진사』).

사람들은 쓰러지는 건물에 깔리거나 혹은 불에 타 죽는 자가 속출하고 공포와 불안에 쫓긴 시민은 광장으로 피난하였다.

우에노 공원에는 50만 명의 피난민이 밀려들었다고 한다. 여진과 화재는 9월 1일 정오부터 3일 아침까지 약 40시간이나 계속되었다. 이 참사와 동시에 전신, 전화 등의 통신기관은 일제히 파괴되고 도쿄 전체의 3분의 2는 폐허가 되었다.

공포에 사로잡힌 피난민은 불면과 피로 속에 식량 기아로 허덕이어 극도의 어려움에 빠졌다. 불바다에 뛰어들면서 잃은 아이를 부르는 엄마, 남편과 처를 목놓아 부르는 소리가 길거리에 넘쳤다. 공포와 불안에 벌벌 떨고 우에노의 숲에서는 목을 메달은 자도 있고 도쿄를 가로지르는 하천에는 검게 탄 시체가 여기저기 뜨고 하천에 있는 배까지 타버렸다.

거기에 고토(江東), 혼소(本所), 후카가와(深川) 일대는 처참함이 극에 달했다. 이 지역은 공장지대라서 수천의 남녀공원이 성벽 안에 갇힌 채 타 죽었다. 후카가와 일대의 주민이 안전지대라고 보고 도망간 혼소의 피복공장 뒤의 광장에서는 34,000명이나 한꺼번에 타죽었다.

진원지로 알려진 사가미만(相模灣) 부근은 지진과 동시에 토지가 함몰하여 수라장이 되었다. 군항인 요코스카(横須賀)는 전 시내가 연소하여 전멸했다. 2년분을 저장한 해군의 경유창고가 폭발하여 시민의 대부분이 사상자가 생겼다. 또 요코하마(横浜)는 도쿄보다도 더욱 심하게 불타올랐다. 요코하마 시내는 '하늘에서 뒤흔들리는 듯한 격동'이 있고 불과 수분 내에 무너지고 불바다가 되었다. 철도 노선은 '엿가락처럼 구부러져 버려서' 사망자의 수는 30,000명이나 되었다.

그렇지만 9월 2일의 저녁부터 도쿄와 요코하마의 시내에는 '조선인이 불을 붙인 거야'라는 소문으로 대소동이 일어났다. 즉 조선인이 우물에 독극물을 넣고 다니며 조선인에 의해 여러 명 살해된 집이 있고, 불령선인이 무리를 지어 도쿄에 습격하러 간다. 조선인들이 독립을 외치며 흉기를 들고 있다. 조선인이 복수하러 마을부터 습격하고 있다고 하는 여러 가지 소문이 떠돌았다. 이런 소문은 그럴듯한 시나리오까지 붙어 있었다.

'경시청, 국립극장, 내무성, 대장성, 또 문부성, 시라기야(白木屋, 면직물상), 아사히신문사도 모두 타버린 것이다. 불령선인이 폭발물을 던진 겁니다.' '조선인이 도쿄에서 닥치는 대로 방화를 하고 다닌다. 이 큰 화재의 대부분은 그들의 소행이다.'

그 유언비어는 '불을 지른다', '폭탄을 던진다', '우물에 독을 넣고 간다'고 하는 것뿐이 아니었다. 조선인에 의한 폭동설, 혁명설, 심지어 황태자에 대한 습격설까지 그럴듯하게 퍼졌다.

> … 불령선인의 폭동은 매우 조직적 근거가 있을 것이다. 이달 2일 조선 독립운동에 관한 대회를 개최하고 황태자 결혼식 날에 일을 일으킬 예정으로 이미 요코하마, 도쿄에 집합해 있었는데, 1일의 사태를 만나서 운 좋게 활동을 개시했다.
> ―『홋카이타임즈』1923년 9월 6일호

게다가 그것은 다음과 같은 여러 가지 기사까지 실렸다.

> 불령선인의 음모에 결혼잔치 날을 맞아 러시아제 휴대 단총
> [5일 오전 11시 우츠노미야(宇都宮, 도치기현) 경유]

조선인의 음모는 이번 가을 행하는 잔치 날 행사시간에 착착 진행할 예정인데, 이번의 지진재난에 자연스럽게 편승하여 갑자기 행하였고 폭탄은 아직 불명, 그리고 그들 중에는 상하이, 조선에서 잠입한 것으로 보여 그 목적을 알아보기 위하여 당국은 수색을 대대적으로 하고 각 역에서 범인을 붙잡는 일이 많다.

나는 단서로 불령선인의 거두인 장정들이 군대에 붙잡혀서 자백하고 있는 것을 들었다. 그들은 210일의 기한을 정해서 봉기할 계획을 세우고 8월 28일에 은행, 우체국의 예금을 모두 인출하여 준비했다. 만약 210일이 무사히 넘어간다면 이번 가을의 잔치 날을 기하여 행동할 것을 결정해 놓았는데, 마침 지진에 편승해서 활동한 것이라고 자백했다.

조선인들은 동궁 전하의 성혼식 날 일제히 폭동을 일으킬 것을 고려해서 폭탄을 몰래 준비하고 있었는데, 지진으로 일제히 활동했다고 전한다. 또 2일에는 이것에 관한 협의회를 개최할 예정이 있었다고 전한다. 그들 중에는 또 누군가 나중에 잡힌 것 같은데, 죽음을 각오하고 결국 사실을 실토하지 않았다.

— 『홋카이타임즈』 1923년 9월 7일호

이처럼 다양한 소문이 돌아 지진으로 공포와 흥분에 사로잡힌 모든 시민이 살기에 차 있었다. 결국, 불바다로 만든 것은 조선인 때문이다. 제국의 수도를 불태우고 일본인을 태워죽이게 한 것은 조선인이라고 말하게 한 것이다. 거기에 부합하듯이 간토 계엄사령부가 설치되어 군대가 출동하고 한편으로 재향군인과 우익폭력단을 주축으로 하는 「자치경찰단(自警団)」이 마을마다 조직되었다.

9월 2일의 저녁 무렵부터 시내 전역에 이 자경단의 살기 어린 목소리가 울려 퍼졌다. 붉은 힘줄이 들어간 초롱불을 팔에 낀 한 무리가 죽창, 목도, 쇠갈고리, 곤봉, 일본도, 권총을 손에 들고 "여러분, 조선인들이 우리의 집들을 모두 태워버렸으니 조선인이 보이면 죽이세요"라고 외쳤다.

이것은 단순한 소문이나 떠도는 말이 아니고 '전령'이고 '명령'이 되어 전달되었다. 9월 2일 『계엄령』이 선포되었다. 즉 조선인이 불을 붙이고 다닌다고 고시(告示)하여 '조선인을 죽여도 괜찮다'라는 명령이 내려졌다. 예를 들면, 『도쿄 일일신문』에 「조선인을 살해해도 괜찮다는 포고가 났다」라고 보도되고 도쿄, 요코하마 시내는 말할 것도 없고 간토 각 지역의 역 앞, 지방 관공서, 도로의 요소, 통로의 벽까지 이 고시를 제일 먼저 부착했다. 그 보도에는 우선 첫째로 '황실의 평안'을 쓰고 다음에 야마모토(山本) 내각의 성립(9월 2일 오후 5시)을 알리고, 그리고 마지막으로

조선인 및 사회주의자 중에 불온 불령을 기도하는 자가 있어 그들에게 틈을 주지 않기 위하여 시민 여러분은 군대, 경찰과 협력해서 충분한 경계를 바란다. 우물에 독을 던지는 자가 있으니 부녀자들은 우물에 주의하세요.

— 『도쿄 일일신문』

천황제의 절대 정치에 길들여진 일본국민에게는 정부와 군대 및 경찰의 『고시』에 틀림없다고 생각하며 신문 보도에 거짓이 없을 것이라 믿었다.

이렇게 해서 간토 전역에 「조선인 살해」의 소리가 용솟음쳤다. 군대, 경찰, 자경단에 의한 「조선인 사냥」의 그물을 펼쳤다. 시내의 자경단은 길모퉁이에 사람을 모으고 손에 손에 흉기를 쥐어서 당장이라도 달려들 것만 같은 태도를 보였다.

정보는 도깨비처럼 퍼졌다. 『아사히신문』 호외는 '조선인 2만, 보소 반도(房總半島, 치바현의 남단)에 상륙, 나라시노(習志野, 치바현의 도시)에 집결을 마치고 바로 지금 도쿄에 진군 중'이라고 보도했다. 결국, 일본 역사 이래 가장 중대한 일이라는 것이다. 이렇게 해서 일본 각지의 사단 부대가 계속해서 수도로 향해서 모였다.

간토 계엄사령관에 임명된 육군 대장 후쿠다(福田雅太郎)는 간토 일원을 5개 지구로 나누어 군대를 배치했다. 육군성은 '보소반도에서 상륙하는 조선인 2만'의 상황을 탐지하기 위하여 군용기 2대를 띄우고 보소반도에서 이즈제도(伊豆七島)까지 정찰을 시켰다. 무선에 의해서 사태를 탐지한 항해 중인 일본 함대는 바로 조선 해협으로 직항해서 경계에 임했다. 군의 위신을 나타내기 위하여 계엄사령부 참모장 아베(阿部行藏)는 다음과 같이 밝혔다.

도쿄, 가나가와, 치바, 사이타마의 1부 3현에 달하는 계엄지대에 집중한 병력은 보병 21개 연대, 기병 6개 연대, 포병 7개 연대, 공병 18대대, 기타 각 종류를 합해서 5~6개 사단이 되어 마치 1921년 간토평야의 특별 대훈련에 참가하는 병력에 상당하는 대병력이 대부분 일본 전국의 각지에서 집합하였다. 그 경비망은 서쪽은 미시마 고텐바(三島御殿場)에서 하다노(秦野厚木) 부근, 사가미(相模) 평지를 맡고 북쪽은 사이타마의 북부, 동쪽은 나베코(銚子佐倉) 부근, 남쪽은 보슈 다테야마(房州館山)에 까지 확대했다.

요코하마에서는 9월 2일 낮부터 「조선인 내습」의 경보가 나가고 장정들은 모두 무기를 휴대하고 "선로 부근에 피난한 여자아이는 모두 배 안으로 들어가라", "부녀자는 숨고 배에 있는 사람은 조용히 해요"하게 하고 청년단이 타다 남은 중학교에서 총기를 꺼내어 야전 모의 훈련으로

'조선인 사냥'을 했다. 즉 같은 패끼리의 싸움을 피하기 위하여 머리에 붉은 수건을 둘러 '야마(山)'와 '가와(川)'의 말을 암호로 사용하여 야간 대 습격을 단행했다. 노름꾼이 많았던 사이타마현의 도코로자와(所泥), 구마 가야(熊谷)에서는 노상 살육의 처참함이 극에 달했다. 후나바시(船橋, 치바 현의 지명)도 학살의 거리로 변했다.

곳곳의 검문소에서는 조선인을 판별하기 위해 통행인에게 '십오엔 오십 전', '가기구게고'를 발음하게 하거나 『교육칙어』를 암송하게 했다. 그래서 '일본인 같다'고 확인된 사람은 통과하고 조금이라도 발음이 이 상하다면 조선인으로 인정하여 찔러죽었다. 일본인이라도 동북지방 등 의 지방 사투리가 있으면 '조선인'으로 인정하여 머리에 곤봉을 내리쳤 다. 그래서 공포를 느끼고 '벙어리' 흉내를 낸 사람도 있었다. 그 이후 ' 벙어리는 모두 조선인이다'라고 해서 말을 하지 못하는 벙어리가 무참 히 살해되기도 했다.

— 미야부(宮武外骨)『지진재해 화보』

도쿄 안팎은 반 정도가 광기로 나타났다. 도쿄에 왔던 지방의 사람도 많이 살해되었다. 그 때문에 일본인도 그냥 걸어 다닐 수가 없었다. 조 선인으로 잘못 인정되어 반죽음에 처한 일본인도 많았다. 그 때문일까 ' 나는 일인이다'라고 쓴 판자를 등에 매달고 걷는 사람도 나타났다. 그러 나 이것도 인정되지 않아서 그중에는 '이 사람 일본인임-○○○경찰서' 라고 붓글씨로 쓴 것을 매달고 다니게 되었다. 그만큼 자경단의 '조선인 사냥'이 철저했다. 이렇게 해서 도쿄와 요코하마의 노상에는 학살시체가 굴러다니고 도쿄만에서는 죽은 시신이 끊이지 않고 길게 떠다녀서 낚은 고기는 먹지 않았다고 한다. (宮武外骨『지진재해 화보』)

사실이 아닌 것을 조선인에게 덮어씌워서 처참한 살인을 저지른 것은 악질적인 유언비어를 만든 것과 관련이 있다. 이것은 역시 조선 통치의 잔인함을 이야기하는 것이고 당시 조선인 멸시를 실증한 것이다. 또 다량의 학살행위는 메이지 시대 이래 천황 이데올로기의 산물이라 해도 좋다. 더욱이 그것이 하나의 선동적인 인신공격에 의한 계획된 것으로 가공할만한 대사건이었다.

이 참살 극을 연출한 것은 군대, 경찰뿐만 아니었다. 마을 사람까지 합세한 자경단이 온갖 흉기를 메고 '조선인 찾기'에 광분하여 조선인 살해에 동원되었다. 쇠갈고리, 철사, 권총, 죽창, 일본도 등을 무기로 조선인으로 보이면 바로 "방화범, 원수"하고 부르며 한마디도 없이 때려죽인 것이다.

당시의 선동선전 유포와 학살 모습은 도저히 말로 담을 수 없이 잔혹한 것이다. 더욱 잔인한 일례는 잡은 자를 전주에 결박해서 먼저 눈을 빼고 코를 잘라 버리고 그 고통을 충분히 바라본 다음에 배를 찔러 죽인 것이다.

게다가 비참한 일 중의 하나는 조선인 여학생들을 벌거벗겨서 능욕을 가한 다음 잔인하게 살해한 장면이다. 이 장면을 일본에서는 누구도 언급하지 않는다. 즉 간다의 노상에서 조선인 여학생 수십 명을 발가벗겨서 양쪽 다리를 벌리고 생식기에 칼을 찔러서 "여자는 이렇게 해서 죽이는 것이 묘미가 있다"라고 재미있게 웃은 후에 죽였다.

또 다른 곳에서는 '남녀 수십 명을 발가벗겨서 거리를 걷게 하고 몇 시간이나 동물적인 희롱을 한 후 찔러 죽였다'는 것이다. 9월 7일 군대가 조선 유학생 368명을 체포하고 스미다가와(隅田川) 언덕에서 기관총으로 사살했다. (1924년 3월 「조선인 독립에 관한 조선인 저항」 현대사 자료 『간토 대지진과 조선인』)

또 일부의 조선인은 마을의 쇠갈고리를 운 좋게 피하여 지방행 기차에 잠입했지만, 거기도 군대의 칼과 총 그리고 맹렬한 국수주의자가 기다리고 있었다. 당시 사관후보생으로 조선인 사냥에 출동한 엣츄(越中谷利一)는 회고담을 다음과 같이 말하고 있다.

나라시노(習志野) 기병연대가 9월 2일 정오 조금 전에 출동하여 가메도(龜戶)에 도착한 때는 오후 2시경, 연대는 행동의 시작으로 우선 열차에서 일제 조사를 했다. 장교는 칼을 뽑아 들고 열차의 내외를 조사 다녔다. 어느 열차도 초만원으로 기관차의 석탄 위까지 파리처럼 달라붙어 있었지만, 그중에 섞여 있는 조선인은 모두 끌어내렸다. 그리고 바로 시퍼런 칼날과 총검으로 차례차례로 쓰러뜨렸다. 일본인 피난민 중에서는 폭풍처럼 용솟는 만세 환호의 소리로 "나라의 적(國賊)! 조선인은 모두 죽이세요!"를 외쳤다. 우리 연대는 이것을 시작의 희생제물로 해서 그날 저녁부터 밤에 걸쳐서 본격적인 조선인 사냥을 하기 시작했다.

— 엣츄 회고담 중에서

… 열차 안에서 보면 역마다 "조선인, 조선인 빨리 죽이세요!" 하고 시끄럽게 돌아다닌다…. 시라카와(白河) 역까지 '국수회'라고 새긴 견장을 한 청년들이 탑승해서 경계에 임했는데 그 태도의 오만불손한 것은 누구도 눈 뜨고 볼 수 없는 풍경이었다.

—『하북신보』 1923년 9월 6일

이렇게 해서 학살된 자를 6,000명으로 추정하고 있다. 중국인도 500명 정도 살해되었다. 그 잔인성, 그 규모와 음모성, 그 기괴함에 있어서 매우 드문 역사적 사건일 것이다.

그런데 도쿄에 있는 각국의 사신들이 이런 처참한 학살 풍경을 관망하면서 일본 정부에 항의를 신청한 것이다. 그때 외국의 대사관원, 공사관원이 히비야(日比谷)의 제국호텔에 피난해 있었는데, 예기치 않게 호텔에 서로 동숙하며 아침저녁으로 식당에서 얼굴을 마주하게 되었다. 화제는 당연 '학살'에 관한 것이었다.

특히 미국의 대사가 강력하게 항의하였다. 미국은 조선 내에 많은 선교사를 파송해 놓고, 4년 전 3·1운동 때의 상황을 잘 알고 있었다. 그래서 군축문제, 기타 등에 있어서도 일본제국에 대해서 엄격한 태도를 취하고 있었다. 에구치칸은 항의문 내용을 다음과 같이 요약하고 있다.

이 같은 놀라운 대학살을 한낮에 공공연하게 일으킨 일본이란 나라는 결코 문명국이라고 인정할 수 없다. 특히 이것을 태연하게 보고 있으며 중단하려 하지 않은 일본 정부는 세계에서도 제일 야만적인 정부이다. 이 같은 정부와 국민을 상대해서 우리는 앞으로 정상적인 국교를 맺어 나가는 것이 가능할까?

— 『인물왕래』 1957년 1월호

문명개화를 목표로 한 지 50년이 된 일본이 지금 시점에서 세계로부터 '야만 국가'의 표시를 받을 만큼 두려운 일은 없었을 것이다.

그래서 조선인에 대한 학살의 중지 명령을 내렸다. 그것은 대략 9월 5일경으로 보인다. 그러나 실제는 9월 10일 지나서도 학살이 진행되었다.

만일 각국 대신들의 이름을 연명한 항의문이 없었다면 조선인은 전멸되었음이 틀림없다. 이처럼 일본 당국의 은폐 작전 등으로 여러 가지의 잔꾀를 부리기 시작한 것이다. 왜 대지진이 한창인 시기를 틈타서 조선인과 사회주의자를 희생제물로 했을까?

関東大地震直後，不当逮捕される朝鮮人。

대지진 직후, 불법 체포된 조선인들.

제1차 세계대전 후의 대세는 약육강식을 체질로 하는 제국주의를 취해서는 지탱하기 어려운 퇴조 분위기였다. 윌슨 미 대통령에 의해서 「민족자결주의」가 제창되고 유럽에서는 몇 개의 약소민족이 하나씩 둘씩 독립을 선언했다. 그 과정에서 조선에서 3·1운동(독립운동)이 일어나니 일본제국도 흔들렸다.

한편으로는 러시아 혁명이 일어나고 사상 처음으로 사회주의 국가가 출현한다. 그래서 노동 운동과 사회주의 및 평화운동이라는 인민연대의 벨트가 만들어졌다. 그리고 여러 나라 사이에서는 군축문제와 군대 무용론이 고개를 들었다.

또 일본 국내에서는 민본주의의 태동, 경제공황, 반전사상의 앙양, 군대거부, 쌀 소동 후의 민심이반, 시베리아 출병 실패에 의한 제국 정부의 위신 실추, 혁신정당의 등장, 노동계급의 자각, 스트라이크의 빈발, 아나키스트의 직접행동 등이 있었다.

이러한 정세 속에서 제국주의자는 위협을 느끼고 관헌 정치는 당황했다. 특히 당황한 것은 일본 군부와 국수주의자였다. 민본주의자와 사회운동의 상승기가 되어 반전운동과 군대거부 사상이 두드러졌다. 입대 중의 병사가 탈영하여 노동 운동에 가담한 사례도 있고, 병영 근처의 전신주에 '반전 선전물'이 많이 붙어있었다. 소위 다이쇼 데모크라시의 사상적 흐름 중에서 사람들은 메이지 이후 제국주의의 상태에서 깨어났다.

게다가 다이쇼의 천황은 정신병을 오랫동안 앓고 있어 유명무실한 존재이고, 신성(神聖)한 백성의 감정도 약하였다. 세계의 조류는 지배구조의 조직을 간파하는 지혜를 주어 민중의 눈은 예리하게 되어갔다. 특히 쌀 소동 이후 민심은 정부로부터 떠나고 관헌과의 대립의식이 강해졌다.

그래서 일본제국 정부와 군부는 그 자신의 회색을 뽑고 그 자신을 두드러지게 나타내기 위해서는 일본국민 앞에 「공포의 가상적」을 만들어서 군대 증강의 필요성을 강조하고 군비 확대 사상을 선전할 필요가 있었다. 적당한 혼란 소동을 연출해서 '군대 출동에 의한 진압'을 민중에게 일부러 보이는 일, 그것이 미리 꾸며 놓은 계획이었다.

　앞서 말한 대로 내무상 미즈노(水野鍊太郎)는 정보정치가로서 유명하다. 그는 신흥 혁신세력을 궤멸하기 위하여 경시청의 부하를 동원해서 전력을 쏟았다. 그해(1923년) 6월에는 겨우 창립만 한 일본 공산당을 일제 검거하고 그다음으로 9월 2일의 『국제청년데이』의 행동에 표적을 두었다. 이 기회에 혁신세력을 철저하게 궤멸할 것을 준비하고 있었다. 그것은 박열 그룹이 '천황, 황태자에 투척할 폭탄을 상하이로 구하러 갔다'는 정보를 바탕으로 조선인이 의회, 경시청에 폭탄을 투척한다는 식으로 선동을 퍼뜨릴 계획이었던 것이다. 그래서 『국제청년데이』에 궐기한 '이념 주의자(主義者)'와 '조선인'을 일괄하여 궤멸할 작전을 세웠다고 말해도 좋다.

　그런데 9월 1일 정오에 대지진이 일어난 것이다. 하지만 결과는 동일하였다. 일본 군부로서는 이 기회야말로 공포의 가상적을 만들 기회였다. 그것은 '내란을 계획했다'라고 하는 선동 만들기였다. 그 가상적에 쉽게 「불령선인」을 설정했다. 가상적에 조선인을 목표로 한 심리로서는 4년 전에 일어난 조선독립 만세 사건(3.1운동)에 대한 보복감정이 담겨 있었고, 한편으로는 상하이에 있던 조선 임시정부나 그 별동대인 의열단의 폭탄 전술에 대한 보복으로 보아도 좋을 것이다.

　그래서 「가상적」에 민중의 원한을 부추기기 위하여 '조선인이 불을 붙이고 다닌다', '폭탄을 던진다', '우물에 독을 던진다', '부녀자를 폭행한다', '일부는 약탈한다'라고 소문을 피운 것이다. 결국, 가상적을 진짜로 만들기 위하여 민중을 끌어드릴 필요가 있었다. 그것이 계엄령을 포고하고 군대를 출동시켜 조선인을 진압한다는 모략이었던 것이다.

일본 관헌의 모략성에 대해서 가와가미(河上肇)가 『자서전』에서 제시하고 있다. 그들은 장시간에 걸쳐 여론조성을 하고 그것을 더욱더 발설하여 민중의 호응을 받기 위하여 기묘하게 선동을 부추기고 있지만, 그것은 제1류 작가의 상상과 직감의 힘에도 미치지 못한다고 말한다.

역사가인 다카하시(高橋磺一)에 의하면, "간토 대지진이 일어나기 전부터 경찰은 '지진이 일어난다면 조선인을 조심하라'하고 버젓이 알리고 있었다"라고 말한다. 그들은 근거도 없이 소문을 퍼뜨리고 민심을 예상대로 조종하고 있었다. 이렇게 해서 민심을 소요시켜서 '조선인'과 '이념주의자'의 말살 극을 연출시켰다.

말하자면 『임시지진구조사무국 경비부』는 주로 조선인 대책 기관이고, 경비부장은 내무성 경보국장이었다. 경비부의 9월 5일 오전에 만든 "극비"의 「협의」사항은 다음과 같다.

제1은 일본제국에 불리한 선전, 풍문을 절대로 방지할 것. 이 살육사건의 '발표'에 관해서는 결코 관청 이름을 사용하지 말 것. 즉 관계 각자의 담화 형식으로 발표할 것.
제2는 일부의 조선인이 실제로 방화, 약탈, 폭탄 투척 등이 있었다. 그 때문에 혼란이 일어났고 조선인 살해도 소수이다. 또 일본인에게 위해도 다수 있었다고 선전할 것.
제3은 조선인의 폭행 또는 폭행에 직면한 사실을 강력히 수사하고 이것

을 가능한 한 긍정적으로 수사하도록 노력할 것. 그러기 위해서는
조선인에 관한 풍문을 '사실로서 가능한 한 긍정하도록 노력할 것'.
제4는 살해의 참상이 해외에 전파되지 않도록 조선인은 일제 출국시키
지 말 것.
제5는 조선인의 다수는 무사하다는 것을 선전하고 이미 군대나 경찰에
감금된 사람은 "보호조치 중"이라고 선전할 것.
제6은 대량의 시체를 신속하게 소각 또는 매장할 것.
제7은 조선인을 함부로 살해하지는 말 것.
제8은 자경단의 단속에 힘쓴다. 또 '유언비어'에 현혹되지 말 것.
— 『임시지진구조사무국 경비부』의 극비의 「협의사항」

이것들은 조선인에 대한 "죄 덮어씌우기"로서 그 기괴성은 대단했
다. 이미 일본인에 대해서는 살인행위까지도 묻지 않으면서 조선인에
대해서는 '불탄 자리에서 돈을 습득한' 죄까지 날조하였다.

예를 들면, '남규원, 절도 = 9월 2일, 아즈마(吾妻)쵸 쥬마바시 부근
에서 성명 불상자의 의류 2점이 든 종이 1포를 절취하다', '이경재, 절
도 = 9월 2일, 요코하마 시내 불탄 자리에서 불탄 돈 1엔 78전을 절취하
다', '한용보, 절도횡령 = 9월 1일, 간다구 전찻길 및 진보쵸의 불탄 자
리에서 모자 1개를 습득하고 금 17엔 77전을 절도함'과 같은 방식이다.

그리고 결정적으로는 강제 구인할 수단으로는 「폭탄」을 걸어서 날
조 작업을 만들었다. 결국, 일본 당국은 박열 그룹(불령사)를 '조선인이
방화하고 폭탄투척을 계획하고 있었다'라고 조작하는 절차를 진행한
것이다.

에구치칸의 설명을 빌리면,

　　박열이 「천황을 살해할 목적을 가지고, 상하이까지 폭탄을 사러 갔
다」는 식으로 해서…. 폭탄까지 사용해서 천황을 살해하려고 할 정도의
악한 마음이 그 속에 있었기 때문에 죄도 없는 조선인이 2,000~3,000
명이나 그 불똥이 튀어서 저와 같이 살해된 것이라고 하면, 외국인에 대
해서도 어느 정도의 대량 학살을 중지할 수 없었던 이유로 설명이 될 수
있을 것이다….

이 말은 당시의 이주인(伊集院) 대신의 『조선인에 관한 성명서』에도 설
명되어 있다.

　　과격사상을 가진 박열(박준식) 등 10여 명이 일본인 수 명과 함께 불
손한 목적을 가지고 비밀결사를 조직한 사실이 있음을 발견하였기에 이
를 기소하고 중대한 범죄 혐의가 있어서 바로 그것을 신문하게 되었다.
그렇지만 위 사람 등은 지진 직후 보호감호를 받은 것으로 보아 지진 후
의 범죄에 직접 관계하지 않았는가를 열어놓고 있다.
　　　　　　　　　　　　　　　　　　　　　　　— 『조선인에 관한 성명서』

이런 식으로 애매한 표현을 하고 있는데, 이것을 '폭탄'에 결부시켜
억지로 강행할 필요가 있었다. 이것도 외국인에게 보여주기 위한 것으로
조선인 학살에 대한 「유언비어」의 근거로 삼기 위한 것이었다.

불령사 그룹의 총 검거

대지진에도 상관없이 박열, 후미코의 거주지는 무너지지 않았고 화재도 없었다. 지진이 일어난 9월 1일의 저녁, 4일 전에 이사 온 구리하라 (栗原—男)가 방문하여 그날 밤은 집 앞의 빈터에서 잠을 잤다. 다음 날 2일 아침 최규종도 왔다. 모두 아침 식사를 한 후 박열과 후미코는 2층에서 도배를 했고 동거인인 김철은 1층에서 청소를 했다. 이것을 보고 있던 최규종이 큰 소리를 내고 있었다. 그는 술에 취해 있었다.

"혁명은 이때 하지 않으면 일어나지 않는다. 이런 시기에 집을 도배하고 청소를 하는가?"

이 말을 들은 후미코가 아래로 내려가서 최에게 "그런 식으로 술 취하여 소리를 지르면 셋집 살기 어렵다"하고 나무랐다 (구리하라의 진술).

박열의 집 주변에는 항상 형사 두 사람 정도가 망을 보고 있었지만, 이때 있었는지 어떤지는 알 수 없다. 어쨌든 그날 저녁쯤부터 '조선인과 사회주의자가 폭동을 일으켰다'는 정치 선동이 일제히 퍼졌고 학살을 시작했지만, 관헌 측에서 보면 앞의 최와 같은 소리는 귀신의 머리라도 잡은 듯이 활용할 것이다.

다음 날 9월 2일 박열은 여기저기를 서성거리고 있었다. 우선 동지의 안부를 걱정한 것으로 보이며, 다끼노가와(瀧野川, 도쿄의 북구)의 고려사(高麗舍)를 방문했다. 거기에는 불령사 동료가 3세대, 그 외 동포 학생이 살고 있었다. 그는 우익의 기타잇키(北一輝)의 집을 방문하여 금 20엔의 기부금을 받았다고 한다.

그리고서 박열은 변호사 후세 다츠지를 방문하고 있었다. 어쩌면 부흥자금의 모금을 빌리려 갔다고 생각할 수 있다. 앞의 기타잇키를 방문하여 받은 돈도 부흥자금일 것이다. 후세 변호사는 이렇게 기록하고 있다.

> 어떤 계획인지 모르지만 어쨌든 어떤 문제로서 투쟁운동을 일으키려는 용무로 지진 다음 날 내 처소로 왔다…. '조선인을 해치워라', '이념 주의자를 죽이라'고 하는 군벌 테러의 선동에서 도움받지 못한 조선인이 시나가와(品川)에서도 학살되었다, 세다가야(世田谷)에서도 학살되었다, 요츠야(四谷)에서도 학살되었다는 소문으로 누구 한 사람도 오지 않았다. 다만 박열 군 한 사람만 청년운동의 협의로 필자의 요츠야(四谷) 아라키(荒木)쵸의 사무실에 왔다. 박군의 혁명가다운 비범함이 녹아있어서 기쁘다.
>
> — 후세 다츠지 외 『운명의 승리자 박열』

그리고 9월 3일 오후, 박열은 보호 감찰의 명목으로 요도바시(淀橋) 경찰서에 수감 되었다. 일본 당국은 박열을 죽이기 위하여 체포한 것일까? 그렇지 않으면 학살의 선풍 속에 '불령선인'으로서 위해를 저지를 수 있기 때문에 문자 그대로 '보호 감찰'을 한 것일까? 거기는 미묘함이 있지만, 살해하려고 한 속셈이 강하다.

앞에서도 말했듯이 재도쿄의 외국 사신연맹의 항의문을 접수한 일본 외무성은 놀라고, 계엄사령부는 바로 조선인의 살해중지를 명령했다. 그러나 이미 수천 명이 넘는 학살행위에 대해서 무엇으로 변명해야 할까? 그것이 문제의 초점이 되었을 것이다.

우선 일본 정부는 학살의 현장을 적극적으로 은폐하고 그 실상을 조사하기 위하여 일본에 건너온 조선인 기자를 미행하여 감시하고 조선에서는 지진의 이야기를 교환해도 거꾸로 '유언비어의 죄'로 처리했다.

그리고서 일본 정부는 제외국용의 변명 자료를 제공하기 위하여 불령선인으로 자칭하는 박열 그룹(불령사)을 뭔가 원흉으로 날조해야 할 계획을 세운 것이다. 김중한, 니이야마가 폭로한 "의열단의 폭탄"이나 "천황, 황태자에게 폭탄을 투척하는 것", "노동기념일을 기해서 관공서에 폭탄을 던진다"고 한 사전 계획을 절호의 자료로 해서 그럴듯한 미수사건처럼 조작하는 공작을 계획했다. 네즈마사시(根津齊史)는 『대일본제국의 붕괴』에서 다음과 같이 지적하고 있다.

일본 정부는 국민에 대해서도 대지진이 있었을 때 조선인 학살, 박해의 이유를 무엇인가 만들지 않으면 안 되는 입장이었다. 그래서 박열이 폭탄 입수의 노력을 하고 있었던 것은 꼭 알맞은 재료가 되었다. 이것을 사건으로 만들기 위해서는 대역죄라는 포석을 놓을 필요가 있었다.
— 네즈마사시의 말 중에서

에구치칸도 같은 취지로 다음과 같이 쓰고 있다.

그들은 왜 조선인을 그렇게 많이 살해하지 않으면 안 되었을까? 그 원인을 외국에 설명하지 않으면 안 된다. 거기에는 조선인이 대지진의 혼란을 틈타서 여차여차한 놀라운 악한 일을 계획했다. 그러니까 일본인의 반감을 사서 저런 일을 저지른 거라고 말하지 않을 수 없다. 그리고

마침내 어느샌가 관헌의 손에서 날조된 것이 박열 사건이다.(에구치칸「박
열·후미코 대역사건」『문예춘추』임시증간호 1955년 8월)

이렇게 하여 불령사의 전원을 관할하는 시부야 경찰서에서 구속하
고, 도쿄지방 재판소 검사국의 이시다(石田基) 검사 지휘하에 구로가와(黑
川涉), 히라다(平田勳)의 두 검사와 야마다(山田) 경찰 등이 취조를 맡았다.
　취조 관헌은 특히 니이야마에게 중점을 두고 무리하게 졸라매어서 모
든 것을 실토하게 했다. 니이야마는 연인인 김중한과 박열의 싸움에 대
한 원한을 품고 간접적으로 들은 것을 꼬리를 붙여서 해석하여 "직감했
다"고 하는 말로 관헌의 주문대로 말하지 않고 오히려 과장해서 다음과
같이 진술했다.

　박열에게서 들은 '금년 가을이 혁명의 호기다'라고 말하는 것을 나는
경사스러운 황태자 결혼식 때 임을 직감했다. 또 앞서 진술한 그대로 김
중한으로부터 들은 것으로, 박열이 김중한에게 폭탄을 가지고 오도록 상
하이에 갈 것을 의뢰한 것으로 해석했다. 그래서 위 둘의 이야기를 종합
해서 박열이 이번 가을 나라의 경사스러운 날을 기해서 직접 행동을 하
기 위해 김중한에게 폭탄을 의뢰했다는 생각이 들었고, 이것을 경시청의
조사 때 진술한 것입니다.

　언제 어디서 들었는지는 기억이 없지만, 혁명의 방법은 수도 전기의
원천에 폭탄을 던져 도쿄 시내의 혼란을 틈타서 빈민굴에 방화하면 좋
다고 말씀드린 것과 혁명을 한다면 가을이 시기가 적합하다고 하는 것
을 이야기한 적이 있습니다. 또 박열의 입에서 이번 가을 황태자 결혼식
이 있는 것을 들었던 기억도 확실합니다. 그러나 이 이야기와 혁명 운운
하는 이야기를 동시에 들은 것은 아닙니다. 내가, 이번 가을이 혁명의 호

기라고 박열에게 들어서 이번 가을이란 경사스런 때를 가리킨다고 직감했습니다.

— 1923년 10월 14일, 이치가야 형무소에서 니이야마의 진술

이와 같이 니이야마는 박열에게 들었다고 하는 이야기를 자신의 멋대로 '해석하고', '직감하고' 또 별도의 다른 이야기를 멋대로 '두개의 관념을 종합해 그것을 조작하여' 진술했다. 그녀는 처음(10월 7일) 경시청의 야마다 경찰에 진술했을 때 이미 관헌 측에서는 박열에 대한 「대역죄」 적용이란 복안을 가지고 있어서 다음과 같은 말을 해도 아무런 지장을 초래하지 않았다.

내가 이해하는 범위에서는 박열과 이야기하는 사람은 직접 행동과 같은 것을 실행할 인물이 없습니다. 김중한에게 상하이에 가서 폭탄을 가지고 오도록 부탁했다고 해도 그것은 실행할 의사가 있어서 의뢰한 것이 아니고 자기의 입장을 옹호할 목적을 가지고 이름을 팔기 위한 일이 었다고 나는 생각합니다.

또 니이야마는 훨씬 중대한 것을 발설했다. 그것은 후미코에게서 한마디 들었을 뿐인 서울의 「의열단원, 김한」이라는 이름이었다. 이것이 박열을 「대역죄」로 씌우는 유력한 자료가 되었다. 전에도 말했듯이, 8월 11일 밤 불령사 정기모임에서 김중한과 박열이 말다툼을 하고 모두 박열 집에서 잔 다음 날 아침 니이야마의 오해를 풀려고 니이야마를 정류장까지 환송한 때에 후미코는 짧은 한마디로 서울의 김한에게서 편지를 받았다는 것을 누설한 것이다. 그것을 니이야마는 관헌 앞에서 발설한 것이다.

다른 불령사의 회원은 어떻게 했을까? 물론 니이야마와 같은 말은 진술하지 않았다. 대부분의 사람은 경찰이나 검찰관 앞에서 자신들의 잘못을 말하였다.

이렇게 해서 관헌 측에 대역죄 날조의 청사진이 대략 완성되었던 10월 20일, 불령사의 전원은 바로 「치안 경찰법 위반」으로 기소되었다. 이 기소된 날에 조선인 학살에 관한 신문기사의 보도금지가 풀렸다. 이것은 우연의 일치라고는 볼 수 없을 것이다.

> 치안 경찰법 위법자 명단
> 후미코(20세) 홍진유(27세) 최규종(23세) 육홍균(24세)
> 서동성(27세) 정태성(23세) 소천무(26세) 김중한(23세)
> 니이야마(22세) 장찬수(26세) 한현상(23세) 서상경(24세)
> 하세명(23세) 노구치(野口品二, 25세) 구리하라(栗原一男, 21세)
> 박준식(열)(22세)

불령사 회원 16명을 치안 경찰법 위반으로 기소한 다음 날 10월 21일 도쿄지방재판 예심판사가 박열 집을 수색했다. 앞서 말한 대로 경찰이 집주인에 대해서 "박열은 영구히 돌아올 수 없어요. 처분하는 것이 좋아요."(후세 다츠지)라고 알려주었다는 것은 2중적인 계략이 들어있는 것으로 보아야 할 것이다. 박열 집을 수색한 결과, 압수물건은 전보용지 1매와 종이쪽지 2매와 벽에 붙어있던 흰색의 종이였다.

다음 날 10월 22일경부터 전원에게 예심을 시작했다. 예심판사는 다테마츠(立松懷淸)와 누마요시(沼義雄)였다.

예심 제도는 구 일본 헌법 시대의 재판으로 중요한 역할을 기록한 형사 수속절차의 일부였다. 일본의 법률만큼 그 원칙과 실제가 다른 것은 없다. 즉 '예심' 그것의 출발은 구 형사소송법 295조에 명기한 대로 '예심은 피고사건을 공판에 회부 여부를 결정하기 위해 필요한 사항을 취조하는 것을 그 목적으로 한다.'

원래 예심의 역할은 공판의 준비를 하는 것에 지나지 않는다. 그리고 검사로서도 아니고 공평해야 할 판사가 집행하는 까닭에 예심 판사에게는 수사기관에 인정하지 않는 강제처분의 권한을 갖고 있었다. 그런데 실제는 완전히 달랐다.

'예심'은 검사의 청구로 행해지고 예심판사는 밀실에서 무기한으로 피고나 증인을 조사하는 것이 가능했다. 예심판사란 실제로 검사에 뒤떨어지지 않을 만큼 예리하여 "밀실의 주역"이었다.

최초 「청취서」나 「예심조서」의 특색은 관계자의 신문과 응답을 그대로는 쓰지 않는다. 관헌의 입장에서 불리한 점은 쓰지 않고 조작하는 데도 훨씬 유리한 것만 기록한다는 점이다. 다시 말하면 가혹한 고문을 가해서 그것에 견뎌내지 못하고 괴로운 김에 튀어나온 말만을 "자백"으로 해서 기록에 남기는 것이다.

불령사 전원 16명에 대한 신문의 초점은 다음과 같은 것이었다.

1. 박열의 집 벽에 붙은 '흰 바탕의 반역'이란 문자는 무엇을 의미하는가? 그것을 누가 썼는가?
2. 9월 2일의 『국제청년데이』에 어떤 계획을 세웠는가? 말하자면 어떠한 폭력계획을 세웠는가?
3. 많은 조선인의 엿 가게와 박열과는 관계없는가?
4. 박열은 어디에 사용하기 위해 폭탄을 구하고 있었는가?

예심판사는 주요 인물인 박열을 그대로 두고 우선 병적일 정도로 두루뭉술하게 진술한 니이야마에게 적극적으로 신문했다. 그래서 10월 27일 니이야마에 대한 제1회 예심조서를 만들었다.

그러나 그녀는 불령사에 관해서 조금 말했을 뿐 폐결핵이 악화하고 게다가 신우염 합병으로 제1회 예심신문에서 불과 1개월이 지난 11월 27일 이치가야 형무소에서 사망했다.

다른 회원들(박열과 후미코는 제외)도 예심판사 앞에서 경찰, 검사국에서 조사한 것을 반복했다. 특히 이상한 것은 그들의 대부분은 실제로 조선인이 방화하고 폭탄을 던지기도 하며 부녀자를 폭행했다고 하는 유언비어를 정말로 받아들이고 있었던 것이다. 그들은 "죄악감" 같은 심정을 토로하고 박열을 비난하며 자신은 불령사와는 무관하다고 진술하고 있다.

그들의 신문조서를 읽어보고 있으면, 예전에 러시아 전통의상(루바슈카)을 입고 단도를 품에 넣어 목숨을 버릴 만큼 만용을 부리거나, 사회혁명의 최전선에 섰던 투사라고 자만하며 완장을 두르고 논쟁한 사람인가 하고 고개를 갸우뚱하게 한다. 솔직히 말해서 구리하라 한 사람을 제외하면 모두 가짜 인물에 가깝다고 말하고 싶어진다.

물론 그들은 지진의 혼잡한 살인극 속에서 혼란에 날뛴 정치 선동으로 완전히 위축되어 있었다. 그들 자신이 일본제국 관헌의 속임수에 걸려들어 있는 것도 알아차리지 못하고 그 최면술에 걸려서 진술한 것이다.

『예심조서』 그 자체가 '수상한 괴물'인 것을 고려하더라도 그 진술에는 예전의 용감함 등이 티끌만큼도 없다. 홍진유의 진술은 다음과 같다.

문 : 피고의 이념이나 사상은….

답 : 나는 요전까지는 무정부주의 사상을 갖고 있었지만, 지난달 지
진이 났을 때 무지의 폭동을 보고 무지한 자는 역시 권력으
로 다스리지 않으면 안 된다는 느낌을 받았습니다. 별도로 이렇
다 할 이념은 없습니다. 작년 가을에 무정부주의에 다소 공감하
여 서로 도와주는 사회를 만들려고 하는 것에 동조한 것입니다.
그런데 이번의 지진이 있었을 때 아무리 생각해도 인간이 아무 근거
도 없는 일에 소동하고 난폭하기도 하여 거의 폭동을 일으키는 경향
을 가지는 바보의 인간이 세상에 많다는 느낌이 들었고, 도저히 이
런 것으로 상부상조하는 것은 불가능하다고 생각했습니다. 그런 것
에는 권력으로 엄하게 억압하지 않으면 안 된다고 느꼈기 때문에 지
진 후에는 권력의 필요성을 느꼈던 것입니다. (이하 생략)

박열과 가네코 후미코의 예심

박열을 보호검속(행정집행법)으로 걸어서 구속한 것은 요도바시(淀橋) 경찰서였다. 거기서 경찰관 한 사람이 취조에 매달렸다. 그러나 박열은 논리정연하게 변론하고 전혀 받아들일 수 없다고 했다.

나는 보호받기 위해 검속(檢束)되었다. 조사받기 위해 검속된 것은 아니다. 보호를 위해 검속된 나에 대하여 경찰관이 범죄를 취조(取調)할 권한은 없다. 법에 따라서 보정(保証)된 권한을 가지고 범죄를 취조해야 하는 것이 경찰관의 입장일 것이다. 또 법에 따라서 보정된 경찰관에게만 범죄를 취조받을 수 있는 것이 국민의 의무이다. 법에 따라서 보정되지 않은 경찰관으로부터 법으로 보호되어있는 내가 범죄사건을 취조받을 의무는 없다.

박열에게 애먹은 경찰은 이번은 강제로 '경찰범 처벌령'에 걸어서 〈29일 구류〉로 바꾸어서 구속하고 다시 사법경찰관의 손에서 취조받게 했다. 이때의 박열은 다음과 같이 역습했다.

이제 나는 경찰범 처벌령에 따라서 구류를 언도(言渡) 받은 기결수이다. 기결수에 대해서 바로 조사를 하는가? 취조를 바로 하지 않으면 아니 될 잘못이 있다면 즉시 구류 언도를 취소하는 것이 좋다.

그러자 사법경찰관이 노골적으로 압박했다. "구류를 언도한 경찰범 처벌령 외의 사건으로 취조하는 것이다." 이것에 대해서 박열은 "그렇다면, 그 조사에 응할지 안 응할지는 내 자유다. 나는 응하지 않는다"하고 취조를 뿌리쳐서 조서 한 장도 얻지 못했다고 한다.

그는 경찰의 음모와 악랄함을 보고 있었고 그것으로 자주 검속된 경험이 풍부한 법 지식을 갖고 있었다. 그래서 검사국에서 한 장의 청취서도 얻지 못했다.

후세 변호사에 의하면 검거된 불령사 그룹에서 경찰이나 검사국에서 청취서를 받지 못한 것은 박열과 후미코뿐이라고 한다.

결국, 법 앞에서는 검사국이라 해도 그 취조 권한은 현행범에 한한다. 현행범 외의 사건에 대해서는 단순한 수사처분으로서 관계자의 임의진술에 따른다.

따라서 검사라고 해도 본인이 임의진술 하지 않는 한 청취서를 작성할 권한은 허락되지 않는다. 이러한 법률문제를 숙지하고 있었던 박열은 검사의 신문권을 부정한 것이다. 그래서 검사에게 '청취서를 작성할 권한이 없다'고 주장하고 절대로 검사의 신문에 응하지 않았다. 그 결과로 검사의 청취서는 한 장도 남아 있지 않다.

당시 암흑의 시기에 경찰과 막강한 권한을 가진 검사에게 이러한 태도로 임한 박열은 드물게 보는 투사였다. 그즈음, "이놈"하고 노려보면 경찰 → 검사 → 예심판사 → 법정으로 넘어가서 조작에 따라 억울하게 죄를 뒤집어쓰고 원통하게 매장당한 사람의 예는 무수히 많았다고 한다.

또 그는 투사에 걸맞은 기백을 갖추고 있었다.

첫째로, 법관의 신문(訊問)에 대해서 비밀에 관한 것은 절대로 말하지 않는다는 태도였다.

둘째로, 동지들에 관해서는 완강하게 입을 다물고 있었다. 그는 처음부터 끝까지 동료들을 감싸는 것이다. 다른 동료를 감싸기 위해 신문에 응하지 않고 겨우 신문에 응한 것은 동료를 감싸기 위한 것이었다. 즉 자기 한 사람이 죄를 덮어쓰고 희생하는 것을 각오했기 때문이었다.

셋째는, 기만을 체질로 한 일본 국가의 권력을 인정하지 않고 법정의 권위를 전혀 인정 안 하는 태도였다. 그 일례로서 처음에는 예심판사에 대해서 '…입니다'의 말투였지만, 제3회 신문 이후는 법관을 '자네'라 부르고 자신을 '나'라고 말하는 용어로 일관했다. 이것은 놀랍게도 일본의 법정 사상 파격적일 것이다.

넷째는, 일단 신문에 응해서는 판사를 마음대로 조종하여 일본제국의 조선 통치에 관한 죄악을 거침없이 고발했다. 그것은 오히려 설교식이고 상대에게 죄를 설명하여 들려주고 '세뇌'와 같은 웅변이었다.

박열은 제1회 예심신문(1923년 10월 24일)에 임했을 때, "… 나는 지금까지 받은 조치에 대해서 판사를 믿을 수 없다. 이제부터 먼저 아무것도 대답하지 안 할 테니까 좋을 대로 추정해서 하세요"하고 입을 다물었다.

이것에 곤란했던 다테마츠(立松) 예심판사는 목표를 후미코로 바꿨다. 후미코는 성장기의 어두움, 험악한 생활 때문에 감정이 상한 상태였다. 어려서 엄마에게 버림받고 조선의 조모에 괴롭힘을 당한 그녀는 결국 반항적이고 열광적으로 변하여 눈물도 없고, 때로는 지독한 히스테릭 증상도 있었다. 다테마츠 판사는 직업 근성으로 먼저 그녀의 이 성격에 초점을 맞췄다. 그리고 니이야마와 김중한의 진술을 구실로 삼아서 후미코를 교묘하게 유인하여 자신 뜻대로 되게 했다.

이렇게 해서 후미코는 궁지에 몰려 난처하여 흥분하고 불필요한 다른 것까지 이야기해 버린 것이다. 그런즉 다테마츠는 그 말 하나하나를 이어서 신문의 그물망으로 만들어서 추적했다.

그리고 다음 해(1924년) 1월 25일 제6차 신문에 이르러 마침내 후미코는 모든 것을 진술하고 말았다.

나도 이와자키 오뎅 집에 살 때 제국의회에 폭탄을 투입하여 어중이 떠중이를 살해하려고 생각해서 이와자키 집에 오는 정치깡패에게 제국의회의 내부 모습을 상세하게 물은 적이 있었습니다. 박도 나와 동거하기 전부터 그러한 일을 계획하고 있었을 겁니다. …… 박은 1921년 가을경 사상적으로 서로 같이한 근해항로의 선원에게 역시 폭탄의 입수방법을 부탁한 일이 있을 겁니다. 나와 박과는 동거하기 전 히비야 공원이나 간보쵸의 중국 요리집에서 만나 그러한 복수의 현장을 서로 말한 적도 있었습니다. 그 정도 되니까 나와 박은 그것에 뜻을 같이해서 동거할 것을 결의하여 동거 이후 내내 그러한 계획을 의논하고 있었습니다.

나와 박과의 제1 동거조건이 그것에 있었기 때문에 우리는 내내 그 논의를 하고 있었습니다. 또 어떤 때는 박은 자신이 전에 우편배달을 해 본 적이 있으니까 황태자의 행렬 때, 배달부 복장을 해서 "불독(경시청)"의 눈을 속여서 황태자에게 폭탄을 던져 넣을까 하고 말했습니다.
…… 우리가 폭탄을 입수하는 것을 계획해서 누구에게 부탁하는 것은 돈만으로는 안됩니다. 폭탄을 입수하는 일의 준비행위로서 작년 2월 중에 조선의 동지 김 모 앞으로 암호의 편지를 보낸 적이 있었습니다. 그

편지의 암호는 ABC의 알파벳을 숫자와 조합하여 만든 것이고 편지는 전부 숫자를 나란히 열거되어 있었습니다. 그 편지는 박이 알고 있었기 때문에 그 내용의 상세한 것을 나는 모르지만, 나는 그 봉투의 수신인은 알았습니다. 그 이름은 김 모라는 조선의 여자 이름을 사용했습니다. 그래서 그때 쓴 봉투는 수갱여(殊更女, 어린 예쁜 처녀)가 사용하는 연한 분홍색의 일본 봉투를 사용했고, 그 편지는 3회 간여하게 되었습니다.

지금까지 누설한 후미코의 진술에 다테마츠 예심판사는 힘이 난 듯 그날에 제7회 신문조서까지 만들었다. 40대의 베테랑 판사가 20세의 여자를 마음대로 조종해서 토해내게 한 것은 쉬웠을 것이다. 그것을 모두 불어서 목적하는 대사건으로 만들기라도 하면 자신의 영예와 출세는 눈앞에 있는 것이다. 또 이것에 편승한 듯 후미코도 앞뒤 가리지 않고 스스로 단숨에 계속 폭로하였다.

앞에서 어느 정도 말씀드린 대로 우리는 폭탄을 입수할 것을 의논하고 그 기회를 살피고 있었습니다. 그 무렵 박은 자기 자신이 상하이로 가서 폭탄을 가지고 올까 하고 말했지만 나는 박 자신으로는 바로 관헌에게 탐지되기 때문에 불가능하고 오히려 내가 가지러 갈까 하고 말했을 때, 박은 여자인 내가 가지러 가서는 사람들의 눈에 띄니까 안 된다고 말했습니다. 그래서 우리는 누군가 폭탄을 가지러 가는 것을 부탁할 정도의 확실한 사람을 물색하고 있었지만 내 쪽에 출입하는 사람 중에는 이정도의 비밀을 부탁할 인물은 없었습니다. 그런데 김을 우연히 알고 그의 확실함을 보고 부탁하려고 생각하여 나는 박에게 김 정도의 남자라면 폭탄의 일을 부탁해도 좋을 거라고 말했습니다. …… 그 후 우리는 김의 모습을 관찰하니 정말 돈을 얻으려고 하는 의심이 발견되어 걱정되어서 나와 박은 의논한 끝에 김에 대한 그 부탁을 중단하기로 했습니다.

작년 4월경으로 기억합니다. 당시 신문에 황태자의 결혼식이 작년 가을경에 거행한다는 보도가 기재되어 있었습니다. 그래서 나와 박은 그 시기가 제일 좋으니 폭탄을 입수해 투척하려는 계획이었습니다.

앞에서도 말씀드린 대로 박은 나와 같이 허무 사상에 젖어있지만, 오히려 조선인으로 있는 유아 때부터 일본인의 인종 차별대우, 포학한 통치를 받아서 일본의 주권자에 대해 매우 증오의 마음을 품고 있습니다. 그런 까닭에 박은 황태자의 결혼을 시작으로 이것에 이어서 대신 등의 고위층이 행렬해 갈 때 황태자나 고위층을 겨냥하여 폭탄을 투척할 계획이 있는 것을 나에게 말했습니다. 나는, 조선인으로서 민족적 학대를 받은 체험을 하지 않은 만큼 박의 사고방식과는 약간 다르지만 큰 차이는 없습니다. 앞에서 말씀드린 대로 황태자는 꼭두각시이지만 정치의 실권과 완전히 뗄 수 없는 관계에 있기 때문에 폭탄을 던져서 황태자에게 그것이 명중하면 더욱 좋다고 생각했습니다.

우리는 니이야마와 김중한을 가볍게 여기거나 쓸모가 없을 정도는 아니지만, 내가 그런 생각을 가지게 된 것은 나의 부모와 국가사회 등이 현재의 나를 낳았다는 것입니다. 내가 어떤 죄를 받을 지 알 수 없지만, 나의 부모와 국가 등이 나에게 준 일을 내가 벌로써 받을 것입니다. 나는 지금 이 시점에서 제일 원하는 것을 이루는 것으로 나 자신이 사는 인생의 진정한 의의가 있다고 생각합니다. 그런 까닭에 현재 나의 반역적 욕망 이상으로 나를 매혹하는 어떤 무엇이 있다면 나는 언제라도 그 원하는 욕망을 따를 것입니다.

후미코는 이미 다테마츠 예심판사의 포로가 되어 버렸다. 그 암시에 걸려들어서 모든 것을 염두에 둔 것 같은 어조로 쏟아냈다. 죽음을 결심한 심정으로 보인다.

1911년에 대역 사건으로 사형된 간노(菅野)스가가 된 모습 같아 보인다. 그것은 마치 불 속에 뛰어든 여름 나방을 생각하게 한다.

지금까지의 예심조서를 꾸민 다테마츠는 '이제 됐다'라고 은근히 개가를 올렸을 것이다. 이때 이미 그는 「대역범이 된다」라고 결의한 것이 틀림없다.

여기까지의 준비를 마친 그는 박열을 끌어내어서 제3회 신문에 들어갔다. 그것은 후미코에게서 모든 것을 알아낸 3일째인 1월 30일이었다.

다테마츠 예심판사에 의한 「예심 신문조서」에는 서두에 반드시 '서두 생략'이라고 쓰고 있다. 그것은 다테마츠가 자기의 역할이나 사명과 목표에 도달하기 위해 피고인에 대해서 적당하게 충동 신문을 하기도 하고 기묘하게 민족적 영웅 심리를 자극하기도 했다. 또 반대로 위협을 주기도 하고 교묘하게 암시를 주기도 하는 모든 수단으로 신문을 했지만, 이러한 서두 부분만은 서기관의 필기를 중지시켰기 때문이다.

박열 자신이 직접 가서 신문에 응하고자 한 것은 앞에서도 말했듯이 자신만이 "죄"를 덮여 쓰고 다른 동지를 보호하기 위해서였다. 즉 동지애로서 적극적으로 발언하는 태도로 나갔다.

그는 예심판사의 "피고가 허무 사상을 품게 되었던 그대로를 말하면 안 될까요"하고 답하자 쌓이고 쌓인 감정을 터뜨린 듯이 거침없이 말하기 시작했다.

일본 정부는 토지측량조사를 하면 일본인의 소유명의인으로 하고, 전적으로 조선인으로부터 토지를 착취……. 일본인은 활발하게 고리대금업을 행하여 조선인의 무지에 편승해서 토지, 가옥을 빼앗고 조선인이 변제기일에 돈을 갚아도 고리대금업자가 돈을 받지 않고 저당물을 몰수하고, 말로 따지면 고리대에서부터 총까지 들이대어 찔려 피를 흘렸

다. 조선인이 헌병대(경찰서)에 고소하면 헌병은 고리대금 업자를 두둔
하고…….

그래서 조선총독부의 야만적인 교육 정책, 아편 정책, 매독 정책, 동
양척식의 악랄한 토지수탈, 3.1운동 후의 잔인한 고문 등을 하나하나 예
를 들어 고발했다.

그리고 3.1운동 후의 비인간적인 고문을 두려워하여 도쿄로 건너와
신문 배달, 병 만드는 공장 공원(製罐工), 날품팔이, 우편배달부, 인력거
운전사, 만두집 종업원, 경비수, 점원, 인삼 행상, 조선 엿장수 등을 했
다고 답한다.

그러던 중, 일본의 경찰 횡포와 일본 국가권력자의 여러 가지 기만
과 약육강식의 추악함을 일상적으로 체험하여 반역 기분이 들었다고 답
한다.

나는 조선 민족의 한 사람으로 약자인 조선을 학대하는 강자인 일본
권력자 계급에 대해서 반역적 복수심을 어떻게 해서라도 씻어내는 것이
가능할 것 같아서 왔다. 그래서 나는 방법이 정정당당하게 없어도 큰 목
적을 관철하기 위해 비상수단을 취하여 그들을 멸하는 동시에 나 자신도
자멸하는 것을 생각하고 실행에 착수하기로 했다. 또 가능하다면 일본의
권력자 계급뿐만 아니고 우주의 만물도 모두 멸망시키려고 생각하게 되
었던 것이다(박열에 대한 예심신문 제3~5회).

제6회 신문(1924년 2월 4일)은 예심판사가 이치가야 형무소에 가서 행
했다. 주로 박열의 혈권단 시절의 일, 김중한에게 폭탄을 의뢰한 일의 유

무를 물었고 이것을 그는 확인했다. 게다가 판사는 최후에 박열의 「천황관」을 신문했다.

답 : 나는 작년 가을경 일본의 황태자가 결혼한다는 것을 듣고 있었다. 그래서 나는 가능하면 그 시기에 폭탄을 입수하여 그 기회에 사용하려고 생각하고 있었기 때문에 김 군에게 가능하면 가을에 입수할 수 있을까 하고 부탁한 것이다.

일본 황태자가 결혼하는 일은 일본제국으로서 가장 경사스러운 일의 하나이므로 일본 천황에게 외국 사신, 신문 기자들이 몰려올 것으로 생각하고 일본 고관도 그 행렬에 가담할 것이다. 그래서 그 행렬의 황태자에게 폭탄을 던져서 잘 명중하면 좋고 만약 명중하지 않았다 해도 그 주위의 고관을 살해하는 것이 가능하다. 만약 운 나쁘게 황태자나 고관들에게도 명중하지 못하여 살해되지 않았다 해도 조선 민족은 결코 일본화되는 일은 없고 또 일본 정부가 선전하는 정도로 일본과 조선인이 결코 융화될 수 없다. 또 조선인은 일본제국의 소위 선량한 추종자 즉 노예 같은 것을 조금도 원하지 않는다는 사실을 세계에 알리기에 가장 좋은 기회이다. 이런 일은 조선에서의 사회적 운동, 일본의 침체한 사회운동에 커다란 자극을 줄 가장 좋은 기회이다.

일본의 천황, 황태자를 살해하므로 일본 민중이 신성하게 여기며 침범할 수 없다고 생각하는 이들 종교적 신봉자를 땅에 내동댕이쳐서 두부 찌꺼기 덩어리 같은 사람이라는 진실을 알릴 가장 좋은 기회라고 생각해서 나는 일본의 황태자 결혼식에 폭탄을 입수해 투척할 것을 생각했다.

문 : 피고는 일본 황실에 대해서 어떤 생각을 하고 있는가?

답 : 나는 일본에서 학대당하고 있는 조선 민족의 한 사람으로서 일본 천황, 황태자에게 두말할 것도 없이 황실에 대해 처음부터 증오와 반

역심을 가지고 있다. 어떠한 존경심도 갖고 있지 않다.

그리고 일본 천황, 황태자는 하나의 우상에 불과하다. 불쌍한 분뇨처리기(製糞器)이고 불쌍한 희생자이다. 행렬이 있을 때 민중이 피하고 격리되어야 할 전염병 환자 또는 페스트 보균자이고, 불쌍한 노비 등을 속여서 모은 사창가(淫賣室)의 간판 아가씨처럼 민중을 기만하고 착취하여 압박하는 권력자 계급의 간판에 불과하다. 정체를 파악해보면 구멍을 틀어막을 곳이 없는 유령이다.

그런데 일본의 사회에서 정치적 실권자는 황실이 아니고 일본 정치, 경제, 사회를 지탱하고 있는 것은 정치가, 군벌 자본가이므로 그들을 겨냥하는 일이 현재의 사회제도를 전복하는 일에 가장 주목해야 한다. 그러나, 계몽적 선전시대에 있어서 오늘의 일본에서는 일본 민중에게 황실이 하나의 미신을 넘어 건설된 우상에 불과한 것을 나타냄과 동시에 천황, 황태자 같은 유령을 위하여 일반 민중이 어떻게 속박당하는가 하는 것을 깨닫게 하기 위해서는 분뇨처리기(천황, 황태자)를 저격하는 일도 버리기 어렵다.

특히 조선의 일반 민중은 일본의 천황, 황태자를 명실공히 실권자로서 하늘 아래 함께 살 수 없는 원수라고 생각하고 있어서 이들의 존재를 이 지구상에서 말살해 버리는 것은 감격스럽고 매우 전투적 마음을 가지고 있으므로 도저히 버릴 수 없는 하나의 유효한 방법이다. 마치 하라다카시(原敬) 총리가 살해된 때 조선인은 각지에서 비밀리에 축하파티를 열었을 정도니까……

일본 당국은 박열을 「대역죄」로 걸려들게 할 계획을 세우고 있는 참에 어쨌든 손에 올려놓은 구슬처럼 마음속에 있는 "천황살해계획"를 모조리 털어내어서 완전히 주문대로 진술하게 했다. 이미 그도 「대역죄」로 정해 놓았다.

그것뿐일까? 박열은 이미 후미코가 진술한 것처럼 천황을 저격하기 위하여 천황이 거주하는 궁성 안으로 잠입했다고 말했다. 즉 일찍이 우편물 배달부가 되어서 궁성으로 들어가 그 속의 정황을 탐지했다고 진술했다. 그것은 제7회 신문(1924년 2월 5일)의 날이었다.

문 : 피고는 우편배달부로 변장해서 폭탄을 투척하려고 생각한 적이 있는가?

답 : 그런 적이 있다. 나는 그 시기에 일을 실행하기 위해 일본의 불쌍한 희생자의 사고 현장을 알아놓을 필요가 있다고 생각하고, 일찍이 어느 우체국에 고용되어 우편물 배달부로 그 현장에 들어가 본 적도 있었다. 간혹 밤에 그 현장에 들어가서 자연스럽게 혁명가를 부른 적도 있었는데 그 불쌍한 희생자의 행렬에 폭탄을 투척할 때에는 배달부로 변장하면 '황갈색'의 말뚝(무장군인)과 불독(경시청)의 장벽을 뚫어버릴 수 있을까 하는 생각을 한 적도 있었다.

검사국은 박열, 후미코, 김중한 3명을 우선 「폭발물 단속규칙 위반」으로 기소하는 수속을 취했다(1924년 2월 15일).

당국의 애초 예정은 불령사 전원을 이것에 걸 속마음이었던 것은 명백하다. 하지만 아무래도 엮을 수 없었다. 그래서 위 3명만을 조작하고 다른 회원은 증거불충분으로 불기소했다. 그런데 박열과 후미코를 대역죄로 크게 몰기 위한 확실한 증거의 "증언"을 얻기 위하여 계속 그해 연말까지 구류시켜놓았다.

관헌 횡포의 세상이라고는 말해도 이상한 기소이다. 박열은 폭발물을 손에 가진 것도 아니고 폭탄주문서를 쓴 것도 없다. 또 실제로 폭탄을 사러 해외로 간 적도 없다. 다만, 폭탄의 입수를 생각하고 있었던 것뿐이다. 더구나 그것조차도 취소시킨 상태다. 머리 속의 아이디어 단계에 불과했다.

그리고 폭탄의뢰를 취소한 일로 박열과 김중한이 싸움을 한 정도이다. 하지만 재판소는 그것을 폭발물 단속규칙 위반으로 기소했다. 조작을 교묘히 꾸미기 위한 작은 손질이었다.

그래서 검사국의 이시다(石田基) 검사는 박열, 후미코, 김중한 3명을 잇달아 기소함과 동시에 추가 예심을 청구했다.

대역죄로 몰아넣기

다테마츠(立松懷淸, 예심판사)는 아무렇지도 않게 「폭발물 단속규칙 위반」으로 기소해 놓고 박열과 후미코를 교묘히 부추기면서 '대역사건'으로 몰아갔다. 이것은 다테마츠 자신의 출세에 직결되는 것이고 또 '대역죄'로 하는 것은 일본 당국의 청사진이였던 이유이다. 예를 들어 꾸며 낸 것이었다고 해도 그저 '폭발물 단속규칙 위반'이라면 보통의 형사재판으로 끝나는데, 이것을 "천황에 위해를 가하는 것을 목적으로 하는 폭발물 사건"으로 하면 대역 사건(형법 제73조)이 되는 것이다. 결국, 종이 한 장의 차이로 예심판사의 속셈에 의해서 더욱 크게 몰아갈 수 있는 것이다. 그런 의미에서 경찰, 검사, 예심판사도 "대역 범인을 만드는 것"은 몹시 힘든 작업이었다.

폭발물 단속규칙 제1조에는 '치안을 방해, 또는 타 신체와 재산을 해할 목적을 가지고 폭발물을 사용한 자, 또는 타인을 시켜서 이것을 사용하게 한 자는 사형 또는 무기형 혹은 7년의 징역, 또는 금고에 처한다'고 규정하며 동 제2조에는 '전조의 목적을 갖고 폭발물을 사용한 것으로 발각된 자는 무기 혹은 5년 이상의 징역, 또는 금고에 처한다'라고 규정하고 있다.

동일한 폭발물을 사용해도 그 목적이 치안을 방해하는 일이면 '정치범'으로 되고, 타인 또는 재산을 파괴한 일이 있다면 '일반범'이 된다. 이와 같은 목적에 의해서 정치범 또는 일반범으로 나누고 있다. 또 동일한 행위를 해도 폭발물을 아직 사용하지 않은 상태로 발각되면 미수의 상태가 되어 형은 훨씬 가볍게 된다. 즉 어느 정도까지 폭발물의 사용준비가 되어있는가가 문제이다.

그런데 박열의 경우는 완전히 꾸며 낸 폭탄 입수 의도를 문제로 삼고 형법 제73조에 걸어서 몰아넣는 것을 노리고 있었다. 형법 제73조의 규정은 '천황, 황태후, 황태자 또는 황태손에 대하여 위해를 가하거나 또는 위해를 가하려고 한 자는 사형에 처한다'로 되어있다. 어쨌든 박열을 몰아넣는 것이 그 목적이었다.

그래서 예심판사 다테마츠는 어떻게 해서라도 박열과 후미코를 달래기도 하고, 부추기기도 해서 영웅 심리를 불러일으키는 공작을 하지 아니하면 안 되었다. 어떤 방식으로 영웅 심리를 불러일으켰는지는 알 수도 없다. 모두 비밀작업이고 기록 등이 있을 수 없다. 그래서 적절한 추측을 해보면 다음과 같은 것이 될 것이다.

…… 자네들이 천황과 황태자에게 투척하기 위해 폭탄을 입수하고 싶은 기분은 잘 이해한다. 사회주의자로 체포되어 사형된 고토쿠 슈스이(幸德秋水)나 간노스가의 사건에서도 알 수 있듯이, 많은 일본인에서 조차도 천황암살을 목적으로 한 것은 확실하다. 하물며 자네의 말대로 압박받아온 조선 민족이 천황을 암살하는 것은 수없이 있을 것이다.
그러나 성공한 예는 없고 또 결코 성공할 수 없을 것이다. 자네가 그것을 만에 하나 성공한다고 하면 자네들은 '영웅'으로 떠받들어질지도 모른다. 물론 조선 민족으로서는 영원한 영웅이 될 것이다······. 그런데 자네는 현재 폭탄을 손에 가지고 있는 것도 아니다. 다만 천황과 황태자를 살해할 의도로 판명된 이상 형법 제73조에 적용하는 것이다. 이것은 틀림없다······.

자네들은 어쨌든 형법 제73조를 각오해야 할 거다. 당연히 자네는 사형으로 정해져 있다. 그렇다면 이런 경우, 자네가 생각한 반역사상을 후세에게 유언인 셈이 되는 거야. 자네의 이름, 박열에 어울리는 용감한 말을 이 세상에 남기는 것이 자네다운 일이 아닌가? 여기에 기록된 조서 그것이 유언장이 되는 것이다. 아니면 자네 측에서 기록을 제출해도 좋다. 자네의 용감한 반역 정신에 대해서는 나 개인으로서는 동정이 간다. 자네가 어두컴컴한 경찰의 철장 속에서 맞아주는 것보다는 형법 제73조의 대역죄에 의해서 조선 민족의 의사를 대표해서 자신의 한 몸을 던지는 것은 조선 민족의 입장에서 숭고한 죽음이라고 평가될 것이다. 다만 자네는 이렇다 할 폭발물을 사용하지 않고 형법 제73조에 해당하여 자기 의지를 완수한 것이 되니까 행복한 사람이 되는 것이다. 자, 이 기회에 생각했던 일본제국주의의 죄악을 저주하고 자네 자신이 글과 말로서 고발하시오. 그것이 일본인의 가슴에 찔러서 반성의 계기가 될지도 모른다. 또 자네의 용감한 글과 말이 자네들 동료에게는 물론이고 영원히 남을지도 모르지요. 내가 볼 때도 자네라는 남자는 전례를 볼 수 없는 불굴의 투사라는 것을 인정하고 있다······.

이렇게 치켜세워졌다는 것은 뒤에 진술한 법정에서의 박열의 발언이나 요구하는 것을 보아서도 분명하다.

폭발물 단속규칙 위반으로 박열, 후미코, 김중한을 기소했다고 해도 사실상 앞의 신문을 계속한 것이고, 예정된 형법 제73조로 가는 기초적 유희에 지나지 않는다. 더구나 동일한 피고인인 김중한은 박열과 후미코를 대역죄로 몰아가기 위한 뒷받침이 되는 확실한 증거작업을 맡기 위한 동반자에 지나지 않았다.

이렇게 해서 폭발물 단속규칙 위반의 예심 신문조서(제8회~제21회)는 박열과 후미코의 격렬한 천황비판으로 일관되었다. 다테마츠(立松)의 회유는 완전히 성공한 것이다. 그것을 입증하는 한 예가 제15회 신문조서(1925년 5월 1일)에서 박열의 답변이다.

문 : 기분에 내키지 않는 진술이 있다 해도 상관없이, 이제부터 피고의 신고내용 전부를 낭독하려고 합니다만 어떨까요?

답 : 말하자면 임의로 진술된 것이라서 늘 그렇듯이 내가 말한 것을 거의 허심탄회하게 썼으니 그대로 하고 싶다. 일본 사법경찰과 별로 좋지 않은 교섭의 경험이 많은 나의 관점에서 보면 자네는 비교적 적을 바르게 이해하려고 노력하고 적을 또한 모욕하지 않는 사람이었다. 일본의 옛 노래에 「진심 어린 마음이야말로 가르치지 않아도 깨닫게 되네」라고 하는 말이 있지만, 자네는 진심으로 그 「마음속의 진심」을 가지고 있는 사람으로 생각된다. 나는 지금까지 큰 멸시를 받고 일본 사법경찰에 대항해 왔지만, 자네는 한마디 모욕도 하지 않았다. 적에게도 아군에게도 있는 모습 그대로인 사람은 내가 그것을 모멸할 수가 없었다. 존경한다.

이런 말을 하는 이유로서 나는 처음부터 그다지 불유쾌한 기분을 가질 수가 없어 자네 등의 신문에 대해서 답을 했다. 따라서 지금 그것을 들어야 할 필요를 나는 느끼지 않는다. 그래도 자네들로서 그 필요를 느낀다면 마음대로 읽어도 좋을 것이다. 이 기회에 자네에게 지금 불령선인들의 신성한 외침을 한마디 전하겠다.

즉, 세상이 모두 가상이라면 좋겠는데, 세우는 것도 당연하고 부수는 것도 역시 당연하다. 적도 되고 아군도 되는 상반된 관계지만 칭

찬해야 할 것은 진실함이다.

그러니 오해하고 있어서는 곤란하니까 딱 잘라 말하지만, 이렇게 말을 해도 나는 그 무엇도 자네의 그 임무 수행이 문자 그대로 공명정대하다고 생각되지만, 그렇다고 자네의 신문조서를 신뢰하고 있다고 말하는 뜻은 아니다. 나는 처음부터 소위 재판의 공평함이라든가 권위라든가 그런 것은 전혀 인정하고 있지 않았다.

원래 재판이란 그 본질에 있어서 권력자들이 무지한 민중을 속여서 자기를 옹호하기 위하여 있는 교묘한 하나의 짜 맞추기에 지나지 않는다.

그것에 더하여 바로 불령선인과 같은 서투름이 있어 좋은 기회이니 그것도 거기에 기록해 놓으시오. (이하 생략)

이 답변을 보아도 판단할 수 있듯이, 그 정도의 반역자가 자네(立松)라면 진실하니까 신뢰해도 좋으므로, 예심조서를 낭독하지 않아도 된다며 다테마츠(立松) 판사를 완전히 신뢰한 것이다.

박열은 이치가야 형무소에서도 「파격적인 대우」를 받고 있었다. 말하자면 사법당국이 '상대의 우위를 인정하고' 예외적으로 대우하고 있었다. 그것도 회유책의 일환일 것이다. 어떤 증거도 사실도 없이 생사람을 「대역죄」로 만든 것이라서 갖은 수단이 뒤섞인 것이다. 따라서 이 재판은 일종의 협박 조의 재판이었던 느낌을 지울 수 없다.

박열에게는 다테마츠에게 허락받아 쓴 것으로 볼 수 있는 4개의 논문이 있다. 그 최초의 소논문 「불령선인의 한 사람으로 일본 권력의 계급자에게 보냄」(약 14매)에는 격심한 고발적인 글귀를 나열하고 있다. 그것은 천황과 권력 계급자와의 관계를 신랄하게 비판한 것이었다.

「일본의 권력 계급자들이여, 그대들은 항상 그 강력한 군대를 앞세워서 난폭의 극치에 매진하고 있다. 그렇지만 생각해 보아라! 그것이 그렇게 길지는 않을 것을. 그대들 권력자가 일본의 민중에 대해서 그대들의 종교적 지존자(천황)의 신성함, 감사함을 강압적 주입으로 가능한 것이다. 그것은 완전히 미신 위에 세워진 우상이고, 여리고 약한 노예 등을 속여서 모으는 창녀촌의 얼굴마담과 같고, 자각이 없는 민중을 속여 착취하는 곳이요, 그대 권력자 계급이 도금하여 겉만 번지르르한 금 간판이고, 높은 성벽 속에 처넣어서 평생 실사회로부터 격리되어있는 점으로 보아 종신형 징역자와 같은 것이다.

또 그 정체가 확실하지 않은 점에 있어서 유령과 다를 게 없고, 하는 일도 없고 능력도 없는 점에서 말하자면 가장 비경제적인 똥 싸는 기계이다. 몇 시 몇 분에 떠나는지를 모르는 너무 애처로운 희생자이다. 또 행차하는 때에는 항상 민중을 절대로 접근시키지 않는다는 점에서 페스트의 보균자로 취급하는 것에 지나지 않는다는 것을 일본의 민중이 알아차리고 있다.

그래서 그것을 경배하는 일을 더없는 치욕이라 생각하기에 이르렀다. 그대들 간판의 정체가 일본 민중에게 확실히 확인되었을 때 그대들의 생명도 끝나는 것이다. 그때는 더 이상 그대들이 그 강력한 군대를 내세울 수 없을 것이다. 그때가 되면 이미 일본 민중은 그대들에게 가장 충성하는 인민이 아니다. 그대들의 생명을 빼앗으려는 가장 공포스러운 적이다. 그대들이 하늘 아래 같이 살 수 없는 원수가 되는 것이다. 그렇게 되면 오히려 불령선인의 친구가 된다.」

(『한 불령선인으로부터 일본의 권력 계급자에게 보냄』 1924년 2월)

「모리다(森田), 최혁진, 김한길 군에게 폭탄을 수입할 것을 의논한 당시의 나의 심정은 일본의 정치적 경제적 실권을 가진 모든 계급자와 그 간판(일본의 천황과 황태자) 및 그들의 종속물에 대해서 폭탄을 사용하는 것을 목적으로 했다. 가능하면 폭탄에 의해서 그들 모두를 멸절하려고 했지만, 그들 모두를 멸절하는 것이 불가능함으로 선택해서 해야만 했다. 나 자신은 조선인인 입장에서 첫째로 일본 천황, 황태자를 대상으로 했다. 지금도 그 마음은 같다.

나는 일본 천황, 황태자 개인에 대해서는 어떤 원한을 갖고 있지 않다. 그러나 내가 일본 황실, 특히 일본 천황, 황태자를 가장 대상으로 중요하게 생각하는 것은

첫째, 일본 민중에 대해서는 일본의 황실이 어쨌든 일본 민중의 고혈을 착취하는 권력의 간판이라 말할 수 있고 또한 일본 민중의 미신과 같은 신성한 신이 아니고 사실은 유령과 같은 사람에 불과하다는 일본 황실의 정체를 알려서 그 신성을 땅에 떨어뜨리기 위함이다.

둘째, 조선 민중에 대해서는 일반 조선 민중이 일본 황실을 모두 실권자라고 생각하여 증오하고 있으므로 이 황실을 거꾸러뜨려서 조선 민중에게 혁명을 심어 독립의 열정을 자극하기 위함이다.

셋째, 침체해 있다고 생각되는 일본 사회운동자에 대해서는 혁명의 기운을 촉구하기 위함이다. 일본 천황은 환자이지만 황태자와 함께 황실의 형식적 대표란 점에는 같은 것이다. 특히 내가 작년 가을 황태자의 결혼식에 폭탄을 사용할 것을 생각했던 것은 조선 민중이 일본에 대한 의지를 세계에 표명하기에 가장 좋은 시기라고 생각했기 때문이다.」
― 제10회 신문조서, 1924년 5월 12일

「대체로 자네 예심판사의 일로서도 검사로서도 가을인가 봄인가 하는 것을 자주 걱정하고 있겠지만, 그런 것은 어떻게 해도 괜찮지 않겠는가? 폭탄이 들어오면 이 앞에 말한 대로의 기준에 따라 그것을 가장 유효하게 사용할 기회는 얼마든지 있지 않겠는가? 김중한에게 폭탄에 관한 것을 말했을 때 "자네, 그것은 이번 가을까지 가능하지 않을까?"라고 한 것은 일본 황태자의 결혼식 때 폭탄을 사용하는 것이 조선인의 의지를 세계에 알리는 가장 좋은 시기라는 점에 흥미를 느꼈기 때문이다.

또 나는 검사에게 메이데이(노동절)일 때나 의회, 경시청, 황궁에도 폭

탄을 던져도 좋다고 대답한 것으로 기억한다. 김한에게 폭탄을 부탁한 그 시점에 모 신문에서 사법성은 의회를 통과하지 않은 일부의 과격법안을 변경해서 기안하여 내무성으로 회부한 다음 의회에 제출하기로 한다는 기사가 있었다. 나는 그 기사를 보고 흥미를 느꼈다. 그래서 나는 폭탄이 1월에 온다면 그때 의회의 개원식도 끝나니까 민중으로부터 반감을 사고 있는 도둑질 성토장인 의회에 폭탄을 던져서 개혁의 기운을 가진 일본 민중을 각성시키는 것도 무의미하지는 않을 것이라고 생각했다.

그래서 내가 효과적으로 폭탄을 사용한다는 것은 이 앞에도 말했던 대로 그 대상으로서 첫 번째가 황실, 두 번째가 실권자, 세 번째가 여기의 종속물 등 이 모두에 대하여 폭탄을 던져서 모두 제거함에 있었다.」
— 제11회 신문조서. 1924년 5월 20일

여기까지 박열이 실토하자, 다테마츠는 그대로 조서를 가만히 덮어둔 채, 이번에는 다른 모든 관계 증인을 불러세워서 증인신문을 개시했다. 그 증인은 일본은 물론 조선에서도 불러왔다. 게다가 서울 서대문 형무소에 수감 중인 김한, 거기에 암호편지를 전달 중개한 기생 이소홍까지 부르는 등, 후미코가 근무한 상점 주인들을 포함해서 모두 20명이나 되었다. 그래서 박열과 후미코에 관한 모든 것을 취조했다.

한편으로 다테마츠는 후미코에게 동정하는 얼굴을 보이면서 모든 것을 실토하게 했다. 심리조작을 교묘하게 이용한 형무소 측에서는 그녀에게 제정 러시아 시대의 테러리스트 서적이나 죽음을 찬미하는 책을 수많이 넣어준 흔적이 있다.

후미코는 예심판사의 표면적 '호의'를 누군가의 이해자 혹은 신상 상담자라고 생각한 듯한 말 상대로 알았다. 예를 들면 "박열은 의열단원이다"라고 말하고, 동지의 명단은 "부엌 쪽의 상판 아래의 난로 바닥에 보자기로 싸서 밀어 넣어 숨겨놓고 있다"라고 말하기도 하고 의열단원에게 폭탄을 교섭한 것은 천황, 황태자를 저격하기 위한 것이다. 서울과 도쿄가 서로 호응해서 폭탄을 던질 계획이었다. 황태자의 결혼식에 폭탄을 사용할 예정이었다고 단언하기도 한다.

이처럼 후미코가 모든 것을 다 말하므로 다테마츠 판사는 "피고는 여자의 신분이라 흥분하여 전회와 같은 것을 다시 말하는 것은 아닌가? 또 자랑하고 있는 것은 아닌가?"라고 신문하자, "농담이 아닙니다. 자랑으로 그런 것을 말씀드리는 줄 아십니까?"하고, 후미코는 바로 정색을 하기도 했다.

나와 박과의 사이에, 황태자 결혼식의 행렬에 사용한다는 말이 있었습니다. 즉 태자 한 놈을 해치우면 괜찮은 것이다. 천황을 해도 좋지만, 천황은 병자라서 황태자를 해치우면 선전가치가 있어 최선이라며 황태자를 겨냥한 것이다.

폭탄 입수한 후에는 나도 박도 그것을 던지겠지만, 그 외에 동지로서 니이야마나 최규종, 야마모토에게도 부탁할 마음이었다. 니이야마와 야마모토는 이미 폐병을 앓고 있어서 죽을 각오를 하고 있고, 최는 부추기면 어떤 직접행동도 할 사람이라서 나와 박은 이 3인을 이용하여 폭탄을 투척함과 동시에 의회나 미츠코시(三越) 기업, 경시청, 황궁 등에 사람을 분산해서 폭탄을 투척할 마음이었습니다. … 무엇보다도 니이야마에 대해서는 김중한과 연애 관계에 빠졌기 때문에 이들을 이용할 계획을 버렸습니다.

황태자 한 사람에게 폭탄을 투척하면 좋겠지만 만약 가능하다면 황태자와 함께한 대신들과 같은 정치 실권자도 해치우겠다고 생각했습니다. 더욱이 폭탄을 입수할 기회가 늦어지면, 노동절이나 의회 개회식과 같은 시기에 폭탄을 투척하려고 생각했습니다.

이와 같이 약 11개월 넘게 박열과 후미코에 대해서는 이렇다 할 신문은 하지 않고, 그 사이에 박열과 후미코를 에워싼 모든 증인을 불러들여서 확실한 증거를 수집했다.

그런 후 1925년 5월 1일 후미코에게서 제15회 신문을 마치자, 다음날 다테마츠 판사는 돌연 이치가야 형무소에 출장을 가서 박열을 호출하여 제16회 신문조서를 만들었다. 이때 다테마츠는 다음과 같은 형법 제73조(대역죄)를 꺼집어 내어 그 본성을 드러내었다. 이것이야말로 본 예심의 핵심이다.

문 : 폭발물 단속규칙 제1조는 「치안을 방해 또는 사람의 신체재산을 해하려고 하는 목적을 위하여 폭발물을 사용하는 자 및 타인을 이용하여 그 행위를 교사하는 자는 사형 또는 7년 이상의 무기징역 또는 금고에 처한다」는 규정, 동 규칙 제2조는 「전 조의 목적에 따라서 폭발물을 사용하고자 할 때 발각된 자는 5년 이상의 무기징역 또는 금고에 처한다」는 규정이 있지만, 형법 제73조는 「천황, 천황의 조모와 모, 황후, 황태자 또는 황태손에 대해 위해를 가하거나 가하려고 한 자는 사형에 처한다」고 규정하고 있는 것을 미루어 볼 때, 피고의 진술을 종합하여 피고의 행위는 본 형법 제73조의 죄에 해당하는 것으로 생각하지만 피고의 진술은 사실 그대로 틀림없는가?

이것에 대해서 박열은 후미코의 신문조서를 낭독해 달라고 요구하고 그것을 다 듣고 나서 최후의 결심을 한 것으로 보이며, 다음과 같이 단숨에 인정하고 말았다.

답 : 종이에는 없는 것을 있는 것으로 써 놓는 것도 가능하지만, 있는 것

을 없는 것으로 쓰는 것도 가능하다. 만약 하나의 사실을 길게 늘이는 것도 가능하다면 짧게 줄이는 것도 가능하다. 사실 상대에게서 들은 것이라면 믿을 수 없는 것도 있으므로, 나는 원천적으로 소위 조서라고 하는 것을 믿고 있지 않다. 그렇지만 어제도 자네에게 말해두었지만 그런 식으로 자네가 자신의 견해를 상대에게 강요하는 식의 사람이 아니라면 나는 신뢰하거나 그렇게 믿고 싶다.

이런 정도의 말로서, 지금 자네의 소위 신문에 답한 것으로 생각한다. 나는 후미코와 김중한을 소위 공범자로 해서는 안 되고 증인으로 해서 받아들여야 한다.

그렇게 해서 나는 소위 음모의 대상이나 목적물에 대해서 너무 결정적으로 말할 수는 없지만, 후미코가 그와 같이 말하고 있다면 나도 그 대상에 대해 결정적으로 말하는 것이 가능하다.

실제로 나는 일본의 천황, 황태자를 폭탄투척의 가장 주된 대상물로 하고 있었다. 그래서 폭탄이 입수되면 언제라도 그 기회가 되면 사용하겠다고 이전에 말한 대로다. 또 그것이 틀림없지만 가능한 한 일본 황태자의 결혼식에 맞추려고 계획을 진행해 왔다.

제일 먼저 자네에게 거짓말이 아니라고 명확하게 했다. 또 실제로 거짓말을 하고 있다고 짐작은 안 하겠지만, 사실 폭탄투척의 대상물에 대해서는 엄밀히 말하면 할 수 없이 거짓말한 것이라서 그것을 이때 고쳐놓아 주면 자네에게 감사한다. 어떻게든 양해해 주기 바란다.

항상 나는 이번의 사건에 결부해서 후미코가 처음부터 소위 공범자로서 관련되어 있는지 어떤지 명확하게 말하는 것을 피해왔지만 후미코가 그렇게 진술을 하였다면 나는 후미코의 말을 바로 수긍한다.

이 조서에서도 눈치채듯이 박열은 지금까지 후미코를 감싸주고 결정적인 응답을 하지 않았다. 그런데, 다테마츠 판사가 앞서 후미코의 진술

항일독립투사
**박
열**

을 구실로 삼았기 때문에 부득이 그 모든 것을 긍정으로 받아들였다. 결국, 박열은 후미코에게 끌려가는 결과가 되어버렸다.

이때부터 박열은 「최후의 운명」을 각오했을까? 이번은 입을 다물지 않고 대담하게 다테마츠 판사에게 털어놓았다. 어차피 운명이 정해져 있었기 때문이라 생각하고 과감히 "반역의 창을 던져버리자"라고 생각했을 것이다. 그래서 그는 신문조서의 서명에 자기의 이름(박열)에 본명(박준식)까지 쓰고, 게다가 조선 글자를 서명으로 남겼다. 말하자면, 「朴烈 박열, 朴準植 박준식」이라고 썼다. 이것도 그 다운 점이었다.

다음날(1925년 5월 3일), 다시 다테마츠 판사가 이치가야 형무소에 출장 신문(제17회)했을 때, 박열은 망설이지 않고 다음과 같이 숨김없이 털어놓았다.

나는 사람의 경우에 있어서 주요한 동물 같은 자(천황) 외에, 내각, 의회, 경시청, 재판소 또는 수도, 전기의 근원지도 폭파하려고 했으니까 수도나 전기의 근원지를 알아보았던 적도 있었다. 그러나 나의 아내와 나와는 가까운 시일 안에 가장 어렵고 가장 중요한 목적인 천황, 황태자에게 초점을 맞추기로 했다. 그래서 나는 타인과 그것을 상담한 적은 없다. 타인에게 미혹을 주어서는 안 되므로 그것을 미리 말해둔다.

(자네는 반성하면 어떨까 하고 말하지만) 반성이 소위 개전(마음을 뉘우치고 바르게 고침)을 의미한다면 그것은 나에 대한 큰 모욕이다. 내가 적으로부터 이렇게 결박 받은 자리인 만큼 이 지상에서 자신에 속한 모든 것을 걸고 일본제국 주의적 자본주의국가를 파괴하기 위하여 매우 자유롭게 활동해 왔기 때문이고 적도 나에 대해서 매우 자유롭게 추궁하는 것은 당연하다.

나는 적으로 일본 관헌이 하는 방식에 대해서 불법이든 불공평이든 참혹하든 악랄하든 그것들을 일시적으로 항의하듯 내놓을 기분이 아니다. 나는 적으로부터 결박된 처음부터 적의 손에 의해서 좌우될 수밖에 없는 것을 알고 모든 것을 포기하였다.

또 말해 놓지만, 일본 관헌은 나와의 싸움에서 이겼다. 자네 등도 이겨놓은 것이나 다름없다. 그러나 자네 등은 이겼어도 이미 진 것이다. 나는 실제로 저도 이긴 것이다. 이것은 단순한 기분으로 하는 말이 아니다. 현실로 다가오는 장래를 보는 것이다. 나는 모든 권위를 부정한다. 그래서 나는 자네 등이 마음먹은 대로 만든 법률이나 재판 등의 가치는 전혀 인정하지 않는다.

따라서 나의 죄목이 폭발물 단속규칙의 제 몇조에 해당하든가 형법 제73조에 해당하든가 그것이 어떤 형태이든 알 수 없지만, 그런 것은 어떻게 하든지 상관없다. 그런 것은 자네 등이 맘대로 정한 것이라서 맘대로 해도 좋다. 그런 것은 자네들과 쟁론하고 싶지 않다. 본디부터 나는 죽는다는 것을 무서워하지 않는다.

지금 다시 말할 것도 없이 나는 자네들이 가장 신성하게 여기고 감사하게 생각하는 지존자를 살해하려고 한 불령선인이다. 그래서 자네 등도 우리 불령선인을 죽이려고 했을 것이다. 그것은 극히 당연하다. 나에게는 반성이라든지 개전이라든지 할 여지는 없다.

(박열의 말 중에서)

이 바로 뒤에 박열은 감옥에서 조목조목 들어서 쓴 기존의 「불령선인의 한 사람으로 일본 권력의 계급자들에게 보낸다」 등의 4개의 논문을 다테마츠 판사에게 손수 만들어 내었다. 아마 마지막 유서로 썼을 것이다. 거기에는 반역 정신이 충만해 있다. 그것은 다음과 같다. 괄호 안은 글을 쓴 마지막 연월일이다.

1. 「불령선인의 한 사람으로 일본 권력의 계급자에게 보낸다」

(약 14매, 1924년 2월)

2. 「나의 선언」(약 37매, 1924년 12월 3일)

3. 「일하지 않고 계속 무위도식하는 논리」

(약 8매, 1924년 12월 29일)

4. 「음모론」(약 30매, 1925년 3월 1일)

이것들을 직접 건네면서 그는 이렇게 말했다.

「나의 선언」과 「일하지 않고 계속 무위도식하는 논리」란 것은 나의 허무적 사상을 표현한 것이고, 「음모론」은 허무주의자로서의 전략을 쓴 것이며, 「불령선인의 한 사람으로 일본 권력의 계급자에게 보낸다」는 조선인으로서 내가 일본제국에 대하는 태도를 표시한 것이라서 자네가 읽어보았으면 좋겠다. 나는 이런 것을 써서 어떻든 자네들의 귀중한 보물이 될 것으로 생각한다.

그러나 나는 공판정에 서서 재판장의 신문에 답하려는 것조차도 굴욕적이라 생각하고 있다. 그리고 재판장이 어떻게든 확인하려고 한다면, 이미 내친걸음이니 신문에 앞서서 먼저 조목조목 이 4개의 글을 낭독하고 나의 입장을 선언하려고 생각하므로 그 일을 미리 알려놓는다···.

또 나는 소위 공판정에서 변호사를 괴롭히는 것은 일절 피하고 싶다. 일본제국에 대해서 그 뿌리부터 반기를 들고 있는 내가 그 법정에서 어떠한 권리를 주장하거나 요구하겠는가? 내가 일본제국 정부의 법정에 서서 자신의 권리를 찾으려고 한다면 그것은 곧 내가 일본제국에 굴복하여 신민이 되는 것을 의미한다. 그렇지않으면, 부처의 자비와 같은 자선을 탄원하려는 슬픈 거지가 되는 것을 의미하는 것이 아닐까? 나로서 이 이상 나 자신을 모욕하는 일이 또 있겠는가? 나는 나의 입장을 선언하기 위해 법정에 나갈 것이다. 진술하기 위해 출석하는 것이 아니므로 어떤 종류의 변호사도 나에게는 필요치 않다는 것을 여기에 밝혀둔다.

5월 4일, 다테마츠 판사는 이치가야 형무소에 가서 박열에게 추궁했던 것과 마찬가지로 후미코에게 말했다.(제15회 신문조서)

피고의 지금까지의 진술을 종합해 보면, 피고의 행위는 형법 제73조의 죄에 해당한다고 생각되는데……, 피고의 지금까지의 진술은 그대로 사실과 다름이 없는가?

그것에 대해 후미코는 이렇게 대답했다.

나에게 부과되는 형벌은 내가 강한 권력에 등을 돌린 때부터라서 나에게는 최고 중형이 준비되어 있었던 것입니다. 내가 하고자 한 것이 귀하의 마음대로 만들어진 법률이란 것에 걸려 제 몇조에 해당한다는데 그런 것은 내가 알고 있는 것이 아니지 않습니까?
나는 다만 하고자 하는 것을 정직하게 말하려고 한 것뿐입니다. 그러니까 당신도 하고 싶은 것을 마음대로 했다면 좋았겠지요. 당신들은 나에게 최고 중형을 과하는 구실을 찾고 있는 것에 불과하니까 나로서는 이 육체가 죽든 살든 조금도 문제 되지 않습니다. 나의 이 몸은 강한 권력에 복수하기 위해서만 사는 의미를 갖고 있기 때문입니다.

그런데, 이 전후로 다테마츠 예심판사는 박열과 후미코가 자신이 생각하는 것에 호응해준 것에 대한 감사의 마음 때문일까? 그렇지 않으면 자신의 성공에 취해서 기세가 오른 탓일까? 피고의 동지(박열과 후미코)의 대결신문이란 명목으로 도쿄지방재판소에서 자신의 예심 법정으로 불러 들어 두 사람이 끌어안은 장면의 사진을 찍어두었다.

　모리나가(森長英三郎)에 의하면, "이 사진은 다테마츠 예심판사가 1925년 5월 2일 신문을 마친 뒤 예심 제5호 조사실에서 찍은 것이다."라고 한다. 아마 다테마츠로서는 "불쌍한 젊은 남녀"의 희생자에게 최후의 정을 나눌 기회를 준 것이리라고 본다. (森長英三郎 「박열·후미코 사건」, 『법률 시보』 1963년 3월호)

　이들의 사정을 봐도 다테마츠 판사가 아무래도 박열이나 후미코에 대해서 회유책을 이용하였음을 짐작할 수 있을 것이다. 아니면 다테마츠가 그들을 형법 제73조로 서서히 밀어 넣는 것에 성공한 만족감에서 발생한 과감한 서비스일까? 다테마츠는 카메라 애호가로 예심 법정에는 항상 사진기를 가지고 들어갔다고 한다.

　그래서 사진을 현상한 후 다테마츠는 그것을 박열에게 주었다. 그런데 박열은 옆 감방의 이시쿠로(石黑銳一郎)에게 그 사진을 건네주었다. 그것 때문에 뒤에 도각운동[36]으로까지 발전하리라고 누가 예측했을까?

　다테마츠 판사는 2개월 후인 1925년 7월 7일, 박열과 후미코가 「폭발물 단속규칙 제4조에 해당한다 해도 천황, 황태자에 대해 위해를 가하려고 하는 소위는 형법 제73조 후단에 해당하여 재판소 구성법 제50조 제2에 규정된 대심원 특별권한에 속하는 범죄……」라며 『예심종결 결정』을 내렸다.

　그것을 근거로 동년 7월 17일, 검사총장 고야마(小山松吉)는 대심원장 요코다(橫田秀雄) 앞으로 박열과 후미코는 「형법 제73조 및 폭발물 단속규칙 위반의 죄를 범한 것으로 사료」되는 것으로 해서 기소하고 예심청구서를 제출했다.

---

36 집권 내각을 넘어뜨리려는 반대파의 정치 운동.

예심청구서

조선 경상북도 상주군 화북면 장암리 870번지[37]
당시 이치가야 형무소 재감

박열(본명 박준식)
1902년 2월 3일생

야마나시현(山梨縣) 東山梨郡 諏訪村 杣口1236番地
당시 이치가야 형무소 재감

가네코 후미코(金子文子)
1902년 1월 25일생

상기 자는 별지 증빙서류에 명시된 바와 같이 형법 제73조의 죄 및 폭발물 단속규칙 위반의 죄를 범한 것으로 사료되어 예심 처분하여 재판소 구성법 제50조 제2호 및 형사소송법 제479조에 따른 청구임

1925년 7월 17일

검사총장 고야마(小山松吉)

대심원장 요코다(橫田秀雄) 귀하

37 출생지 주소와 다름.

제5장

《사형 재판》중의 박열과 후미코

'대역죄' 법정의 박열

박열과 후미코는 '대역죄'의 법정 무대에 서게 되었다. 천황을 "살아 있는 신"으로서 태양처럼 숭배하고 있던 당시에는 듣는 것만으로도 소름이 끼치는 법정이다.

후세 다츠지(布施辰治)의 표현을 빌리면, "듣기에도 무서운 대역 사건이란 죄명, 재판소에서는 대역 사건이라는 죄명을 무서워해서 『특별사건』 또는 『형법 제73조의 죄』라고 불렀다. 이 재판에 넘기면 결론은 사형으로 정해져 있다. 이 재판은 대심원에서 열리고 제1심으로서 종심이 되는 것이다".

일본 천황의 존재를 위협하는 대역 사건(형법 제73조)이니만큼 편의적인 법률은 없다. 그것은 전의 고토쿠(幸德) 사건이 잘 말해 주고 있다. 일본 관헌은 일단 표적을 만들어서 이것을 끝냄으로써 일망타진하기 위한 최고의 도구였다. 결국, 세상에 본보기로 보여주기 위한 중요한 형식으로 일종의 화장의식이었다. 그것은 법률이라기보다는 세상 사람을 두려워 떨게 하기 위한 일본의 독특한 광신적 의식이라 해도 좋다. 대역 사건이란 것은 피의 제단에 산 제물을 던져넣는 장소였다.

막상 대심원에 이송되면 그곳 판사의 신문을 받지 않으면 안 된다. 그런데 대심원에서는 도쿄지방재판소의 예심판사 다테마츠의 능력을 높이 평가해서 "계속하여 박열·후미코를 신문해 줄 것"과 다테마츠를 일약 도쿄 공소원 판사로 임명했다. 말하자면, 지방재판의 다테마츠 판사는 박열을 대역 사건으로 몰아넣은 수완에 의해서 크게 출세한 셈이다.

따라서 이것으로 다테마츠는 「대심원 특별권한에 속하는 피고사건 예심에 임하는 도쿄 공소원 판사 다테마츠」로 등장한다.

형법 제73조에 의한 제1회 신문이 1925년 7월 18일, 형식적으로 열렸다. 이때도 박열은 「불령선인」다운 응답을 유감없이 발휘했다.(이하 "문"에 붙은 숫자는 신문의 순서 = 필자)

1문 : 성명은?

답 : 나의 이름은 「빠쿠야-류」(박열)라 한다.

2문 : 「빠쿠야-류」로 조선어 발음에 의한 피고의 이름은 없는가?

답 : 그것이 그대로 맞아.

3문 : 한자로 표시하면 피고의 본명은 박준식이고 통칭 박열이라고 말하고 있지 않는가?

답 : 그렇다.

4문 : 피고의 나이는?

답 : 그런 것은 아무래도 괜찮지 않을까?

5문 : 피고의 호적등본에 의하면 피고는 1902년생인데 맞는가?

답 : 아마, 그럴 것이다. 태어난 날을 모르는 사람이 있을까?

(생략)

8문 : 직업이 잡지 발행인인가?

답 : 나는 직업이라고 말하는 것을 인정하고 싶지 않다. 강조하자면 그것은 불령업(不逞業)이라고 말할 것이다.

9문 : 주소는?

답 : 자네가 말하는 대로 현재 주거하고 있는 곳을 의미한다면 이치가야 형무소이다.

11문 : 출생지는 조선 경상북도 문경군 마성면 오천리 98번지인가?

답 : 물으면 그렇다고 말한다.

12문 : 공직 이력, 훈장, 종군기록, 연금 또는 공직을 가지고 있는가?

답 : 자네들이 보고 있는 그대로다.

13문 : 전과가 있는가?

답 : 전과란 무엇인가?

14문 : 형벌을 받은 적이 있는가?

답 : 그것에 대해서는 본 불령선인 쪽보다도 자네들 쪽이 상세하게 알고 있을 것이다.

(생략)

18문 : 본인은 대심원장으로 예심을 명령했으니까 그럴 것이다.

답 : 나는 처음부터 자네들의 예심이나 공판이라 하는 것을 인정하지 않지만, 자네라면 이미 내친걸음이니 상대하여 주겠다.

형법 제73조에 의한 제2회 신문(1925년 9월 3일)

(1문은 생략됨. 전의 신문과 동일 = 역자)

2문 : 피고의 사상으로 말하면 피고는 민족적 사상과 허무적 사상을 마음에 품고 있는가?

답 : 대체로 그렇다고 할 수 있다. 그러나 나의 민족적 사상이라고 말하는 것은 총체적인 모든 존재를 부정하고, 나의 소위 허무적 사상의 일부분으로서 보아야 할 것이다.

3문 : 그 허무적 사상은 필경 인류는 태어나면서 추악하고 어리석은 우월욕, 정복욕을 가진다. 그래서 지배욕의 덩어리인 현실의 인류사회에 있어서 모든 해악은 이때 그 바탕을 드러내고 있어 마침내 현실의 인류사회는 영원히 인류 상호 간에 속이고, 물어뜯고, 죽이는 수라장이 된다. 그 결과 인류 상호 간의 잔인한 약육강식의 수라장이다. 그런 까닭에 총체적인 모든 존재를 저주하고 이것을 말살하려고 하는 것인가?

답 : 그대로다. 자네는 내 기분을 잘 이해해 주고 있다(이하 생략).

4문 : 게다가 피고의 민족적 사상에 대해서 피고의 말을 빌려서 말하면, 피고는 조선 민족의 한 사람으로서 동족의 참기 어려운 모욕과 박해 등을 가했거나 또 현재 가해지고 있는 데 대한 자본주의적 일본제국의 권력자 계급이나 일반 일본민족에 대해서 철저한 보복을 하려고 말하고 있는가?

답 : 그게 틀림없다.

5문 : 피고의 민족적 사상에는 조선 민족의 독립을 내포하고 있는 것은 아닌가?

답 : 그것도 포함하고 있지 않는 것도 아니다. 그러나 이미 말한 대로 더 정확히 말하면 그 같은 나의 민족적 사상에 기초한 행동은 결국 나의 허무적 사상의 한 단면으로서 보아야 한다.

6문 : 그러한 허무주의적 사상에 의해서 인류의 말살, 민족적 사상에 의해서 일본민족에 대한 복수로서 피고는 천황 또는 황태자에 대해 위해를 가할 것을 계획하고 있었는가?

답 : 그렇다.

다테마츠 판사는 박열에 대해서 4회, 후미코에 대해서 5회의 신문을 했다. 그러나 그것은 형식상의 의식에 불과하다. 박열에 대한 최후 신문(제4회의 제6문)은 「변호사에 대하여 희망을 기대할 수 있을까?」하는 것이었다. 이때도 박열은 같은 말을 반복했다.

……나는 전연 그 필요성을 인정하지 않는다. 일본제국에 근본부터 반대하고 있는 내가 그 법정에서 어떠한 권리를 쟁취하거나 주장하는 꼴이 된다. 내가 그 같은 것을 말한다고 하는 것은 그것은 한마디로 말해서 일본제국의 앞에 꿇어앉는 충의를 드러내는 것을 의미한다. 동시에 비열하게도 일본제국에 붙어 자비와 같은 권리를 걸식하게 되면 그것이 무의식중에 내가 반대하는 일본제국의 권력을 긍정하는 일이 되는 것이다……. (1925년 9월 22일)

동년 9월 30일 다테마츠는 대심원장 요코다(橫田秀雄) 앞으로 박열과 후미코는 「형법 제73조 후반의 취지를 따라서 폭탄 사용을 공모한 행위는 폭발물 단속 규칙 제4조에 해당한 제반의 증빙으로 보아서 위와 같은 범죄 혐의가 충분」하다는 「의견서」를 제출했다.

10월 28일 대심원 제2 특별형사부는 박열과 후미코의 대역죄 및 폭발물 단속위반 사건의 공판 개시를 결정했다. 재판은 대심원 제1 특별형사부의 담당이었다.

여기서 변호사가 문제가 된다. 구 형사소송법에서도 형사 등의 사건에 대하여 사선 변호인을 선임하지 않을 경우는 관선 변호인을 붙이는 것으로 되어있었다. 대심원은 공판 전인 10월 22일 관선 변호사로서 아라이(新井要太郎), 다사카(田坂貞雄)를 선임했다. 이것에 자극을 받았을까? 11월 12일경부터 박열은 전에 알았던 야마자키(山崎今朝彌), 후세 다츠지(布施辰治), 우에무라(上村進), 나카무라(中村高一)로 했다. 뒤에 자유 법조단의 변호사와 조선에서 급히 달려온 스스무 지키(晋直鑛) 변호사를 사선으로 붙이게 되었다.

잘 알려진 반 권력 주의자이자 프롤레타리아 변호사인 후세는 박열의 후원자이기도 했지만, 이 대역 재판을 통해서 전적으로 진력하게 되었다. 그리고 공판준비 조서를 작성하는 중에 변호사인 야마자키, 후세 등은 대심원에 박열과 후미코에 대한 정신감정을 신청했다. 그 이유는 「박열은 모두를 부정하고 모든 것을 없애려고 기도하는 과격한 사상을 갖고 있는데, 과대망상에 젖어있지 않는가? 또 후미코는 우울, 다감, 신경질에 빠져 그 행동거지가 일정하지 않고 그 말은 조급해서 청취를 잘할 수 없다」는 것이다. 피고인의 구제와 구명을 본분으로 하는 변호인 측의 착상일 것이다.

이것을 대심원이 인정해서 판사 이타쿠라(板倉松太郞)는 12월 13일 도쿄대 조교수인 스기다(杉田直樹)에게 두 피고인의 정신감정을 의뢰했다. 그 때문에 12월 상순에 개정될 예정인 공판은 스기다 박사에 의한 감정 결과를 기다리기로 해서 연기되었다.

사형만을 기다리고 있는 박열과 후미코에 대한 이치가야 형무소의 모습을 간단하게 일반에게 알리기로 한다.

박열의 가슴에 붙여진 수인 번호는 533호이고 수용된 방은 제5 옥사의 51호실 독방이다. 당시의 신문이나 법률잡지는 박열의 대역 재판을 게재하여 일반에게도 잘 보도되어 있었다. 신문에는 이런 기사가 실렸다.

오직 운명적 심판의 날을 기다릴 수밖에 없는 그들은 지금 마귀가 덤벼드는 것 같은 겨울의 심야에서 생사의 기록을 써 내려가기도 하고, 친구에게 빌린 루소의 『참회록』, 부닌(Bunin)[38]의 『시와 소설』 등을 탐독하고 있다…… 그 대역의 남자, 박열에게도 사람의 아들로서 눈물에 약하

---

38 러시아의 시인·소설가(1870-1953). 러시아 혁명 후 프랑스에 망명. 노벨 문학상 수상.

여 마음이 찢어진다. 그것은 고향에 있는 단 한 사람의 연로한 엄마에 대한 집착으로서 엄마를 도쿄로 모셔 최후의 날이 되기 전에 한번 보고 싶다는 것을 희망하고 있었으리라.

박열의 엄마 정동선(鄭洞仙, 50)은 지금 경북 문경의 시골에 초라하게 살고 있다. 박 가정은 지주로서 명문 가문이었지만 부친이 일찍 돌아가시어 가계도 풍요롭지 못했다. 정동선은 두 명의 아들 박정식과 박준식(박열)이 성공할 날을 일편단심으로 믿고 있었다. 그런데 야심에 타오르는 박열이 1920년에 배우겠다는 의지로 고향을 떠난 이후, 그녀는 그 초라한 시골에서 자식의 화려한 소식을 기다리고 있었던 것이다.

그런데 그렇게 초조하게 기다렸던 사랑하는 아들에게 온 소식은 의외로 공포에 질릴만한 대역죄를 범하여 체포되었다는 놀라운 소식을 들었다. 자기 자식을 믿고 싶은 엄마로서는 사람의 풍문으로만 그것이 진실한 것인지를 믿고 싶지 않았다.

장남 박정식은 엄마의 하룻밤 고민을 차마 볼 수가 없고, 또 하나는 하나뿐인 동생의 죄의 진상을 알고 싶어서 지난 11월에 도쿄로 와서 형무소의 동생을 방문했다. 하지만 그 소문은 역시 사실이었다. 힘없이 고향에 돌아온 형으로부터 동생 박열이 독방에 수감 되어있고, 곧 있을 재판의 날을 기다리고 있다는 것을 들은 노모는 미칠 듯이 통곡하고 바로 자신의 편지를 박열 앞으로 보냈다.

고향을 떠난 이후 몇 년 만에 더욱이 생활하기 어려운 감옥 생활에서 받은 반가운 엄마로부터의 편지를 읽은 박열도 눈물을 흘렸다. 그리고 자신이 신뢰하는 친구를 형무소에 불러서 "꼭 엄마와 마지막 면회를 하고 싶은데"하고 간곡히 부탁했다. 한편 고향의 엄마로서도 불행한 아들인 만큼 사랑스러운 박열을 한번 만나고 싶어 도쿄에 있는 박의 친구가 있는 곳으로 편지를 보낸 것이다.

부모와 자식의 애타는 그리운 사랑에 동정한 친구들은 어떻게 해서라도 친자의 만남을 이루게 하고 싶었다. 그래서 여러 가지로 상담을 한 결과, 박의 동향 사람인 장헌영(張憲泳)이 고향의 산골에 사는 노모를 만

나러 가기로 했다. 그러나 도쿄역까지 갈 채비도 하기 어려운 조선 청년
으로, 겨울철 불경기의 4일 정도를 몰래 조선에 여행가기로 한 것은 말
할 수 없이 힘든 일이었다. (이 귀중한 신문은 구리하라(栗原—男) 씨가 빌려준
것이지만, 유감스럽게도 신문 이름과 연월일이 기입되어 있지 않았다. 기사 내용에서
추측하면 1925년 11월 혹은 12월인 것이 틀림없다 = 필자)

그 당시 박열의 동지나 친구들은 이치가야 형무소를 방문해서 위로
했을 것이다. 그 동지 중에서 자주 방문한 사람은 불령사 간부로서 이미
석방된 구리하라와 노동운동가 나카니시(中西伊之助)였다. 불령사의 다른
간부들은 석방되자 모두 사방으로 흩어진 것 같다. 하지만, 제일 젊은 구
리하라는 도쿄에 머물며 박열과 후미코에게 옥바라지(差入)를 했다. 구리
하라는 옥중의 후미코로부터 노래집을 부탁받고 그녀에게 넣어주었다.
후미코는 그 노래집을 기초로 해서 200수 정도의 노래를 지었다. 그녀
는 죽음에 임하는 심경을 노래에 의지한 것이다. (후미코가 만든 노래를 48년
이 지난 지금도 구리하라는 보관하고 있다)

대심원 공판준비 단계의 일로 이타쿠라(板倉松太郎) 판사가 이치가야
형무소를 찾았을 때 박열과 몇 가지 문답을 주고받았다. 그때에도 박열
은 이타쿠라 판사에게 과감한 진술을 하였다.

"지구를 깨끗하게 청소하는 일. 그 첫걸음으로 국가, 특히 자신과 관
련이 깊은 일본제국을 무너뜨리는 것이다. 지구를 청소해버리면 모두 없
어진다. 하지만 가능하다면 지구를 파괴하고 싶은 마음을 갖고 있다. 다
시 말하면 모든 사물의 위에 작용하고 있는 힘, 즉 진리라든가, 신이라든
가, 부처라든가, 그런 것에 대해 근본적으로 반역하는 것이다."

이전에 옥중에서 쓴 논문 「나의 선언」 중에서도 인간 세계에 대한 절망감이 다음과 같이 넘치고 있었다.

나는 결국 현실의 인류사회의 어느 부분에서도 훌륭한 진실의 상애호조(相愛互助), 공존공영(共存共榮)이란 사실을 찾을 수가 없다. 다만 여기저기에 보이는 것은 비참하게도 고통받는 인류 상호의 약육강식, 반성하지 않고 마음대로 하는 우월감, 정복욕, 지배욕의 표출 그것뿐이다.
……가장 추악하고 어리석은 인류의 본성은 너무나 자주 나를 속이고 배반했다. 나는 승부사(勝負事)에 싫증이 났다. 지쳤다. ……없애버려! 모든 것을 없애버려, 불태워! 폭탄을 던져! 독을 뿌려! 단두대를 설치해! 정부에 의회에 감옥에 공장에 인간의 도시에 교회에 학교에 마을에 시골에, 이렇게 해서 모든 것을 없애버리는 것이다. 붉은 피로써 가장 추악하고 어리석은 인류에 의해서 오염된 세계를 깨끗이 씻어버리는 것이다. 그리고 나 자신도 죽어버리는 거다. 그곳에 진정한 자유가 있고, 평등이 있고, 평화가 있는 거다. 진실로 선하고 아름다운 우주의 본체 세계가 있다. 아아, 추악하고 어리석은 모든 인류여! 여러 가지 죄악의 원천! 부디 바라건대, 너희들 자신의 멸망을 위하여 행운이 있어라, 허무한 것을 위하여 축복이 있어라!
— 박열의 진술 중에서

박열의 이러한 것은 후미코와 같이 불행한 경험에서 온 개인적 감상의 허무주의와는 달랐다. 같은 허무주의라 해도 박열에게는 어디까지나 민족주의가 있었다. 앞서도 인용한 「불령선인의 한 사람으로 일본 권력의 계급자에게 보낸다.」 중에서는 일본의 조선 통치에 관한 해독을 들어서 「붉은 피를 토하고 쓰러지기까지 이것에 반항해서 싸우는 것이다」라고 진술하고 있다.

박열의 국가관은 다음과 같은 것이다.

국가는 인간의 신체, 생명, 재산, 자유를 끊임없이 침해하고 유린하고 겁탈하고 협박을 일삼는 조직적 대강도의 집단이다. 대규모의 약탈 주식회사이다.

법률로서는 국가라고 말하는 대강도 집단인 국가와 국가의 전매를 위탁한 약탈회사를 증오하고, 그것에 반항하는 자에 대하여 협박을 하고 있다. 의회란 국가가 위탁한 대강도 집단의 대표자 모임이다. 국가 및 약탈회사는 주식회사의 대표자 모임이다. 다음으로 천황이란 국가라고 하는 강도단과 국가가 위탁한 약탈회사의 우상이요, 신단이다.

형무소에 수감 중인 박열의 신체 상황은 어떠했을까? 이치가야 형무소 의사인 오쿠사(大草東三郞)의 진찰에 의하면 다음과 같다.

박열(당시 25세)의 신장은 158cm, 체중 42.75kg, 흉위 75cm. 몸은 야위어져 체격과 영양은 가냘프고 약하며, 안색은 창백하고 두발과 눈썹은 짙고, 이마는 둥근 형으로 넓고, 오른쪽 앞의 장딴지에 작은 별 모양의 문신이 있고, 전신 피부에 부종이나 발진은 없다.

2년 전인 1923년 10월 입감 당시의 진찰에 의하면, 박열은 폐 위쪽 부분에 염증이 생겨 콧물이 있는 상태이고, 미열과 오한이 있으며 위장염이 있고, 때때로 두통을 호소했다.

1924년 7월의 검진에서는 폐 위쪽의 국소에 탁음이 있어 청진하면 호흡 소리가 미약하다. 그러나 가래에는 병균이 없고 폐 위쪽의 결핵은 비활동증상으로서 비전염성의 상태. 그리고 7월 7일에는 37cm의 기생충을 배출했다.

또 1925년 1월 탈항이 있어서 몸이 쑤시고 아픔을 호소하고, 3월경에는 토할 듯한 매스꺼움을 호소하며 구토하고 복통을 호소, 게다가 치질로 출혈이 있었다. 그리고 최근(1925년 12월)의 진찰에서는 여전히 폐 첨부에 탁음이 있고 더구나 자각증상이 없고 타각 증상의 변화도 없다.

— 의학박사 스기다(杉田直樹) 작성 『박열 심신 상태 감정서』

그의 신체 내외부가 병에 들어있는 것은 방랑의 투사로 있으면서 매일의 식사가 일정하지 않고 연중 경찰에 처넣어져서 잔인한 고문을 받았기 때문이다. 이미 그는 피를 토할 정도로 폐결핵에 걸렸고 장은 헌 타이어와 같이 상해서 기생충이 넘치고 항문에서는 출혈이 있고, 더구나 탈항 상태였다. 젊은 사람에게 아름다운 전진의 희망은 주어지지 않고 단지 잔인한 제국 관헌의 채찍이 준 결과였다.

그의 감옥 내에서의 태도에 대하여 그 당시 간수가 관찰한 것을 인용한다.

어떤 일에 직면해도 자아 감정이 강하고, 아집이 세고, 자신에 충만하며, 조금도 타인에 대하여 양보나 사양하지 않고 만약 자기 욕심대로 쉽게 되지 않을 때는 물론 기분이 좋지 않아 입 다물고 드러눕거나 혹은 음식을 먹지 않고 사람을 대하지도 않는다. 이 기분은 그대로 두면 1, 2일 정도 지속되고 타인의 노력으로 위로하든지 또는 당초의 욕구에 만족스러운 때는 물론 평상의 감정 상태로 회복한다.

— 앞의 『감정서』

박열(박준식), 후미코에 대한 대심원 특별형사부의 제1회 공판은 1926년 2월 26일에 열렸다. 재판장은 마키노(牧野菊之助), 배석판사 야나가와(柳川勝二), 이타쿠라(板創松太郎), 토리다(島田鐵吉), 엔토(遠藤武治), 보충판사 나가오(中尾芳助)이고, 입회검사는 검사총장 고야마(小山松吉)와 고

하라(小原直), 그리고 관선 변호인 두 사람과 피고인이 선정한 5인이었다.

대심원의 특별법정 — 그것은 문자 그대로 1심으로 선고되고 상소도 상고도 허락되지 않는 법정이다.

당일의 법정 방청권을 입수하기 위하여 오전 2시경부터 대심원 문전에서 대기하는 자도 있고 방청 희망자는 약 500명이나 되었다. 그 약 반수는 조선인과 아나키스트 관계자였고, 신경을 곤두세운 관헌 측의 경계는 엄중했다. 관할하는 히비야 경찰서와 경시청에서 사복경찰이 약 200명, 헌병대에서는 소령이 인솔하는 수십 명의 헌병이 구내를 지키고 있었다. 오전 8시에 방청객 150명이 입정했다. 대 현관에서 법정까지의 복도 3개소에 '검열소'를 설치해서 엄중한 복장 검사를 하였다. 수상한 소지품으로 보이면 성냥 한 개비도 소홀히 하지 않을 정도였다.

그런데 박열과 후미코는 오전 7시 50분 형무소의 호송차로 호송되어 일단 지하의 대기감옥으로 옮겨졌다. 조선 예복을 착용해서 법정에 들어가기 위해서다.

이것에는 대심원 당국과의 중대한 밀약이 있었다. 그것에 의하면, 공판에 앞서서 박열은 후세 변호사를 통해서 4개의 요구조건을 내놓았기 때문이다. 이것도 박열다운 것이다. 또 투사변호사인 후세 다츠지 다운 솜씨라 볼 수 있다.

> 제1 조건은 우리는 피고로 법정에 서는 것이 아니다. 조선 민족을 대표해서 법정에 서는 것이다. 재판관은 일본 천황을 대표해서 법관을 쓰고 법복을 입고 있다. 이것에 맞추어 우리도 조선 민족을 대표하는 위치에 있으니 조선의 왕관과 왕의를 입는 것을 허락해 주기 바라오.

제2 조건은 자신이 법정에 임하는 자세를 우선 선언하게 해주시오. 우
리는 피고로서 법정에 서는 것이 아니고 조선 민족을 대표해서 일
본이 조국 조선을 강탈한 강도 행위를 탄핵하기 위하여 법정에 서는
것이므로 모두에게 조선의 역사를 설명하게 해주시오. 그리고 재판
관은 일본 천황을 대표해서 우리의 질문에 답하시오.

제3 조건은 일본어를 사용하지 않고 조선어를 사용할 테니까 통역을
붙여주시오.

제4의 조건은 법정의 재판관이 일본 천황을 대표한다 해서 높은 곳에
있고, 일본 천황에 재판을 받는 사람들은 피고로서 낮은 곳에 있다.
그러나 우리는 일반 피고와는 다르므로 우리들의 자리를 판사석과
동등하게 높게 해주시오.

이들 4개 조건은 후세 변호사의 중개 절충에 의해서, 제1 조건 왕관
을 쓰고 법정에 서는 일과 제2 조건 피고로서가 아닌 조선 민족의 대표
로서 법정에 서는 주장에 동의했다. 다만 제3 조건 조선어를 사용하는
것은 통역을 들여야 하는 번거로움으로 뜻을 접고 박열 측에서 철회했
다. 그리고 제4 조건은 피고석을 판사석과 대등하게 한다는 것은 「세상
이 시끄럽고 잘난 체하는 비난을 받을 것 같다」고 해서 거절당했다고 한
다. (후세 다츠지 등 『운명의 승리자 박열』)

어떻게 되었든 박열이 법정에 임하는 태도는 통쾌함 그 자체였다. 일
본 재판 역사상 전례가 없는 것이었다. 하지만 그의 요구조건이 관철된
것은 실체가 없는 죄를 씌운 것에 대한 보상이었다.

이것은 다테마츠 예심판사의 회유를 이면으로 돌려쓴 것이다. 즉 「자
네가 대역 예비죄를 인정해 주면 재판소 측은 자네의 어떠한 요구도 들
어준다」고 하는 밀약을 이야기하는 것이다.

이렇게 하여 박열은 이날 법정에 나가기 전에 조선 예복으로 갈아입고 먼저 법정의 회의실 옆방으로 들어간 것이다. 그리고 약 10분이 지나서 그는 깔끔하게 보이는 예복 모습으로 변화된 것이다. 그 예복은 여자대학에 유학 중인 박순천(해방 후, 한국 국회의원)이나 황신덕 등과 후세 등의 준비에 의한 것이었다(박성진 씨 이야기).

후미코도 8시 40분에 간수장에게 보호받으며 법정에 나타났다. 그녀는 수갑도 채워지지 않았다. 이날 박열은 「조선 복장에 하얀 바지」를 입고 짚신을 신은 모습이고, 후미코는 순백한 조선부인복을 입고 있었다.

이때의 모습에 대하여 『법률신문』(제2516호 = 1926년 3월 10일)은 다음과 같이 전하고 있다.

후미코는 작은 체구에 조선 한복으로 둘러싸서 말쑥하게 입은 모습은 오랫동안 감옥살이를 한 것으로 보기 어렵고, 의자에 걸터앉아 상의의 윗부분에 벚꽃 색깔의 셔츠가 엿보이고 손수건으로 2, 3번 콜록거리고 오른손에 작은 번역소설을 갖고 있다. 그리고 간수에게 시켜서 따뜻한 차를 한잔 마시고 있다.

10분 지나서 박열이 입정한다. 얼굴을 멋지게 하여 머리를 올백으로 하고 비단 모자를 쓰고 자색 비단 예복을 입어 마치 부인들 같은 예복을 하고, 게다가 작은 깃발과 같은 부채를 흔들며 하느작하느작하며 들어오는 모습은 천신과 같은 모양이다. 만면의 미소를 주변에 던지며 후미코의 우측에 앉고 참으로 오래간만의 대면이지만 말없이 먼저 싱글벙글 웃음을 교환하며 두 사람이 함께 뒤편에 서 있는 방청석 동지와 눈으로 인사를 교환한다…….

9시 7분, 이번에는 재판장과 배석 재판관, 입회검사 및 검사총장이

죽 늘어서고 그 배후에 요코다(橫田) 대심원장 이하의 법관이 질서정연하게 자리하고 있었다. 그리고 변호사석에는 6명의 변호사가 착석하고 있었다. 법정은 숨이 끊기는 듯 정숙했다. 마키노(牧野) 재판장은 우선 박열에 대한 인적확인 질문부터 시작했다.

문 : 성명은

답 : 빠쿠야-루

문 : 그것은 조선에서 부르는 이름이 아닌가? 일본식으로 발음하면

답 : 박열(朴烈)이라 쓴다.

문 : 본명은 준식이가 아닌가?

답 : 어느 쪽이라도 좋다.

문 : 나이는?

답 : 잘 생각나지 않는다.

문 : 어떻게 나이를 모르지.

답 : 누구라도 태어난 연월일을 모르고 있는 자는 없을 듯하다.

문 : 직업은?

(이때 박열은 난처한 얼굴을 했지만)

답 : 조서에 쓰여 있는 대로다.

문 : 그것으로는 알 수 없고, 답하지 않아도 된다.

(「불령선인」인가? = 필자)

답 : 그냥 ○○○○라고 해놓자.

문 : 잡지사도 하고 있지 않은가?

답 : 그것도 직업의 하나

문 : 주거는

답 : 이치가야 형무소

문 : 본적은 어딘가?

답 : 본적이란 어떤 것?

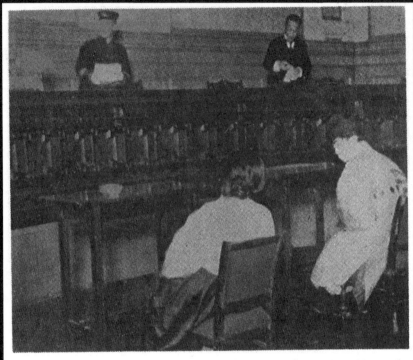

大審院法廷の朝鮮礼服姿の朴烈と金子文子（1926年 2 月26日）

대심원 법정의 조선 예복 차림의 박열과 후미코(1926.2.26).

문 : 호적에 있는 곳이다.
답 : 조선 경상북도 상주군 하북면 장암리 870.
문 : 평민인가?
답 : 신 평민일 것이다.

여기까지 하고 후미코에게로 옮겨 간단한 인적확인 질문을 마쳤다. 9시 17분이었다.

이때 재판장은 안녕질서를 해할 우려가 있다는 이유로 전원에게 방청 금지 명령을 내렸다. 일반 방청인은 법정 바깥으로 나갔지만, '방청인 중에는 발로 쿵쿵거리는 자, 휘파람을 부는 등 소란을 피워서 간간이 헌병이나 경찰을 곤욕스럽게 했다'고 한다.

그리고 박열과 후미코, 후세 변호사 등이 항의를 신청한다. 이때 박열은 「일반 방청인이 아닌 입회인」 자격으로 동지 한 사람의 방청을 요구했다. 이것을 재판장이 인정하여 박열은 입회인으로서 불령사 간부인 구리하라(栗原−男)을 지명했다. 따라서 이날의 방청인은 구리하라 한 사람이다. 그런데 기묘한 일이지만, 공석인 방청석에 「특별방청인으로 교체하여 공판을 속행했는데, 특별방청인은 120명」이라고 한다.

이 이후 후세 변호사로부터 김한의 증인신청이 있었지만, 모두 기각되었다. 그리고 공판에 들어갔다.

대심원 측의 결정대로 박열은 법정 선언으로서 모두에게 알리는 「불령선인의 한 사람으로 일본 권력의 계급자에게 보낸다」를 낭독하기 시작했다.

박열의 왼쪽 가까이에 후미코가 앉아 있었다. 박열은 타고난 투쟁심에 불타서 자신이 쓴 것을 낭독하는 중에 땀을 흘렸다. 그런즉 그를 걱정한 후미코가 옆에서 땀을 닦아주고 또 목이 마를까 봐 물을 먹여주고, 옷의 깃을 세워주기도 해서 사이좋은 아내의 시중을 보는 것 같았다.

이것에 대해서 후세 다츠지는 "두 사람의 반역적 성향이 딱 일치하고 어떤 장소든 어떤 사람도 개의치 않는 부부애라고 할까, 젊은 나이로는 신념이나 각오가 서로 은밀히 다져져 있다…"라고 설명했고, 당시의 신문은 「정말 사이좋은 부부 피고」라고 써 놓았으며 또 어떤 것은 반쯤 놀리는 기사를 썼다.

다음 2월 27일은 오전 9시 20분에 개정했다. 이날도 처음부터 공개를 금지했다. 박열과 후미코의 복장은 완전히 바뀌었다. 이것도 『법률신문』에 의하면, '전일의 조선 복을 일본 복으로 갈아입어서 박은 검은 칠자칠요성(七子七曜星) 다섯 개 무늬로 새긴 상의에 센다이 지방 견직물 바지를 입고, 후미코는 검은 가로줄 무늬의 염색한 비단 겹옷에 복숭아색의 세로줄 무늬로 된 상의를 겹치고, 거기에다 복숭아꽃 모양의 띠를 팔에 이중으로 매고 개정 수 분 전에 법정으로 들어왔다'라고 한다.

이날의 법정에서는 먼저 후미코 자신이 쓴 수기(약 10매의 원고)를 낭독했다. 이것이 끝나자 고하라(小原) 검사가 일어나 한 시간에 걸쳐 긴 논고를 읽고 박열과 후미코는 형법 제73조 후단의 조항과 폭발물 단속법 위반에 해당하는 것으로 해서 「사형」을 구형했다. 그때가 10시 30분. 이후 10분간 휴식을 취한 후 재개되어 박열의 최후 진술이 있고 이어서 아라이(新井) 변호사의 변론, 그리고 오후에는 후세 다츠지 변호사가 변론했다.

다음날 2월 28일은 일요일임에도 상관없이 개정했다. 그때 상황은

「여전히 마키노(牧野) 재판장의 관료적 태도로 어떤 변호인과도 협의하지 않고 개정 바로 전에 임의로 재판 선고 일시를 결정했다」는 독단성(후세 다츠지의 말)으로, 변호인과의 사이에 한차례 소동이 있었다. 「결국, 고하라(小原) 검사의 이름으로 5명의 변호사에게 그 일시를 바꿀 것이니, 출정해 주면 좋겠다」는 전화를 걸었고, 우여곡절 끝에 겨우 개정이 결정되므로 11시 반이 넘어서 개정한 것이다.

이날 박열과 후미코의 복장은 전일과 같이 일본인 복장이었다. 이날은 나카무라(中村) 변호인의 변론이 있었다.

다음날 3월 1일, 제3회의 공판을 속행했다. 물론 방청은 금지되었다. 당일은 야마자키(山岐), 스스무 후다츠(晋両) 변호인이 변론하고 결심공판이 있었다.

1925년 3월 25일, 판결 선언의 날이었다. 당일도 전처럼 경시청과 헌병대의 삼엄한 경계로 방청인을 입장시켰다. 그 수는 실로 백여 명이었다.

이날 박열은 조선인답게 「흰 조선복」을 입어 산뜻한 모습으로 수염을 박박 깎았고, 후미코는 일본인답게 비단의 겹옷에 얇고 부드럽게 싼 모직물 저고리였지만, 「조선식 곱슬머리로 흐트러져 조금 흥분한 모습」이었다. 그리고 두 사람은 후방의 방청석을 돌아보고 조선인들에게 눈인사했다.

9시 지나서 재판관들이 자리에 앉자, 모두가 기립한다. 그렇지만, 박열과 후미코 '피고 2명은 기립하지 않고 오만한 태도를 보였다.'

드디어 9시 반, 마키노(牧野) 재판장은 두 사람에 대하여 형법 제73조 및 폭발물 단속규칙 위반을 적용해서 「사형에 처한다」고 언도했다.

판결문

조선 경상북도 상주군 화북면 장암리 870번지 박정식 동생
박열의 건 박준식(1902년 2월 3일생)
야마나시현(山梨縣) 東山梨郡 諏訪村 杣口1236番地 金子共治 妹
카네코후미코(金子文子)(1904년 1월 25일생)
위 두 사람에 대한 형법 제73조의 죄 및 폭발물 단속규칙 위반
피고사건에 부쳐 판결한 내용은 다음과 같다.

주문
피고 박준식 및 후미코를 각각 사형에 처한다.
소송비용은 전부 피고 두 사람이 연대 부담한다.

이유
피고 박준식은 유년 시절에서 받은 가난과 고생의 환경을 체험한 자신의 역경과 조선 민족이 처한 현상에 대한 불만 표출로써 편협된 정치관 및 사회관에 빠진 끝에 모든 것을 없애버리고자 자신 또한 죽음으로써 궁극에 이르는 소위 허무주의를 포용함에 이르러 자신의 사상을 실현하기 위해 일본 황실에 대한 위해를 가할 욕망을 가지고……. 1923년 가을경 거행할 것으로 알려진 황태자의 결혼식 때를 기회로 해서 천황의 행차 또는 황태자의 행차 도중에 호위하는 의장(천황 행차)에 대해서 폭탄을 투척하여 위해를 가하는 것을 모의하고 그 기획, 수행에 동반할 폭탄 입수를 피고 후미코와 협의한 것……. 피고 박준식이 경성에서 온 김한과 만나 폭탄 배분의 교섭을 꾀하려는 사실은 피고 각각의 신문조서에 같은 취지의 진술이 기재되었고……. 증인 김중한의 신문조서에 1923년 5월 중 유시마텐진(湯島天神) 1쵸메 31번지 하숙집 금성관, 기타 수 개소에서 박열과 회합할 때 폭탄을 수입하기 위해 연락을 취할 것을 의뢰하고 그 것을 승낙……. 박에게 비용의 지불 방법을 요구하고 박열로부터 이번

가을 결혼식에 사용하기 위해 상하이의 의열단과 연락을 취해 폭탄을 수입하면 좋겠다고 부탁받고……. 박열은 비용을 아리시마(有島)에게 조달받는 것이라고 하는 취지로 진술에 기재되어 있다…….

위의 폭탄 입수기획이 놀랍게도 우리 황실에 대한 위해를 가할 목적으로 드러난 것은 피고 두 사람이 본 법정에서 자인한 것뿐 아니라 피고 박준식의 신문조서에서 천황폐하, 황태자전하에 대해 위해를 가할 것을 계획한 것과 다르지 않고 피고 후미코의 신문조서에도 같은 취지의 진술 기록이 있고 별건의 기록 중에서 피고 박준식의 신문조서에 자신은 일본으로부터 학대받는 조선 민족의 한 사람으로서 일본 황실에 대해서 씻을 수 없는 반역심을 가지고, 조선의 일반 민중은 우리 천황폐하, 황태자전하를 명실상부한 실권자로서 동시에 하늘을 받드는 것 또한 뻔뻔스러운 원수라고 생각되는 까닭에, 그 존재를 지구로부터 없애버림으로 조선 민중의 혁명적 독립의 열정을 자극하기에 유효한 방법이라고 생각하고, 1923년 가을에 거행하는 황태자전하의 결혼 시기에 폭탄을 사용함은 조선 민중의 일본에 대한 의사를 세계에 표명하기에 가장 좋은 기회라 생각하고, 가능한 한 그 시기까지 맞출 계획을 진행하고 더욱이 여기의 이상에만 머무르지 않고 그 실현 시기를 계획하여 진행한다는 진술 기록이 있다…….

피고 박준식은, 인류사회는 약육강식을 바탕으로 한 추악한 일본 정부를 보고 자신은 처음부터 만물의 존재를 부정함과 동시에 참을 수 없는 학대 하에서 약자로서 견딜 수 없어서 절망하고, 한편으로 조선 민족의 한 사람으로서 일본의 권력 계급에 대해서 반역적 복수심을 가지고 우리 황실에 대해 보복하려고 기도하여 심지어 천황폐하에 위해를 가하기로 계획한 것은 별건의 기록 중에 있는 피고 박준식의 신문조서에 그대로 진술 기록이 기재되어 있다.

피고 박준식은 한일합병의 진상을 이해하지 못하고……. 더구나 황실에 대한 대역의 죄를 기획한 까닭에 빛나는 우리 일본 역사에 큰 오점을 찍은 그 죄의 책임은 극히 무겁다고 말하지 않을 수 없다. (따라서) 형법

제73조의 형을 따라서 주문과 같이 판결한다("……"는 필자 중략).

위 판결의 이유를 읽고 알 수 있듯이 「이 판결문」은 박열의 폭탄 입수라는 사실에 기초한 것이 아니고 다테마츠(立松) 예심판사가 교묘히 만들어 올린 『예심 신문조서』에 기초한 것이었다.

이 판결문이 내려져 폐정을 선포했을 때, 피고석의 박열은 일어서서 "고생했습니다"하고 조롱하는 말을 내뱉었다.

이것에 이어 후미코는 "만세!"하고 소리를 질렀다. 박열로 말하자면 처음부터 정해진 것을 긴 무대에서 연기를 되풀이한 '재판관 제군들 수고했다'라고 하는 야유였다.

이것으로 2년 7개월에 걸친 「박열·후미코의 대역사건」이란 조작작업은 완성되었다.

《사형》판결 이후

대역죄는 사형으로 결정되어 있었다. 사형 판결을 받으면 그다음 날 혹은 기껏해야 1주일 이내에는 단두대에서 사라지는 것이다. 10여 년 전의 고토큐 슈스이(幸德秋水)의 대역 사건에서는 10명이 판결받은 날로부터 6일 만에 사행 집행이 이뤄졌고, 난바 다이스케(難波大助) 사건에서는 판결 다음 날에 사형 집행되었다.

이런 사정을 알아차린 박열은 사형선고를 받았던 다음 날 3월 26일 이치가야의 아키야마(秋山) 형무소장에게 면회를 요청하여 사형 집행 절차를 물었다.

"집행은 1주일간을 넘기지 않는다고 생각됩니다만 어떤가요?"

"사법 장관의 집행명령이 언제 내리는지 알 수 없어서 집행일도 모릅니다."

"후세 변호사의 말로는, 아침 일찍 입회검사로부터 전화가 올 것이고 그 입회검사가 사법 장관의 집행명령서를 가지고 오면 소장이 우리를 호출하고 집행 인도를 한다고 합니다만 그대로 맞습니까"

"후세 변호사는 무엇이든 잘 협상하고 있으므로 그럴지도 모릅니다."

거기까지 묻고 박열은 아키야마 이치가야 소장에게 2, 3가지의 요구 조건을 내었다.

그 하나, 언제 우리를 집행하는지 그 시기는 자유지만, 나는 일본의 법률을 잘 모르니까 집행명령의 인도라는 그들의 합법적 절차를 생략하고 바로 우리의 목을 처단해버리는 학살을 희망한다.

두 번째, 우리는 천황의 살아있음을 부정하는 대역사건의 결행을 기도했기 때문에 우리는 절대로 사형의 집행을 두려워하지 않고, 또 사형의 집행에 항의하는 태도는 절대로 하지 않는다. 언제라도 좋은 시기에 편안하게 집행 준비를 해도 괜찮다.

세 번째, 그러므로 사형을 집행하기까지는 가능한 한 우리의 언동을 자유롭게 하고, 우리를 지키는 간수도 우리가 제출한 요구대로 우리가 있는 곳에 보내어 우리 이야기를 듣게 해 주세요. 그리고 아내인 후미코도 같은 의견이니까 나와 같이 그렇게 해주세요.

— 후세 다츠지 외 『운명의 승리자 박열』

박열은 철저한 일본 권력에 대한 반항자였다. 다시 말하면 사형 집행명령이란 국가적 절차를 무시하기 위해 자신의 목을 "즉시 처형해 달라"라고 신청한다. 일반적인 사형자는 죽음을 두려워한 나머지 집행일에는 흥분해서 한없이 울기도 하므로 형무소에서는 넌지시 속여서 형장으로 데려다주는 잔꾀를 부린다. 하지만 박열은 그런 염려는 필요 없어서 크게 안심하고 집행해도 된다니까 형무소 측에서는 크게 "부담이 준다"는 점이다.

이것을 들은 아키야마 소장은 크게 감동한 것으로 보이고 박열이 요구하는 대로 간수를 붙여서 주문에 응했던 것이다. 그리고 사형의 집행

일을 기다리고 있었다. 그런데 사형선고로부터 11일째인 4월 5일 돌연 아키야마 소장이 사형수 박열의 방을 찾아와서 '사형을 감형하여 무기 징역에 처한다'라고 하는 은사(恩赦)를 전했다. 마찬가지로 후미코에게도 전했다. 사형수로서는 감동의 눈물을 흘려야 할 일이다. 그런데 박열은 험악한 얼굴을 하며 다음과 같이 말했다.

……우리를 살리는 것도 천황의 마음대로, 죽이는 것도 천황의 마음 대로구나. 그러나 그것은 어디까지나 천황의 마음대로이고, 우리는 천황 의 마음대로 되고 싶지 않다. 일본 천황으로부터 은사라 해서 은혜를 받 을 의리도 없고 이유도 없다. 다만 우리는 우리가 저주하고 싶은 대로 하 고, 살아있다면 살아있는 영이 되고, 죽으면 죽은 영이 되어서 천황을 저 주할 뿐이다. ……그런 은사 명령 등은 도움받고 싶지 않아요.

자신의 생명을 희롱하는 권력이나 천황에 대해서 반항하고, 그 은사 장(恩赦狀)을 완강히 거절했다. 다시 말하면 '천황의 이름에 의해서 죽음 을 언도하고 또 천황의 이름에 의해서 은사라고 해서 살려주다니, 우리 생명을 희롱해도 정도가 있다'라고 하는 노여움이었다.

사형수 박열이 사형 감형의 은사장을 받지 않겠다고 하니 형무소장 은 그 은사장의 처리에 곤란하여 매우 당혹했다고 한다. 그러한 말은 형 무소의 소장은 수용자 모두를 대신해서 사법성으로부터 서류를 받는 것 이 원칙이다. 따라서 소장은 박열을 대신해서 은사장을 받았다. 그러나 본인이 은사장을 받지 않겠다면 그것은 공중에 떠버린다. 그렇다고 사 법성이 일단 은사장을 형무소장에게 교부한 이상은 박열에 사형을 집행 할 수도 없다.

이래서 소장은 2일간이나 박열의 감방을 방문해서 "부디 받아주게" 하고 간청했다. 그리고 박열은 '딱한 아키야마 형무소장의 난처한 얼굴이 정말 보고 있을 수만 없는 기분이었기' 때문에, "우리는 천황으로부터의 은사장은 받을 수 없지만, 자네가 전달에 곤란함을 겪고 난처하다고 하니 자네 때문에 그 은사장을 보관해 주지…"라고 하여 받았다고 한다 (앞의 후세 다츠지 책에서).

사형수와 형무소장의 입장이 완전히 반대였다. 박열과 후미코에 대한 「사형 감형의 은사장」은 '관대함'이랄 것도 없다. 오히려 세간을 속이는 기만행위였다. 박열과 후미코에게 완전히 실체가 없는 죄를 덮어서 일본의 치욕을 씻을 적절한 희생물로 만들었던 것이다. 아무래도 박열을 '대역음모죄'로 몰아넣지 않으면 안 되었다. 따라서 '사형 감형'이라는 '은사'도 정해져 있었던 것으로 봐도 좋다.

그런데 박열에 대해서 은사감형을 내리고 나서야 우익 간부로부터 괴문서가 돌아 정부 앞으로 항의문이 보내졌다. 말하자면 「……대역적 흉한의 사형을 집행하지 않고 왜 감형했는가, 더구나 이것이 감형되기까지 이미 내정된 것으로 신문 등에 누설되고 있다. 이것은 사법당국이 천황의 대권을 침해하고 있다」라고 추궁했다. 이것에 대해서 와카츠끼(若槻) 내각은 「감형을 올린 주청(奏請, 왕에게 아뢰어 청하던 일)의 이유는 조선 정책 때문이며 친근하게 조선인을 회유할 필요 상 부득이한 조치」라고 답했다. 이와 동시에 우익과 야당 측이 「박열·후미코 괴사진 사건」을 문제 삼고 도각(倒閣)운동을 일으켰다 (마츠모토松本清張, 「박열 대역사건」 『쇼와사 발굴』).

그 시대의 정부가 폭압의 수단을 취하면 취할수록 「반역」도 또한 뒤쫓아오기 마련이다. 이것을 인과응보라고 하는 것이다. 대지진과 대학살

후, 다음과 같은 사건이 일어나고 있으니 간단한 예를 살펴본다.

대지진이 나고 4개월 정도 되어 박열 등에 대한 취조가 한창인 1923년 12월 27일, 의회 개원식을 마치고 돌아가는 중에 황태자의 차에 외국에서 구입된 총으로 저격한 사건이 일어났다. 범인은 난바(難波大助)라는 청년이고, 물론 대역죄로서 사형에 처했다 (난바의 사건은 제3의 대역 사건이지만 사실상 두 번째에 해당한다).

이 사건의 책임을 맡은 야마모토 곤노효에(山本權兵衛) 내각은 총사퇴하고 이 이후에는 기요우라 게이고(淸浦奎吾)가 맡게 되었다. 하지만 철저한 조사가 진행된 날로부터 5일째인 1924년 1월 5일 밤, 이번에는 궁성 니주바시(二重橋)에 폭탄 3개를 투척하여 일본 전역을 놀라게 했다.

그것은 상하이의 의열단원 김지섭(金祉燮, 40세)이 일본 천황을 살해하고자 멀리 상하이로부터 급히 와서 니주바시를 방황하고 있던 중 경호에 걸려 가슴에 품었던 폭탄을 꺼내어 던진 것이다. 김지섭은 「지진 때 참살된 동포의 영령을 위로하고, 그 원수를 죽이기 위해 일본 황실에 폭탄을 던져 민족의 복수와 민족 해방운동의 뜻을 표명했다」는 것이다. 이것이 '니주바시 폭탄 사건'이고, 김지섭은 무기징역에 처해 졌다 (『신동아』 1969년 7월호, 기시다 木下宗一 편, 『일본 백년의 기록』 하권).

대지진의 재앙이 1주년에 달하는 1924년 9월 1일, 도쿄 시내의 한 사거리에서 지난해의 계엄사령관이었던 후쿠다(福田雅太郎) 대장을 암살하려는 권총 저격 사건이 발생했다. 그것은 아나키스트 와다(和田久太郎)의 복수행위였다.

오사카의 기로친(단두대) 단체의 나카하마(中浜鐵), 후루다(古田大太郎) 등은 3월 10일의 육군 기념일을 기하여 "황태자를 살해한다"는 것을 모의

하고 폭탄을 구하기 위해 1923년 10월~12월에 걸쳐서 조선으로 건너 갔다.

그러나 돈을 다 써 버리고 다시 돈 마련을 위해 오사카로 돌아와, 1924년 8월 종방본사(鐘紡本社)에 가서 계책을 모의 중 무장경관에 포위되어 잡혔다. 이것은 세상에 「기로친사 사건」으로 알려져 후에 나카하마와 후루다는 교수대에서 사라졌다. 후루다는 국화를 천황으로 간주하고 "국화를 품고 교수대로 가고 싶다"는 말을 하였다고 한다. (에구치칸 『속, 나의 문학 반세기』, 하야미逸見吉三「묘비 없는 아나키스트 군상」『현대의 눈』1972년 9월호, 10월호)

또 지진 직후에 오스기(大杉榮夫)의 처를 살해한 헌병 대위 간바쿠(甘粕正彦)에 대한 보복으로서 기로친사의 다나카(田中向拷)는 간바쿠의 생질(미에 현립 마츠사카 상업 학생)을 미행해서 단칼로 찌르려고 한 것이 실패로 끝났다.

1926년 10월 30일 새벽에 오모리(大森)역과 가마다(蒲田)역의 중간에 있는 철길 하수도에 도쿄지방검사국 차석검사 이시다(石田基)가 사체로 발견되었다. 이시다는 제1차 공산당 사건, 자경단 사건, 박열 그룹을 취조했던 검사로, 귀신 검사로 알려져 있다. 당시의 각 신문은 「의혹의 참사」라고 썼고, 「괴사」라고 표제어가 붙었고 「누구에게 참살되었을까?」 하고 의문부호를 붙었다.

당시, 이시다 검사가 담당하고 있었던 것은 정우회(政友會) 총재 다나카(田中) 대장의 기밀비 문제와 박열 사건이었다. 이시다 검사의 가족 앞으로 빈번히 협박장이 날아들었고, 그 글에는 '사람을 항상 괴롭히고 있는 너희들의 주인은 우리 동지가 말살한다. 자손들은 검사 하지 마'하는 것이 있었다고 한다. (마츠모토松本清張,『쇼와 역사 발굴』)

한편 박열, 후미코의 '사진'과 관련된 괴문서가 세간에 유행하여 떠들썩하게 야단법석이었다.

박열과 후미코의 대역 범인에게 재판소가 특별 대우를 하여 두 사람이 예심 법정에서 포옹한 사진을 찍은 것은 사법의 위신을 더럽힌 것이라는 비난이 세간에 일어나, 와카츠끼(若槻) 내각의 전복을 꾀했다. 그런 끝에 이마무라(今村) 도쿄지방재판 소장은 징계 재판에 붙어지고, 에기(江木) 법무상은 누군가에게서 오물을 덮어쓰고 다테마츠 판사는 징계 재판에 가기 직전에 자신이 사직했다. 말하자면, 박열 사건을 조작하여 공소원 판사로 출세한 그가 또 박열 문제로 명예직에서 물러난 것이다. (마츠모토『쇼와 역사 발굴』)

지진 때 「귀호(龜戶) 경찰서의 학살」로 알려진 당사자 후루모리(古森) 서장은 복수로 습격을 당해서 오랫동안 혼자서 외출하지 못했고, 특히 야간에는 절대로 외출하지 않았다고 한다. 그런데 1930년의 메이데이 회의장이었던 우에노 공원에서 「히라사와(平澤計七)의 학살을 잊었는가?」라고 외치는 자의 권총에 살해되었다. 또 귀호 경찰서의 한 형사는 학살이 있고 나서 '죽은 영령에 붙들렸다'라고 무의식중에 말하게 되어, 그 영령을 달래기 위해 나리타(成田) 산에 자주 가서 공양물을 태우는 호마(護摩) 의식을 행하였다고 한다. (시가志賀義雄,『일본 혁명운동사의 사람들』)

1932년 1월 8일, 요요기(代夕木) 연병장에서의 육군 관병식에 참석하고 돌아가는 천황 일행이 고우지마치구(麴町區) 사쿠라다몬의 경시청 현관 앞에 도착했을 때 폭탄이 던져진 사건이 있었다. 폭탄을 던진 자는 상하이의 김구(金九)로부터 폭탄을 받아서 '일본 천황에게 던질 계획'을 세우고 일본에 건너온 이봉창(李奉昌, 31세)이었다.

이때 던진 폭탄은 궁내 대신의 마차 뒷바퀴 근처에 떨어져 천황의 마차는 겨우 난을 피했다. 이 시기는 소위 「만주사변」의 발발 직후라서 중국인의 대일감정이 극도로 악화하고 있는 만큼 이 사건에 대한 중국 측의 관심은 대단한 것이었다. 중국의 각 신문은 「한인 이봉창 저격 일황 부중(不中)[39]」이란 대서특필의 호외를 만들었고 또는 「불행 부중(不幸 不中)」이라고 써서 중국인의 반일을 솔직히 표현했다. (『신동아』 1969년 11월 호, 기시다木下宗一 편, 『일본 백년의 기록』 하권)

이 시기부터 일본군의 대륙침공이 급속히 진행되어 갔다. 그 상투수단은 음모와 선동과 학살의 반복이었다. 그 모략과 학살의 형태나 출발은 뭐라 해도 간토 대지진 때의 선동과 대학살에 있었다고 생각한다.

1937년 중일전쟁에 돌입하고, 이윽고 태평양전쟁의 진흙탕으로 일본 군화는 전진하고 있었다. 일본제국은 「내선일체」를 부르짖고 조선인을 속이면서 끌어안고 또 많은 조선인은 일본군에 혹사당하면서 협력하였다.

1923년 9월 이후 옥중의 박열은 다음과 같이 구속되어 있었다.
1923년 9월 ~ 1926년 3월 이치가야 형무소
1926년 4월 ~ 1936년 7월 치바 형무소
1936년 8월 ~ 1943년 7월 오칸(小菅) 형무소
1943년 8월 ~ 아키다 형무소

그 사이 일본에는 4회의 은사가 있었다. 그러나 박열만은 제외되었다. 예를 들면, 20년의 징역수도 이 4번의 은사에서 계속 감형되어 7, 8

---

39 적중하지 못함.

朴烈と金子文子（1925年5月2日，予審廷調室）
いわゆる怪写真として問題になった。

박열과 후미코의 예심 법정 조사실에서(1925.5.2.).

년으로 출옥했다. 하지만 박열에게는 한 번도 은사감형은 없고 이전의 무기징역 그대로였다. 혹은 그가 최초 죽음을 면하는 천황의 은사를 조롱한 전력이 있었던 탓인지도 모른다. 이와 관련하여 4회의 은사는 쇼와 원년에 다이쇼 천황의 서거 은사, 쇼와 2년에 쇼와 천황의 취임 은사, 쇼와 8년에 황태자 탄생 은사, 쇼와 15년에 기원 2,600년의 기념 은사이다.

1943년경부터 일본 군국주의자의 행보는 난폭하여 「1억 옥쇄(명예로운 죽음)」의 목소리 가운데서 아키다 형무소로 이감된 박열은 살아남아 있었다. 그 사이, 소위 대정익찬회(大政翼贊會, 국민통합기구) 산하에 「박열, 옥중에서 사상전향」이라고 보고되었다고 한다. 그 당시 익찬회의 문화인(文化人)이 형무소를 방문하여 수감자의 사상전향을 권유한 적이 있었지만, 본인의 의사와는 다른 것이 틀림없다.

그 무렵 박열은 다음과 같은 시가(詩歌)를 썼다.

버드나무가 살며시 눈보라를 털어내니 아키다 감옥의 겨울 정오가 넘었구나

눌리면 움푹 들어가 버릴 고무공은 부풀어 오를 때를 꿈에도 잊지 못하는구나

바람조차 힘겹게 스쳐 달려드는 들판 길에 구를수록 둥글고 큰 눈사람

사람들이 아쉬워하며 흩어지는 꽃도 단풍처럼 떨어져야 번성하는 운명인 것을 알게 하리라

가을 한밤중 감옥에 누워 광풍의 세계에 눈을 감고 생각에 젖노라

꿈에 보고 그건 꿈길이라 생각하지만 깨어서 생각하니 내가 가는 이 길 또한 꿈이구나

이걸 자꾸 돌아보니 핑계 덩어리의 변명꾼(蔭辨慶)에 불과하네

이것 또한 손재주 부리는 원숭이와 같네

편안함과 덧없는 세상의 구름을 남의 일로 바라보니 철장 침대의 밤은 달과의 친구로세

그러나 담뱃대의 노리개로도 꺾이지 않고 바르게 행함은 단단한 마디마디의 힘으로 알게나

아래로 되었다가 위쪽으로도 되는 도르래 머리는 뱅글뱅글 돌아다니기에 안성맞춤일세

이내 몸 가을의 나뭇잎으로 떨어지면 봄에 피는 꽃의 거름이라도 되지 않겠는가

세상은 하잘것없는 강변의 돌 쌓기 놀이에서 무너지고 굳어지고 하면서 쌓이는 법

세상은 하잘것없는 강변의 돌 쌓기를 몇 번이든 해서 마음에 들 때까지 되풀이 하는 법

서쪽으로 꺾이고 동쪽으로 구부려지는 강물은 가고자 하는 곳으로 콸콸 소리를 내며 바다로 뻗어가고야 만다

괴로워도 잠시뿐 참으면 겨울나무 숲의 꽃에 미소를 머금는 봄도 꼭 올 것이다.

나무가 시들거나 눈보라 치면 곧 봄의 향기로다

해가 중천에 떠야 나팔꽃은 자기 모습

붉은 벼메뚜기(방아깨비)가 어지럽히는 바람 소리

나뭇잎 무성한 한여름은 가을의 울림소리로다

다시 피는 꽃도 있어 소춘(음력10월) 이로다

시들었던 나무도 이제 봄이 가까우면 다시 피고 우리 동포의 새날이 오면

소리 상쾌하게 부서지고 부수는 세찬 여울의 흐름이 있겠지.

다음의 시는 출옥 직전에 지은 것으로 생각된다.

> 내가 돌아갈 때가 가까운 올해는 국화꽃이 자주 밖을 보고 있겠구나
> 나의 주변에 들리는 기도 소리는 마음의 약, 몸에도 즐겁고
> 소나무 산(松山)이 표고버섯이 되지 않고 송이버섯이 되니 그 송이버섯이야 기다리게 하지 않아도 그대로 되는 것
> 그 종이나 살이 대로 만들어져 지금은 부채가 되듯
> 부처가 있고 귀신이 있고 감옥도 속세에 있는 것
> 진저리나는 아키다 감옥에 가을부터 울며 지내는 추운 밤바람에
> 꽃이 아니라도 이내 몸이 때를 얻어 마음 편안하게 떠난다고 생각되네
> 떨어져 사라진다고 생각하니 맑거나 구름 있는 아키다의 하늘이야말로 내 마음 같겠구나
> 휘파람새야, 치바의 감옥에 내가 심어놓은 매화나무는 지금 어떻게 되어있을까?
>
> ― 신조선 건설동맹 〈팜플렛 3 『독립지도자 박열』〉에서

위의 두 시에서 박열은 자신이 형무소 생활에 대한 처량한 신세를 돌아보고, 동시에 무너질 수 없는 강한 의지를 다짐하며, 가을과 겨울을 지나 다시 봄과 같은 새날이 올 것이라는 희망을 잃지 않고 있는 듯하다. 그런 것들을 흘러가는 세월과 자연의 나무, 꽃, 눈보라, 동물에 빗대어 노래하고 있다.

두 번째 시의 처음에 곧 새날이 올 것에 대한 소망으로, '…… 내가 돌아갈 때가 가까운 올해는 국화꽃이 자주 밖을 보고 있겠구나'라는 시를 읊고 있다. 국화꽃을 통하여 그날을 다시 되돌아본다. 국화의 종류는 100여 종이 있다고 하는데 대표적인 꽃말은 청결, 정조, 순결이라고 한

다. 꽃 색마다 의미가 다르다고 하니 노란 국화는 짝사랑, 실망의 뜻을 나타낸다고 한다. 그러나 노란 꽃 속에 분홍 꽃이 상징하는 조국을 향한 '정조'를 꽃 피우며 박열 또한 분홍색 국화를 바라보고 싶지 않았을까요? 그리고 마지막으로 '…… 치바의 감옥에 내가 심어놓은 매화나무는 지금 어떻게 되어있을까?'를 표현하여 자신의 심경을 마무리하고 있다.

화조도 병풍의 일부분. 조선 시대 작자 미상. 「매화」 이어령 책임편찬. 유한킴벌리(2005).

벚꽃(3월), 은방울꽃(4월), 장미꽃(5월) : 재일한국인 평론가 김일면 연구소 제공(2024).

그림에 나타난 매화는 괴석 사이로 백매화와 홍매화가 함께 피어 있고, 화려한 치자꽃 사이로 수줍은 듯 앉아 있는 한 쌍의 꿩을 그린 전형적인 민화의 화조도이다. 작가는 미상이지만 조선 시대에 그린 것으로 추측되며 어쩌면 그 새들이 박열과 후미코를 연상케 하는지도 모른다. 특히 만물이 추위에 떨고 있을 때 꽃을 피워 봄이 왔음을 가장 먼저 알려 줌으로서 불의에 굴하지 않는 선비 정신의 포상으로 박열의 뜻을 잘 나타낸 것이리라.

그리고 매화에 이어서 봄이 왔음을 알리는 꽃 중에서 가장 흔하게 피는 우리나라 꽃으로 3월의 벚꽃을 들 수 있다. 장미과에 속하는 벚꽃은 일본이 원산지가 아니고 우리나라 고유의 봄꽃이다. 또한, 4월에 남몰래 그늘진 우리나라의 야산에서 하얀 은방울은 순수한 사랑을 노래하는 굳건한 절개를 나타내는 꽃말을 지니고 있다. 새날이 오면 옥중에서 두 손 모아 기도하는 파릇한 잎새 사이에서 투쟁의 열매로 하얀 은방울 향기를 높이 올릴 것만 같다.

5월의 장미꽃 역시 애정, 사랑의 사자, 행복한 사랑을 노래하는 정열의 꽃이다. 벚꽃과 붉은 장미꽃 사이에서 '사랑'의 꽃말을 가진 은방울꽃이 조국을 향한 박열의 사랑으로 승화된 새날의 상징이 아니겠는가? (시의 번역과 해설:편역자 제공)

제6장

해방 이후

재일거류민단 시절

「역사」의 한 걸음은 10년 또는 15년을 하나의 단계로 변화한다. 예를 들면 그것은 길게 보아도 고작 20년 전후로 완전히 결말이 나는 것이다.

땅바닥을 바라보고 걷는 많은 사람들은 눈 아래의 울퉁불퉁함에 신경을 쓰기도 하고, 눈앞의 이해득실에 눈이 멀어지기도 한다. 잠시의 영달에 유혹되어 어떤 거대한 악역의 선봉을 맡아서 달리기도 하고 시류에 덩달아 편승하여 맹종하는 경향도 있다. 따라서 「역사」는 우로 가기도 하고 좌로 기울기도 하면서 나아간다. 거기서 어떻든 착각에 빠지기 쉬운 것이다.

일본 군국주의의 중국 침략에서도 많은 일본국민이 열광적으로 날뛰었다. 또 조선인까지 합세하였으니 시류에 편승하여 어리석은 행위를 과감하게 저질렀다. 일본군대가 참혹한 모습으로 패배한 것은 1945년 8월이니까 고작 15년으로 결말이 난 것이다.

맥아더 사령부의 지령으로 다수의 정치범이 속속 자유의 몸이 되었다. 그래서 10월 27일 박열은 아키다 형무소의 오다테 지소에서 출옥했다. 후세 다츠지에 의하면 박열의 감옥 기간은 22년 2개월이고 '정치범의 옥중생활로서 최고기록'이라고 한다.

일본제국의 패배로 인하여 메이지 이후 맹위를 떨쳤던 군도(軍刀)는 꺾이어 특권층은 허탈 상태에 빠지고 소위 '가치전환'을 맛보게 되었다. 그리고 형무소에서 돌아온 투사가 영웅으로 환영받았다.

박열이 출소하는 당일, 「조선인 연맹(조련)」아키다현 본부는 오다테(大館)역 앞 광장에 1만7천 명의 동포를 동원하여 「박열 출옥환영회」를 개최하고 자동차로 호위하며 오다테 시내를 행진했다. 그것을 보고 사람들은 "박열은 천황과 같다"라고 평가했다. 그때부터 그의 별명은 「박열 천황」이 되었다.

출옥한 박열의 주거지는 광산경영자로 일했던 정원진(丁遠鎭, 조련 아키다현 본부 섭외부장)의 저택을 배정했다. 그의 앞에는 신문기자가 몰려오고 원근의 조선 동포들이 박열의 얼굴을 한번 보겠다고 연일 장사진을 이뤘다.

옥중 22년의 투사 — 박열은 금방 우상적 인물로 추앙받게 되었다. 각지로부터 밀려든 사람들의 공통된 찬사는 「기적의 생환」이었다. 이것에 대하여 박열의 응답은 단호했다.

내가 도저히 살아서 돌아올 수 있을 것이라는 생각을 하지 않았다. 죽는 것만 생각하고 있었다. 나는 옥사하고 있는 죄수의 최후를 많이 보아 왔지만, 그렇게 슬퍼할 것은 아니었다. 나는 아무래도 참혹한 옥사는 하지 않을 것 같았다. 나는 죽을 때까지 투쟁의 칼을 잘 갈아서 저주의 원흉인 천황을 제거하고 싶고, 옥사의 순간까지도 해치우고 싶고, 가능한 한 살해하고 싶었다. 나는 천황을 저주하며 살해하는 칼을 최후까지 잃고 싶지 않았다고 생각했다. 그래서 나는 1926년 4월 5일 치바 형무소에 투옥된 첫날부터 아키다 형무소의 마지막까지 냉수마찰을 하루도 태만하지 않고 계속했다. 이 건강법이 나를 살아 돌아오게 한 것이다.

그런 중에 도쿄에서도 손님이 자주 방문했다. 그때부터 재일조선인의 중앙조직에서 이데올로기를 둘러싼 의견충돌이 있고, '박열 추대하기'의 움직임이 시작되었다. 이렇게 되면 조만간 「박열은 큰 역할을 맡을 것이다」라고 보고 근처에 사는 조선인들은 박열의 추대를 자주 말했다. 그리고 어느 날 밤, 야마가타현(山形縣)에서 몰려온 한 무리가 빼앗듯이 해서 박열을 데리고 갔다. (김재화 씨 이야기)

그 전후하여, 박열이 구속되어 있던 아키다 형무소의 후지시타(藤下) 소장은 박열의 노쇠한 몸을 편안하게 돌볼 17세인 자기의 아들을 '양자로 주고 싶다'라고 간청했다. 박열은 후지시타 소장의 아들을 양자로 받아 자기 자신의 본명 박준식의 준을 붙여서 「박준(朴準)」이라 이름 지어 동거하게 했다. 양자가 된 소년은 "아부지, 아부지"를 연발하면서 늘 가까이 잘 모셨다고 한다.

1945년 9월부터 10월에 걸쳐서 결성된 「조선인 연맹」은 이름 그대로 해방된 재일조선인의 전체를 망라한 단체이다. 그런 만큼 공산주의자, 반공주의자, 아나키스트, 거기다 일본제국에 헌신한 충복들 모두가 포함되어 있었다. 예를 들면, 구 만주에서 검사를 지낸 남자, 황민화 운동의 깃발을 흔들었던 전 대의원, 관헌의 스파이가 이제 와서 '갑자기 조선 애국자'로 변모하고 어쨌든 우와 좌의 갖가지 동지가 대면하면서 맞부딪치게 되었다. 그런데 연맹은 해방된 사람의 기본자세로서 혁신 사상을 기본 축으로 정하였다. 조련의 지도자 김천해(金天海)는 도쿠다(德田)나 시카(志賀)와는 동지이고 일본 공산당 간부로도 있었다.

날이 갈수록 조련 간부의 사이에 노선문제로 충돌이 잦았다. 이 과정에서 김천해의 노선에 반발하여 탈퇴한 그룹이 「신조선 건설동맹(건동)」

과 「조선건국 청년 촉진동맹(건청)」을 조직했다. 그 명분은 '조련이 일본 공산당과 한패가 되어 국제공산주의 혁명에 동원되어 민족운동을 잘못 인도함으로, 민족의 주체성을 바로 세우겠다'라고 하는 것이었다.

조련의 정치 노선에 반발해서 조직된 신조선 건설동맹은 조련에 대항하며 조선 동포를 흡수하기 위해서 유명한 인물을 앞에 세울 필요가 있었다. 그래서 이 동맹(건동)에서는 야마가타현에 거주하고 있던 박열을 모셔오기로 했다. 그래서 박열은 도쿄로 와서 건동의 위원장이 된 것이다.

조련이 결성된 지 반년 만에 그렇게 해서 분열하게 되었다. 그 계기가 된 것은 1946년 2월 27일, 28일 에이다쵸(永田町) 소학교에서 열린 조련 임시대회였다. 이 대회장에서 「조선」의 신탁통치안 지지와 그 반대파의 충돌로 폭발했다. 그런 끝에 '린치, 발포, 인민재판 등으로' 회의장은 아수라장이 되었다.

그 결과, 신조선 건설동맹(위원장 박열)은 조련에서 이탈하여 별개로 5대 강령을 걸고 1946년 10월 3일 도쿄 히비야 공회당에서 『재일본조선 거류민단(민단)』을 창단하였다. 『거류민단』은 감옥 생활 22년의 박열을 간판으로 내세워 박열을 초대단장에 앉혔다. 소위 민단은 조련의 분신이지만 조련에서의 탈락자를 흡수하는 상황이므로 대립하는 조직이 되었다. (정철 『민단— 재일한국인의 민족운동』)

당시 박열의 이름은 일본인에게도 널리 알려져서 신망을 얻었고 맥아더 사령부에서도 높이 평가한 것은 틀림없었다. 박열의 앞으로 막대한 기부금과 배급물자가 모였다. 그리고 「박열 후원회」가 만들어졌다. 그 명성대로 박열을 정치적으로 이용하기 위한 조직이라서 그 실상은 박열 재단이라고 말해도 좋다.

解放後，秋田刑務所の独房前に立つ朴烈（1948年）

해방 후, 아키다 형무소의 독방 앞에 선 박열(1948).

당시 일본점령 군정하에서 이 재단은 막대한 배급물자를 받고 있었다. 그 배급을 받기 때문에도 이런 종류의 이름이 필요한 것이다. 그래서 기부금, 배급물자도 건동(민단)이란 조직보다도 「박열 후원회」에 집중되었다. 건동의 재정도 박열 후원회가 부담하고 있었다고 한다. 민단의 박열이라기보다는 박열의 민단이라고 말하는 느낌이 강했다.

이처럼 해방 기분을 만끽한 박열 단장 아래에서 민단은 '황금시대'를 누렸다. 거기에 "모리배"가 모이고 사리사욕이 착 달라붙어 부패의 씨앗을 낳았다. 막대한 배급을 둘러싸고 부정사건과 폭력사태가 계속되어 박열의 주변에 사욕의 혼란한 소용돌이가 맴돌고 있었다. (정철 『민단─ 재일한국인의 민족운동』)

1947년 국련(國連, 국민연합)에서 남조선 단독선거에 관한 결의가 있고, 이것을 둘러싼 민단 내부는 둘로 나누어지게 되었다. 남조선에서는 김구, 김규식 등의 남북협상 운동을 지지하는 혁신파와 단독 선거를 주장하는 이승만이 대립하고 있는데, 박열은 이승만과 연대했다.

박열 자신은 어쨌든 이승만의 정권에 야망을 건 것이다. 그는 맥아더 사령관의 지시로 출옥한 일, 또 맥아더와 이승만과는 친교 관계에 있는 등, 의리의 감정을 가진 것은 확실하다. 그래서 이 정권으로부터 「주일 국무위원」이란 직함을 수여 받았다.

이런 사정이 계기가 되어서 민단은 박열의 지원파와 반대파로 분리되었다. 물론 거기서 박열이 지도자로서의 결함이 지적되었고, 「아키다 형무소를 출옥한 당시의 영웅적 기분」이 현저히 떨어져 있었던 박열의 정치적 자세에 대해 비판이 싹트기 시작했다.

분명히 박열이란 인물은 우상적 인물이었지만 지도자적 인격은 부족

이승만 박사(왼쪽)와 박열(오른쪽) 단장(1946.12) :
민단70년사 제공(2018).

1947年2月21日發行　　第一號

民團新聞
THE MINDAN SHINBUN

在日朝鮮居留民團中央總本部
東京都牛込區若松町 21
發行兼編輯者 朴準
電話九段(33)2843

創刊の辭

人類歴史上に前例のない悲惨なる犠牲に依り、捧げられ、呪はれたる半世紀もの暗黒時代に齎らしき曙光が射し、平和と自由の歌、高らかに我が三千萬は解放された。喜びと感激に涙も溢れ、「祖國再建へ」と邁進したものである。殊に在留二百萬同胞の気概正に天を衝き太極旗を押し立てて、祖國の自主獨立へと、熱情を集中した。然るに現に我々の得たもの見せ付けられたるものは何であるか？　一部自稱指導者権利欲並び謀利輩と其の手先の策動に依り純真な民衆の熱情は、蹂躙され、勝ち得た民族的名譽と國際信義は、地に墜ちて、不幸のどん底に蹴り落されたのである。甚だしき者は、革命先輩に對し、民族反逆者反動分子悪口放談の言行を弄する事に依りて自ら犯した過誤と、其の罪を他に轉嫁すべく汲々として居る仕末である。此の叙中にて、我々の聲を舉げたる民團は斯る罪を生れ乍ら背負はされて、凡ゆる悪口の嵐の前に立たされた。一部の團體では積極が換讓され、其の他の前では反動の見窮と攻撃された。戦争中、日本帝國侵略政治の強制に依り、「我は帝國臣民なり、忠誠以って君國に報ぜん」と高らかに讀み上げたる口先にて、朴烈氏が獄中にて何を言つたと言つて、ある事ない事を取り上げて、我を弾劾すべく、あせつて居る其の浅ましき、哀れさは全く何を以って答へて良いか？　知らない。言はすだけ言はせて見よ誰の罪を追求したり敵對する時期でない。我々は外國に生きる者として失墜したる民族的名譽と、國際信義を取り戻さなければならない。生活はどうなろうが共、凡ゆる能力と時間を政治的に動員され、德國の内閣打倒を叫んだ駄句犯罪者として處斷されるのはあまりに情けない。居留民團は、出發後今日迄三ヶ月間の數々として、此處に複雑なる國際情勢と占領下の、特殊情勢下に於ける在留同胞の動態を正しく把握し、新らしき事態に對處すべく民團新聞を發行する事にした。勿論居留民團自體が、如何なる政治理念にも政治運動に盲從しない如く、民團新聞も如何なる主義主張に固執する事なく民生問題、文化向上、國際親善の實を舉げるべく邁進して行く積りである。

「 민단신문 」 창간호(1947.2.21.) : 민단70년사 제공(2018).

해 있었다. 그의 연설에는 이미 민중을 분발시키는 박력은 없고 청년의 피를 솟아오르게 하는 언어는 없어졌다. 그것은 무미건조한 대사를 반복하고 있어 수사적 어휘의 나열이었다. 결국, 박열은 이름과 얼굴에 지나지 않는 존재가 되어 민단 관계자를 실망스럽게 했다. 그에게는 수 명의 지식인이 비서로 따라다녔지만 참을 수 없게 되어 "선생, 3년 정도 절에 들어가 공부를 하시는 것은 …… "하고 권한 일도 있다고 한다. 그러나 그에게는 그 말을 귀담아들을 여유가 없고 자기의 인기를 만회하려는 듯이 「박열 장학회」나 「박열 문화연구소」라는 기관을 세웠다.

1948년 8월 15일, 『대한민국』 정부가 수립되어 이승만이 대통령으로 취임하고 초대 주일대사에 정한경(鄭翰景) 박사가 부임했다.

다음 해 1949년 4월 교토에서 거류민단 제4회 대회가 열려서 제2대 단장 선거가 행해졌다. 이것을 기회로 박열에 대한 비판 세력은 정한경 주일대사를 차기 단장 후보로 세워 박열을 추출할 계획을 세웠다. '감옥 22년의 투사 박열'의 망상으로부터 완전히 각성한 것이다. 지도능력의 결여, 단독선거의 지지, 영웅 심리, 편집성, 구 동지의 배제 등이 그 이유로 거론되었다. 박열에 대한 반대세력은 그의 구 동지 그룹과 문화인 그룹이었다.

그리하여 결선 투표의 결과, 박열은 낙선하여 민단을 떠났다. 이 사정에 대하여 민단의 정철 씨는 다음과 같이 설명했다.

민단에서 박열 체제를 확립하는 운동은 완전히 실패했다. 박열 자신을 포함하여 둘러싼 정치세력이 민단을 박열의 당으로 만들려고 한 것 때문에 이것이 완전히 실패로 끝났다. 이것은 박열과 민단에 의지한 일반 동포의 신뢰와 기대를 저버렸던 것이고 그 때문에 민단은 상처를 입고 박열은 쫓겨났다.

22년간 사람의 세상과 단절되어 있었던 박열은 정세를 정확히 판단하는 두뇌를 가지지 못했고 시야도 좁았다. 다만 '박열 천황'이라고 불리는 추대를 받았을 뿐이다. 소위 '감옥 멍청이'였다.

— 정철 『민단— 재일한국인의 민족운동』

또 불령사 시절부터 동지로서 박열의 조언자였던 구리하라(栗原一夫)는 이렇게 평가했다.

22년간 옥살이한 몸에는 사회성이 없었기 때문에 편협성이 있었던 것은 사실이다. 그 몸이 하루아침에 해방민족으로 된 집단의 '지도자'로 세워졌으니 어떤 면에서는 기이하고 이상하다. 자주 말했듯이 그는 독단적이고 증오가 극에 달한 편협성으로 인해 다수를 통솔하는 인격이 부족해 있다.

— 구리하라의 평가 중에서

박열의 단장 재임 기간은 2년 반이었다. 그 사이 박열은 민단을 앞세운 축복 속에 20세나 젊은 장의숙(張義淑) 양과 성대한 결혼식을 올려 1남 1녀의 아버지가 되었다.

한국으로의 귀환과 납북

  민단을 떠난 박 일가는 이승만 대통령의 권고도 있었던 터라 귀국을 결의했다. 그러나 대표부는 귀국 비자를 내주지 않아 밀항선을 빌려서 일본에서 출발하여 진해만에 상륙했다. 박 부인의 말에 의하면 그 배에는 다수의 물자가 적재되어 있고 이승만의 지시로 진해 해군경비대가 맞아주었다고 한다.

  1949년 남조선(한국)의 정세는 험악할 정도로 극에 달하여 산속의 게릴라와 정부군의 전투가 계속되고 국지적으로는 내란의 양상을 띠고 있었다. 박열이 귀국한 다음 달 일본에서는 맥아더 지령으로 일본 공산당의원 35명의 추방이 있고, 9월에는 조련의 해산을 명령했다.

  그리고 1950년 6월 25일 조선 전쟁이 발발했다. 우세한 북조선군이 38도 선을 넘어서 서울 시내로 밀어닥쳤다. 이때 다수의 무리가 남으로 피난을 왔지만 도망온 다수의 지식인은 북쪽으로 연행되었다. 그때 박열도 연행되어 갔다.

  1956년의 가을, 하타케나카(畑中) 일조협회 이사장 등이 북조선을 방문하고 돌아오는 날에 한 권의 녹음테이프를 지참하여 귀국했다. 거기에는 남북조선의 평화통일을 호소하는 박열의 목소리가 녹음되어 있었다.

그래서 '박열은 지금까지 생존해 있다'는 것이 확실하다. 그는 평양에서 「남북 평화통일위원회」 부위원장의 직함으로 있어서 가끔 평양방송을 통해서 남조선에 '통일'을 부르짖고 있었다.

그 후에도 박열은 매년 일본의 옛 지인 앞으로 연하장을 보내고 있었다. 그것으로 그가 생존하고 있음이 확실하다. 그런데 근년에는 연하장도 끊어졌다고 한다(박열의 전 비서, 박성진 씨 이야기). 그러나 최근의 소식에 의하면 「조국통일위원회」의 위원장으로 취임해 있다고 한다. 지금(1973년) 그가 생존해 있다면 72세에 달했을 것이다.

박열이 북으로 연행된 후 그의 처 장의숙은 어린 1남 1녀를 데리고 다시 도쿄로 돌아와서 주로 생활하고 있었다. 그사이 제조업, 음식점 등을 운영하며 자식을 키우면서 20년이 되었다. 그 하나의 자식 박영일은 일본의 고교를 졸업하자 "조국을 위하여 목숨을 바쳐라"라고 하는 부친의 말을 이루고자 한국으로 건너가서 육군사관학교에 입학했다. 그리고 1972년 졸업하여 소위로 임관했다.

부친 박열이 북조선에서 남북평화통일을 호소하고 있는 한편 그 아들은 한국의 국방에 진력하는 것을 서약하고 한국 군인이 되었다. 이것도 휴전선(38도선)으로 차단된 한반도의 현실을 상징하고 있는 것이 아닐까? (끝)

재판을 내면서 추가하는 내용
박열은 1974년 1월 17일(향년 73세) 평양에서 서거하였다.

부록

저자 후기

저 유명한 간토의 대지진 재앙, 그 혼란한 틈을 타고 백색테러를 감행한 조선인 학살사건 그리고 박열 대역 사건은 서로 끊을 수 없는 표리일체의 관계에 있다.

박열 대역 사건의 예심(豫審) 신문조서(訊問調書, 전 5권)를 추적해 음미하기 위하여 도쿄 변호사회관 도서실로 매일 간 것은 지난해 2월, 그것도 구름이 끼고 연일 흐린 겨울 날씨의 연속이었다. 지금이라도 진눈깨비가 내릴 것 같은 매우 추운 계절 탓일까, 두꺼운 조서를 한 장씩 넘기고 있는 나에게는 다이쇼(大正) 시대의 냉혹한 관헌의 채찍 냄새까지도 나는 듯하여 더욱더 암울한 기분이었다.

그 예심조서를 통해서 강하게 느낀 것은 일본인, 조선인을 불문하고, '박열이야말로 드물게 보는 강인한 투사다'라고 하는 점이었다. 그 시대에는 '인권'이라고 말하는 단어는 약에 쓰려고 해도 없었다. 일반 근로자나 조선인이나 이념 주의자를 치안의 대상으로 하여 추적하고, 경찰에서는 일상적으로 처박아 넣어 차고, 결박해 버리는 것에도 대응하지 않았다. 박열에 대한 취조에서 한 줄의 청취서도 받아내지 못하였다. 또 법정의 판사에 대하여도 "자네"라고 부르고, 자신을 "내가"라는 말로 통했다.

그것도 일본 법정 사상 그 예가 없는 일이라고 한다.

또 박열의 천황관은 일종의 독특한 문학적 표현이었다. 그것은 실감 나게 꼭 알맞을 뿐만 아니라 통렬한 야유와 저주를 멋지게 표출하여 형 이상학적으로 차원이 높아서, 큰 웃음을 자아내는 유머조차 느껴졌다. 그것은 천황을 향한 저주와 원한에 사무친 사람이 아니고서는 표현할 수 없는 것이리라.

그는 죽음을 조금도 두려워하지 않는 반역자였다. 언제든 천황 또는 황태자를 살해하고 자신도 죽겠다는 것밖에 생각하지 않았다. 말하자면 천황의 목숨과 자신의 목숨을 '교환하겠다'는 것을 사명처럼 골몰히 생 각하고 있었다. 무엇 때문에, 그는 일본 천황에게 살의에 찬 집념을 불태 웠는가? 그것은 데라우치(寺內正毅) 총독의 잔인무도한 무단정치를 뿌 리 뽑는 것을 생각하지 않을 수 없었다. 박열이 보통학교(초등학교)에 들 어가는 해에 데라우치 총독이 임명된 시기니까, 생사여탈(生死與奪)을 일삼고 있는 일본 헌병(경찰)이 행패를 부리는 시기였다. 어떤 일이든 일 본 천황의 이름으로 악행을 저질렀다.

이렇게 성장하여 일본으로 건너온 뒤에는, 아시아 약육강식의 근원은 일본 천황이라고 판단하기에 이르렀다. 그래서 천황의 말살을 가슴 깊게 품게 된다. 결국, 모든 악의 근원을 말살하는 것으로서 비애의 자기 민족을 해방하는 것, 그래서 신과 같은 일본국민의 망상을 깨부수는 일, 세계 평화로의 초석이 되는 일, 그리함으로 이것은 없어진다고 믿고 있었다. 그에 대한 예심 신문조서는 확실히 일본제국에 의해 전율해야 할 식민지 정책에 대한 통렬한 고발문이라고 해도 좋을 것이다.

다음으로 아나키스트(무정부주의자)인 박열은 지나치게 이상주의자였다. 구세사상(求世思想)으로서의 「사회주의」에 너무 희망을 걸고 미화하고 이상화한 나머지 그것에 대한 실망감도 깊었다고 본다. 즉 러시아 혁명 후에 등장한 정권이 함께 피를 흘려 싸움을 수행한 동지를 피로 숙청하는 현실을 보고 그런 흐름에 환멸을 느꼈다. 거기서 독특한 허무 사상에 도달하여 천황 말살의 의지가 한층 더 강고(强固)하게 되었던 것이다.

본서는 몇 가지로 역사의 측면적 요소를 다루었다. 즉 일본 법정 사적(史的)으로, 정치판단 사적으로, 재일조선인 운동사적으로, 다이쇼 시대의 아나키스트 운동사적으로, 또 간토 대지진과 조선인 학살의 원인 구명(究明)의 입장에서 혹은 「한일합병」 후의 총독 정치의 실상을 명확하게 그리고 조선인의 천황관을 알기 위하여, 나아가 투사들이나 그 활동 그룹의 갈등 양상들을 인식함에 매우 유익할 것이다.

본서를 집필함에 있어서 귀중한 자료를 제공해 주었던 박열 그룹(불령사) 동료인 구리하라(栗原一夫) 씨, 박열 대역사건의 '예심 신문조서'의 열람에 편의를 도모해준 도쿄 협립(協立) 법률사무소의 야마모토(山本博) 변호사, 그 외에 박열 출옥 후의 실상을 상세히 말해주신 전 민단

단장 김재화(전, 한국의 국회의원) 씨에게 깊은 감사를 드린다.

마지막으로 기우(奇遇)한 반역자 『박열』의 집필을 추천하고 꾸준히 편달해 주신 합동출판 편집부에 감사한다. 이 편집부의 권고와 편달이 없었다면 본서는 출판되지 않았을 것이다. 다만 여운이 남는 것은 분량의 제약으로 박열 출옥 후의 내용은 간략하게 기술하고 부록에 취급한 것이다. 그렇다 하더라도 박열의 진가는 젊은 날의 일본 권력자를 향한 도전임에 틀림이 없다. 당시의 기재물(記載物)에 근거하여 정확을 기했다고 본다. 그러나 독자 여러분들의 기탄없는 비판을 구하는 바이다.

1973년 5월 1일(제44회 메이데이에 임하면서)

김 일 면(金 一 勉)

역자 후기(번역을 마치며)

　　『박열(朴烈, 합동출판 1973)』은 재일한국인 평론가 김일면 씨가 항일투쟁의 역사적 사실에 근거하여 그 기록을 바탕으로 일본에서 출판된 첫 작품이다.

　　제1장은 일제의 통치가 박열(본명 박준식)이 조선의 경북 문경에서 소년 시절의 이야기에서부터 일본 도쿄로 건너가서 아나키스트(무정부주의자)로의 길을 걷는 항일활동을 직접 행동의 논리로 전개하는 운동으로 출발한다. 제2장은 항일의 뜻을 같이하는 일본인 후미코를 만나 동거를 시작으로 전개되는 잡지 『흑도』를 창간하고, 재일본 조선인 노동자와 학생을 의열단이란 조직을 통하여 대일본 군국주의자와 천황을 향한 테러를 구상한다. 제3장은 마르크스주의자와 결별하여 불령사(不逞社)란 단체를 만들어 천황에게 폭탄을 투척하여 조선의 독립을 세계에 알리고자 계획하고, 후미코와 함께 운명을 같이한다.

　　한편 저자는 간토 대지진으로 어수선한 틈을 타서 일본제국의 관헌에 의해 대역 사건으로 몰아넣는 과정을 각종 자료를 통하여 그 전모를 파헤치고 박열의 무죄를 주장한다. 이러한 사건의 내용을 제4, 제5장에 기록하였다. 그리고 원서에서 마지막을 '종장(終章)'으로 표기하였으나, 역자는 이것을 '제6장 해방 이후'라는 제목으로 만들었고, 다시 두 개의 절로 나누었다. 1절은 재일거류민단 시절, 2절은 한국으로의 귀환과 납북으로 정리하였다. 그리고 부록으로 '박열 연대표'라는 제목으로 경북 문경시에 소재한 「박열 의사 기념관」의 홈페이지에서 기록된 내용을 간략하게 추가하였다. 본서에서 다루지 못한 상세한 부분은 금후의 과제로 남기고자 한다.

저자 김일면 씨는 젊은 나이에 도쿄로 유학을 가서, 혈혈단신으로 즐풍목우의 삶을 살면서 박열의 애국적 희생과 항일투쟁을 감내하는 모습을 직접 본 것이다. 이에 많은 감명과 깨달음을 받고, 박열의 그 애국정신을 후세에 전해야겠다는 일념으로 이 책을 제일 먼저 만들었다. 만드는 과정에서 일본 내에서도 많은 저항과 시련이 있었으리라 짐작된다.

역자는 저자의 그 숭고한 뜻을 살리어 조국 대한민국에 널리 알리고자 2020년 『재일한국인 평론가 김일면 연구소』를 열었다. 이 책은 『조선인 위안부(2022)』의 번역출판에 이어 두 번째 이룬 또 하나의 성과물로서 '항일독립투사'을 붙여 『항일독립투사 박열(朴烈)』이란 제목으로 내놓았다.

번역에 있어서 저자의 뜻을 제대로 들추어내었는지는 알 수 없으나 나름대로 최선을 다하였다. 이해를 돕기 위해 어려운 용어나 지명에 대하여 주석 또는 괄호를 넣어 설명하였다. 또한 관련 당시의 사진 등을 각 장의 해당 페이지에 삽입하였고 역자도 참고되는 사진과 그림을 추가하였다. 이 번역서를 성의껏 교정하고 관련 서적을 제공하여 주신 전 부경대학교 이종문 교수께 깊은 감사를 드린다. 하지만 인명과 지명 등에 대해 어휘의 음독과 훈독의 모호함 등으로 바르게 표현하지 못한 부분들이 있으리라 짐작된다. 독자 여러분들의 고견과 편달을 간절히 기대한다.

코로나 19 발생 전인 2019년 11월 20일 도쿄를 방문하여 극적으로 저자의 딸을 만나 원서를 받았고, 번역하는 동안 고대하고 후원해준 아내(정은실)와 동생들(옥화, 영래, 대성) 그리고 사랑하는 자녀들(강원, 성원, 성준)에게 감사드린다.

첫 번째 역서에 이어 두 번째의 역서를 저자의 딸 아키코 누나에게 드린다.

2023년 12월 부경대학교 용당캠퍼스에서

편역자 김 종 화(金鍾華)

박열 연대표

한글판으로 번역하면서 박열의 고향인 경북 문경의 「박열 의사 기념관 홈페이지」에 기록된 내용을 아래와 같이 간략하게 추가하였다.

박열 관련 연대표
- 1974년 02월 08일 서울 명동 YWCA 강당에서 곽상훈 추도위원장 외 1,000여 명 참석한 가운데 박열 추모식 거행.
- 1976년 02월 12일 부인 장의숙 여사 사망(58세)
- 1989년 03월 01일 대한민국 건국훈장 대통령장(제85호) 추서
- 1991년 11월 21일 박열 등 15명 납북 독립유공민족지도자추모제 거행(국립묘지 현충원)
- 1993년 06월 01일 대한민국 국가유공자 지정(12-181호)
- 2001년 10월 30일 사단법인 박열 의사 기념사업회 설립
- 2003년 12월 가네코 후미코의 묘소는 박열 의사 기념공원에 안장
- 2004년 06월 28일 박열 의사의 생가를 문화재로 지정(경북지방문화재 148호).

현재 경상북도 문경시 샘골길 44에 「박열 의사 기념관」이 있으며, (사)박열 의사 기념사업회가 관리하고 있다.

참고문헌

도쿄변호사회소장. 『박준식·후미코 특별사건 중요 조서』 전5권.

도쿄변호사회소장. 『피고인 박준식·후미코 身神 상태 감정서』 전2권.

흑도회. 『흑도』 창간호(1922).

박열 편집. 『후테이 선인』 제1호, 제2호(1922).

박열 편집. 『현사회』 제3호(1923).

『법률신문』. 「박열 부처의 특별재판」(1926.3.10).

『법률신문』. 「박열 부처에 사형선고」(1926.4.3).

『법률신문』. 「박열 부처에 은사감형」(1926.4.13).

후미코. 『무엇이 나를 이렇게 만들었는가』 1930.

호소다(細田民樹). 『흑의 사형 여인』 1930.

후세 다츠지(布施辰治) 외. 『운명의 승리자 박열』 1946.

신조선건설동맹. 『독립지도자 박열』 1946.

에구치칸(江口渙). 「박열 후미코 대역사건」 『문예춘추』 임시증간호 1955.8.

에구치칸(江口渙). 『기괴한 일곱 개의 전설』 1956.

김일면. 「간토 대지진과 조선인 학살」 『조선평론』 (1958.8).

에구치칸(江口渙). 「박열 비화, 죽음의 법정에서 맺은 사랑」 『인물왕래』 (1957.1).

기시다(木下宗一). 『일본 백년의 기록』 (하) 1960.

네즈마사시. 『대일본제국의 붕괴(천황 쇼와기)』 (상) 1961.

강덕상. 『간토 지진과 조선인』 1963.

모리나가(森長英三郎). 「박열 후미코 사건」 『법률 시보』 (1963.3~4).

마츠모토(松本淸張). 『쇼와사 발굴』 제1권 1965.

박경식. 『조선인 강제연행의 기록』 1965.

정 철. 『민단 ― 재일한국인의 민족운동』 1967.

김일면. 「후세다츠지」 『코리아 평론』 (1968.12).

에구치칸(江口渙). 『속, 나의 문학 반생기』 1968.

와가즈마(我妻) 외 편. 『일본정치 재판사록』 다이쇼 편 1969.

정 철. 『재일한국인의 민족운동』 1970.

세토나이(瀨戶內晴美). 『여백의 봄』 1971.

하야미(逸見吉三). 「묘표가 없는 아나키스트 군상」 『현대의 눈』 1972년 연재, 『신동
　　아』 1969년 7월, 11월호.

震檀學會. 『한국사 연표』 1959.

마코토후(信夫淸三郎). 『현대정치사 연표』 1960.

와다베(渡部徹). 『현대 노동운동사 연표』 1962.

박열 의사 기념관. www.parkyeol.com 「박열」 2012.

재일본대한민국민단. 「민단70년사」 2018.12.20.

저자 : 김일면[金一勉, 본명 김창규(金昌奎)]

약력

1920년 경남 진주 출생.

1939년 도일(渡日).

1942년 이와모토 후지에(岩本藤江)와 결혼

1950년 호세이(法政)대학 철학과 졸업.

1954년 메이지(明治)대학 대학원 문학연구과 수료.

- 평론가로 언론, TV 등 출연

- 조선과 일본의 근·현대관계사 연구

- 朴烈(박열) 외 13편의 한일관계사를 저술

[사이타마현 가와고에(川越)시에서 독거하며 집필함]

2002년 도쿄 분교구 센고쿠 부인의 집에서 사망.

[사이타마현 이루마시 지산령원(地産靈園, 공동묘지)의 가족묘(岩本秋子)에 안장.

부인은 딸(아키코)과 함께 '후지 이용실'을 운영하며 물심양면으로 헌신하다 2013년 사망]

현재 유족으로 딸은 도쿄 분교구 센고쿠의 자택에서 거주함.

김 일 면(金 一 勉) 저서 안내

1. 朴 烈(255p. 合同出版,1973)
2. 日朝關係의 視覺(269p. 다이아몬드社,1974)
3. 日本人과 朝鮮人(263p. 三一書房,1975)
4. 天皇의 軍隊와 朝鮮人 慰安婦2(285p. 三一書房,1976/1991)
5. 1945年의 原點(233p. 三一書房,1977)
6. 軍隊 慰安婦 : 戰爭과 人間의 記錄(259p. 現代史出版會,1977/1992)
7. 李承晚·朴正熙와 韓國 : 試鍊의 歷史와 朝鮮人(193p. 타이마츠사,1977)
8. 朝鮮人이 왜 '日本名'을 써야 하는가 : 民族意識과 差別(275p. 三一書房,1978/1989)
9. 日本人 妻와 살다 : 在日朝鮮人의 生活記錄(213p. 三一書房,1979)
10. 日本女性哀史(339p. 現代史出版會,1980)
11. 韓國의 運命과 原點: 美軍政·李承晚·朝鮮戰爭(257p. 三一書房,1982)
12. 朝鮮으로의 謀略·侵略과 後遺症(239p. 成甲書房,1983)
13. 天皇과 朝鮮人과 總督府(229p. 田畑書房,1984)
14. 遊女·카라유키·慰安婦의 系譜(317p. 雄山閣,1997)

편역자 : 김종화(金鍾華)
(부산시 남구 신선로 365, 부경대학교 용당캠퍼스 1 공학관 314호)

약력
경남 함안 출생
마산고등학교 졸업
부경대학교 및 대학원(학사/석사)
부산대학교 대학원(공학박사)
부경대학교 해양생산시스템관리학부 교수
한국수산해양교육학회 회장
대한민국 황조근정훈장 수훈
『조선인 위안부(국학자료원, 2022)』 편역
(현) 부경대학교 명예교수/수필가/시인, 재일한국인 평론가 김일면 연구소장

항일독립투사
박 열

초판 1쇄 인쇄일 2025년 1월 15일
초판 1쇄 발행일 2025년 1월 24일

지은이	김일면
편역자	김종화
펴낸이	한선희
편집/디자인	정구형 이보은 박재원
마케팅	정찬용 정진이
영업관리	한선희 한상지
책임편집	정구형
인쇄처	으뜸사
펴낸곳	국학자료원 새미(주)
등록일	2005 03 15 제251002005000008호
	경기도 고양시 덕양구 권율대로 656 원흥동 클래시아 더 퍼스트 1519, 1520호
	Tel 02)442-4623 Fax 02)6499-3082
	www.kookhak.co.kr
	kookhak2010@hanmail.net
ISBN	979-11-6797-212-5 *03910
가격	20,000원